교사는 또 다른 목회자

교사는 또 다른 목회자

초판 1쇄 인쇄 2011년 5월 9일
초판 1쇄 발행 2011년 5월 14일

지은이 | 송삼용
펴낸이 | 송삼용
펴낸곳 | 개혁주의영성아카데미
출판등록 | 제2011-37호

출력 | 훈컴
인쇄 · 제본 | 성준프린팅

주소 | 서울시 금천구 독산로 256, 3층
전화 | 070-8775-2633   이메일 | brently@hanmail.net

잘못되거나 파손된 책은 구입하신 서점에서 바꿔드립니다.

Copyright (C) 개혁주의영성아카데미, 2011, Printed in Korea
ISBN 978-89-966275-1-7

교사는 또 다른 목회자

송삼용 지음

머리말

지난여름, 청소년 집회를 인도한 적이 있다. 그때 나는 그리스도를 위해 헌신을 결단하며 목청껏 기도하던 어린 학생들의 모습에서 교회와 민족의 희망을 보았다. 목마른 사슴처럼 애타게 말씀을 사모하던 그들의 눈망울에서 하나님 나라의 소망을 새롭게 발견한 것이다. 그 후 나는 기회가 주어질 때마다 교회학교 교사 모임마다 이렇게 역설했다. "장년부의 성패는 교회학교에 달려 있다!" 왜냐하면 상급반으로 올라갈수록 전도하는 일이 너무나 힘들기 때문이다. 그렇기 때문에 할 수 있으면 교회의 수적인 성장을 위해서는 어려서부터 승부를 걸어야 한다. 대부분 어려서 한 번이라도 교회에 출석한 아이는 상급 학년에 진학해서도 신앙생활을 계속하게 된다. 쉽게 말하자면, 어린 시기에 잘 가르쳐서 일꾼으로 키워 놓으면 그 아이들은 자연스럽게 청년부 혹은 장년부로 편입될 것이라는 계산이다. 교회의 부흥은 이미 교회학교에서 시작되고 있는 셈이다.

그런 점에서 교회학교의 부흥은 장년 부흥과 직결된다고 할 수 있다. 교회학교 아이들에게도 영적 부흥이 일어날 수 있고, 청소년도 한번 불이 붙으면 그 열기가 대단하다. 한 번은 청소년들이 저녁 집회를 마치고 새벽까지 몇 시간 동안 기도하는 모습을 보았다. 심지어 어린아이들도 말씀을 듣거나 회개하는 모습이 어른과 전혀 다를 바가 없었다. 아이들은 순수해서 영적인 불을 지피기가 장년들보다 훨씬 수월하다. 아이들에게 꿈을 심어주면 아이들의 삶은 달라진다. 따라서 아이들에게 말씀의 양식을 잘 먹여 그들이 은혜 안에서 자랄 수 있도록 도와야 한다. 아이들을 영적으로 바로 세워 놓으면 교회가 살고 국가의 미래도 달라질 수 있다. 교회학교 교사의 사명과 중요성이 바로 여기에 있다. 교사는 어린 영혼을 돌보는 사명자요, 반목회를 감당하는 또 다른 목회자다!

이 같은 교사의 중요성을 염두에 두고 나는 이 책에서 다음 몇 가지 사항을 밝힐 것이다. '목회란 무엇인가? 교사의 사역을 왜 반목회라고 지칭하는가? 교사를 또 다른 목회자라고 부르는 이유는 무엇인가?' 그러고 나서 반목회에 필요한 각종 사역을 구체적으로 이야기하려고 한다. 물론 이 책은 신학적이거나 이론적인 고찰은 아니다. 이 책의 상당 부분은 체험과 간접적인 증거로 구성되어 있다.(마지막 8장은 '반목회 부흥론'을 다루기 때문에 예외다.) 또한 글의 전개도 '또 다른 목회자'인 동역자들을 섬기고자 하는 뜻에서 형식과 틀에 구애받지 않고 자유롭게 써 나갔다. 때문에 글의 규모나 전개 방식에서 어설픈 면도 없지 않다는 것을 미리 밝혀 둔다. 부족하고 미숙한 부분에 대해서는 넓은 아량으로 이해해주길 바란다.

원래 이 책의 일부는 월간 「교사의 벗」에 '교사의 목회적 사명'이란 제목으로 기고했던 내용이다. 그 후 그 내용을 전면 수정 보완해서 교사에게 주는 메시지로 구성하여 한 권의 책으로 빛을 보게 되었다. 이 책은 지난 수년 동안 마치 '교사 독본'처럼 수많은 교사들에게 읽혀져 왔다. 하나님께 영광 돌릴 뿐이다. 이 책을 읽고 격려와 응원을 보내주신 독자들에게 큰 감사를 드린다. 십여 년 동안 글을 써 왔지만 여전히 허물투성이 뿐인데 많은 독자들로부터 과분한 사랑을 받게 되어 몸 둘 바를 모르겠다.

더욱이 이번에 '개혁주의 영성아카데미'를 통해 새로운 개정 증보판으로 선보일 수 있어서 하나님께 영광을 돌리며 감사를 드린다. 아무쪼록 이 졸저를 통해 '또 다른 목회자'로 부름 받은 교사들의 영성이 증진되고 성령님의 역사가 가득하기를 기도드린다. 반목회의 부흥을 사모하며 하나님께만 큰 영광을 돌려드린다.

2011년 5월 1일

송삼용

차례

머리말 ………………………………………………… 5
들어가기 전에 ………………………………………… 12

제1장 목회 프로필

1. 세상에서 가장 어려운 일 ………………………… 22
영혼을 다뤄야 하는 일이기에/ 선한 고민으로 인하여/ 테크닉의 문제가 아니다!

2. 사랑의 포로가 되어야 ……………………………… 29
영혼 사랑에 사로잡힌 사람들/ 목양의 뿌리

3. 눈물의 길, 고난의 길 ……………………………… 36
개미에게서 배운 자기희생/ 영혼에 대한 집념을 가지라

4. 인격적인 감화로 …………………………………… 42
백 마디의 가르침보다 단 한 번의 행동으로/ 성숙한 인격은 연습의 열매/ 늦기 전에 변하라!

제2장 왜 반목회인가?

1. 목자와 양의 관계 …………………………………… 53
언약적 사랑으로 돌보심/ 양을 위해 목숨을 버린 선한 목자/ 목자의 가이드가 없으면

2. 아이들의 영혼을 돌보는 일 ………………………… 60
양을 돌보지 못하면/ 병든 아이를 돌보듯이/ 이래서 반목회다!

3. 교사는 또 다른 목회자다 …………………………… 66
고역(苦役)에서 성역(聖役)으로/ 뚝배기 교사가 되라!/ 소명에 굳게 서라

4. 진실한 사랑이 본질이다 …………………………… 74
아이들을 온전케 하도록 부름 받다/ 두 얼굴을 가진 아이들/ 이렇게 실천하라!

제3장 반목회와 교육

1. 사람 바꾸기 ··· 91

올바른 가치관과 바른 정신을 심어줘야/ 마지막 보루를 지키자/ 어렸을.때 바꿔야 한다

2. 영혼을 일깨우라 ··· 99

진한 감동과 도전으로/ 말보다 행동으로/ 성령의 능력에 사로잡혀서/ 은밀한 금식의 위력

3. 성공적인 교육을 위한 아홉 가지 수칙 ······························· 108

제1수칙 : 철저히 공과를 준비하라/ 제2수칙 : 매일 학생을 위해서 기도하라/ 제3수칙 : 교사의 영성 관리에 힘을 쏟으라/ 제4수칙 : 교사의 비전을 잃지 말라/ 제5수칙 : 설교자의 심정을 가지라/ 제6수칙 : 본문에서 자신이 먼저 은혜를 받으라/ 제7수칙 : 본을 보여라/ 제8수칙 : 시청각 자료를 사용하라/ 제9수칙 : 교사의 권위를 지켜라

제4장 반목회와 양육

1. 양육이란 무엇인가? ··· 121

영혼의 자양분/ 양육은 성장하도록 도와주는 과정

2. 거머리 철학 ··· 125

영혼을 더럽히는 독소를 뽑아내라!/ 끈질긴 거머리 근성으로/ 죽고자 하면 산다!

3. 바울의 양육 원리 ··· 132

제1원리 : 기도의 원리/ 제2원리 : 편지의 원리/ 제3원리 : 격려와 칭찬의 원리/ 제4원리 : 모범의 원리/ 제5원리 : 비전의 원리/ 제6원리 : 헌신의 원리/ 제7원리 : 영적 전투의 원리

제5장 반목회와 훈련

1. 제자를 삼으라 ·· 167
반목회의 최종 목표, 제자를 삼는 일/ 훈련은 하루아침에 되지 않는다!/
본래의 제자상은?/ 교사의 권위는 예수님의 권위에서

2. 예수님의 훈련 원리 ·· 177
제1원리 : 인격적인 관계를 형성했다/ 제2원리 : 생활 방식을 훈련했다/
제3원리 : 실습을 통해서 훈련했다

3. 성령학교 ··· 190
성령으로 무장하라/ 영혼을 위해서 울라/ 눈물에 약한 하나님

제6장 반목회와 심방

1. 심방이란 무엇인가? ·· 202
방문하여 영적으로 도와주는 일/ 예수님의 목양 방식/ 지속적인 관심과 사랑의 표현/ 최선을 다하라

2. 왜 심방인가? ·· 211
성육신적인 사랑의 방법/ 닫힌 마음을 여는 열쇠/ 기도 제목 찾기/ 인격적인 교제를 위해/
고객을 관리하듯이/ 영적 성장을 돕기 위해/ 위험을 막기 위해

3. 심방 지침 ··· 223
지침 1 : 기도로 준비하라/ 지침 2 : 경건을 잃지 말라/ 지침 3 : 목적을 분명히 하라/ 지침 4 : 분위기를 유도하라/ 지침 5 : 짧은 시간에 끝내라/ 지침 6 : 약속에 철저하라/ 지침 7 : 비밀을 지키라/
지침 8 : 가능하면 많이 들어주라/ 지침 9 : 웃음을 잃지 말라/ 지침 10 : 가능하면 선물을 준비하라/
지침 11 : 기도로 끝내라/ 지침 12 : 심방 일지를 기록하라/ 지침 13 : 함께 먹으라/ 지침 14 : 결과는 하나님께 맡기라

제7장 반목회의 모델

1. 목회의 스타팅 포인트 ··· 233
성령 체험/ 은혜 체험의 비결/ 목회 현장에서 체험한 은혜/ 기도와 믿음의 두 축을 세우라

2. 영혼 구원의 전주곡 ··· 244
치밀한 구원 계획/ 섬김의 영성으로/ 영성의 근원

3. 섬김의 현장에서 ··· 257
인기에 영합하지 않으시고/ 겸손으로 허리를 동이심/ 낮아지면 높여 주신다/
저물어 해질 때까지/ 한적한 곳에서/ 경건의 시간을 가지라

제8장 반목회와 부흥

1. 부흥이란 무엇인가? ··· 276
2. 부흥의 원동력 ·· 279
말씀과 기도에 전력함으로써/ 기도의 사람을 통해서/ 부흥 운동사의 교훈

3. 부흥은 수(數)에 달려 있지 않다 ······················· 284
부흥을 수(數)로 평가하는 방식의 위험성/ 하나님이 일하시게 하라

4. 반목회의 성패는 교사에게 달려 있다 ················ 292

글을 마치면서 ··· 294

| 들어가기 전에

  신학교를 다닐 때부터 나의 마음속에 새겨진 하나의 구호가 있었다. "한 영혼을 위해서 죽자!" 그래서 전도사 시절에 교회를 개척할 마음으로 설립 준비문을 쓴 적이 있다. 그때 썼던 주제가 바로 '한 사람을 찾습니다!'였다. 짧지만 그 한 마디 속에 영혼 사랑의 뜨거운 열정이 담겨 있었던 것 같다. 한 영혼이라도 찾아서 하나님께로 인도하려는 소박한 비전이 가슴에서 불타올랐던 기억이 생생하다. 하지만 언제부터인지 영혼 사랑에 불탔던 정신이 점점 흐려진 것을 발견하게 되었다. 목양의 길에 들어서는 시점에 가졌던 뜨거운 비전이 식어버린 여러 가지 이유가 있었을 것이다. 곰곰이 생각해 보니 주요인은 다음과 같은 이유였던 것 같다.

  먼저 학교에서의 이상과 목회 현장의 현실은 너무나 달랐다. 대부분의 사람들은 지나칠 정도로 수(數)의 노예가 되어 있는 듯했다. 목회 현장에서는 아무리 유능한 사역자라도 일단 수(數)를 확보하지 못하면 유능함을 인정받을 수 없는 것이 현실이었다. 그것은 지도자나, 교인, 혹은 동역자까지도 예외가 없었다. 심지어 일부 언론과 매스컴에서는 수(數)를 잘 채우는 사역자, 소위 단기간에 부흥을 일으키는 사역자를 집중 부각시켜서 수익을 얻기에 급급한 실정이었다.

  그런 상황에서 성공이라는 신기루를 잡으려고 줄기차게 뛰다

보니 한 영혼에 대한 소박한 꿈은 산산조각 나 버렸다. 마치 일 중독자처럼 정신없이 일에만 파묻혀 버린 것이다. 그러면서 첫 소명과 비전은 점점 사라져가고 오직 수(數)를 채우는 데만 급급하게 되었다. 즉 영혼을 사랑하는 데서 오는 기쁨보다는 사람의 머릿수가 늘어나는 데서 오는 공로와 성취감에 도취되고 있었다. 결국 나도 모르게 일의 노예가 되어 버렸다. 하나님의 노예가 아니라 수(數)의 노예가 된 것이다. 영혼을 살리는 일꾼이 아니라 사람들에게 즐거움을 선사하기 위해서 열연하는 말꾼으로 전락되었다.

그러다가 유학을 마치고 귀국한 후 사역을 준비하면서 비로소 그런 식으로 전락해버린 나를 발견했다. 그동안 나의 관심이 영혼을 살리는 일보다 사람 수(數)에 관심이 있었다는 것을 깨달았다. 더구나 내게 있는 알량한 학력과 경력을 이용하여 좋은 목회지를 찾아 일하면서 소위 목회 성공이라는 훈장을 받고 싶어 하는 자신을 보게 되었다. 그때부터 나는 심각한 고민에 빠지게 되었다.

선한 목자를 사모하며

그런 나의 모습을 발견하고 고민에 고민을 거듭하고 있는데 또 하나의 두려움이 엄습해왔다. 얄팍한 지식을 이용해서 사람들의 눈길을 끌겠다는 장사꾼 심보로 가득 찬 마음을 본 것이다. 만약 그런 정신을 손톱만큼이라도 갖고 있다면 목양의 길에 들어설 자격이 없다는 생각을 하니 일종의 두려움에 사로잡혔다. 하나님 앞에서! 바울은 당대 최고의 학문을 접한 석학이었다. 하지만 그리스도로 인해 모든 지식을 배설물로 여겼다. 나의 모습을 보니 정말 한심하고 처량하기 이를 데 없었다.

만약 그런 정신으로 목회를 시작했다가는 많은 영혼에게 독을 먹이는 엄청난 사태가 일어날 수도 있겠다는 생각이 엄습해왔다. 깨이지 않은 채로 사역에 임했다가는 목사가 아니라 독사가 되겠다는 것을 생각하니 두려움과 놀라움으로 견딜 수 없어 비장한 결단을 내렸다. 목사 포기! 이는 꿈이 아니라 내가 직접 경험한 분명한 현실이었다. 엄청난 고통과 아픔을 감수하면서 천마산 기도원에 엎드려 통곡하면서 내린 결단이었다. 영혼을 살리는 일보다 세속적이고 정욕적인 일에 관심을 쏟을 바에는 차라리 다른 직업을 택하는 것이 백 번 낫겠다는 생각으로 목사직을 포기했다. 그리고 한없이 울었다.

솔직히 말해서 지금까지 목사가 되기 위해 쏟은 정력, 돈, 청춘 등 모든 것이 너무나 아까워서 울었다. 다른 한 편으로는 어려서부터 지금까지 목사가 되기 위해 한 길을 걸어왔는데 제대로 일 한 번 못 해보고 물러나게 된 것이 서러워서 울었다. 그동안 뼈를 깎고 살을 에는 듯한 고통을 참으며 모든 학위 과정을 마치고 청운의 꿈을 안고 귀국했다. 그런데 이제는 학위도, 학력도 모든 것이 물거품이 되었다는 생각에 원통해서 울었다. 그리고 말로는 주를 위해서 일생을 바친다고 목이 터져라 외쳤지만, 속으로는 나의 성공과 명예가 주는 쾌감을 위해서 목회의 길에 들어서려고 했던 내 자신이 너무나 부끄러워서 울었다.

그 순간 울다 지쳐 쓰러져 있는 나에게 선명한 음성이 들려왔다.

"나는 양을 위하여 목숨을 버리노라!"(요 10:15). "선한 목자는 양들을 위해서 목숨을 버린다!"(요 10:10). 바로 예수님의 음성이었다. 우스갯소리로 신학교 들어갈 때는 목사로 들어가고, 공부할 때는 집사가 되며, 졸업할 때는 평신도요, 사역할 때는 삯꾼으로 변한다더니 바로 나를 두고 한 말이 아니었던가! 첫 소명을 잃어버리고 변질되어 있던 나를 주님은 다시 불러주신 것이다. 그날 나는 양을 위해서 목숨을 버리는 선한 목자가 되리라고 수천 번 다짐하면서 천마산에서 하산한 후 곧바로 무등산 기도원으로 향했다.

필사즉생(必死則生)의 정신으로!

무등산에 올라가서 나는 '한 영혼을 위해서 죽자!'는 구호로 재무장하기 시작했다. 처음 신학교 문을 두드렸던 심정으로 다시 시작하기로 결심하면서 힘든 훈련을 감행했다. 필사즉생(必死則生)의 정신으로! "한 알의 밀이 땅에 떨어져 죽지 아니하면 한 알 그대로 있고 죽으면 많은 열매를 맺느니라"(요 12:24). 그렇게 금식하며 기도하다가 무등산에서 나는 죽으면 살리라는 놀라운 진리의 빛을 보았다. 곧 내가 죽어야 교인의 영혼이 살고, 교회도 살 것이라는 필사즉생(必死則生)의 진리였다. 내가 살아 있는 한 어떤 영혼도 살아나지 못하며, 내가 죽지 않으면 교회가 살 수 없다는 진리를 깨달았다. 그때 나는 무등산 자락의 나무를 붙들고 목이 터져라 외쳤다. 내가 죽어야 한다고! 무등산에서 모든 정욕과 쾌락의 노예가 된 자신을 깨뜨리는 훈련을 거듭하면서 새로운 사역을 결심했다.

영혼을 살리는 것은 지식이나 능력이 아니다. 그것은 영혼을 사랑하는 마음이 불타는 사람만이 가질 수 있는 특권이다. 18세기 영국의 부흥 운동을 주도했던 조지 휘트필드는 영국의 옥스퍼드 대학교의 석사 출신으로 지성과 영력을 겸비한 탁월한 설교가였다. 그는 그리스도를 위해서 모든 것을 포기한 사람이었다. 당시 휘트필드가 마음만 먹었다면 웨슬리처럼 교단을 만들 수도 있었다. 하지만 그는 그리스도보다 자신의 이름이 높아질 것을 우려해 오직 복음 전파에만 전력했다. 심지어 자신의 설교를 책으로 남기는 일까지도 자제했다. 자신의 이름이 드러나게 될 것을 우려하면서! 그는 그리스도 외에는 어느 것에도 관심을 갖지 않은 사람이었다. 그리스도를 위해서, 그리스도만을 바라보면서 복음을 전했다. 하나님은 휘트필드의 영혼 사랑의 마음을 귀히 보시고 한 시대의 영적인 부흥을 맡겨주셨다.

휘트필드가 영혼을 사랑하는 마음에 불탔던 것은 죽음을 무릅쓴 기도의 열매였다. 그는 옥스퍼드에서 하나님을 만나기 위해 목숨을 걸고 기도함으로써 하나님을 만났다. 그는 '죽으면 살리라'는 진리에 사로잡힌 사람이었다. 그렇게 기도하다가 마침내 하나님을 만났다. 휘트필드의 육신이 죽기까지 하나님을 갈망할 때 놀라운 진리의 빛을 본 것이다.

죽어야 산다! 주님이 우리 영혼을 건지기 위해서 죽었듯이 우리도 영혼을 건지기 위해서는 죽어야 한다. 기독교는 죽는 종교다! 그리스도가 우리를 위해서 죽음으로써 기독교가 시작되었기 때문이다. 그리스도가 죽은 것처럼 우리도 죽어야 한다. 그래야 영혼을 살릴 수 있다. 죽지 않으면 생명이 없다. 목회자가 성도를 위해서 죽어야 하고 교사가 학생을 위해서 죽어야 한다. 언젠가 교계 신문에 '목사가 죽어야 민족이 산다'는 주제의 글이 실린 것을 보았다. 공감되는 글이라서 일부분을 소개한다.

…의인이 죽어야 민족이 산다. 오늘의 한국 사회를 살리는 의인을 우리는 어디에서 찾을 것인가? 주님께서는 주의 종들인 목회자가 그런 의인이 되라고 말씀하신다. 예수님이 죽어서 인류를 살리듯 목사가 죽어서 민족을 살리라고 말씀하신다. 민족의 희망은 교회이고 교회는 목사가 먼저 죽을 때만 살아날 수 있다. 오늘날 한국 교회가 사회로부터 지탄을 받는 이유는 자기를 부정하는 정신이 없고 자기 십자가를 지지 않기 때문이다. 이 자기 부정과 십자가를 교인들에게 강요할 수는 없다.
그러나 목사가 먼저 자기의 정과 욕심을 십자가에 못 박을 때, 교인들도 함께 죽는 역사가 일어나는 것이다. 목사가 변화되어야 교회가 변화되고 교회가 변화되어야 민족이 변화된다. 아무도 민족의 고통과 장래에 대해서 책임지지 않는 이때에 먼저 목사가 책임지는 존재로 나서야 한다. 같이 돌을 들고 잘못을 탓하기보다는 예수님처럼 온 민족의 잘못을 짊어지고 골고다로 올라야 한다. 우리 민족의 희망은 바로 우리 목사가 먼저 잘못을 짊어지는 데 있다.

제자들을 왜 불렀을까?

죽지 않으면 아무런 희망이 없다! 목사뿐만 아니라 교사도 죽고 모든 그리스도인이 죽어야 민족과 교회에 희망이 있다. 그리스도인이 물질적으로 타락하고 부정과 부패에 연루된 것은 세상에 대해 아직 죽지 않았기 때문이다. 물질과 명예를 포기하지 않으니까 문제다. 너무나 부끄럽지만 나도 그렇게 살았다. 말로는 천사같이 외쳤지만 내면에 끊임없이 발동하는 세상적인 가치관을 끊지 못한 것이다.

본훼퍼의 말을 들어보라! "우리를 그리스도의 제자로 부른 것은 그분을 위해 죽으라고 불렀다." 제자들은 주님의 부름에 응하면서 모든 것을 다 포기했다. 심지어 마지막 생계 수단과 혈연의 정까지 포기했다. 그들은 부름 받은 후에 세상에 대해서 죽었다. 주님은 그것을 원했다. 죽는 것을! 제자들이 그렇게 모든 것을 포기했음에도 불구하고 주님을 부인하고 말았다. 하물며 물질이나 명예 등으로부터 죽지 않으면 누구도 주의 일을 할 수 없다. 신앙은 포기다! 그렇게 포기하고 죽기를 결단하면 성령이 힘을 주신다.

그러나 죽지 않으면 아무 일도 할 수 없다. 자기를 포기하지 않고는 영혼을 살릴 수 없다. 진정한 생명은 죽는 데서부터 시작된다. 그래서 주님도 영혼을 살리는 일을 하기 위해 가장 먼저 죽는 일을 행하셨다. 주님이 사역을 시작하시기 전에 40일을 금식하신 것은 자기를 죽이는 훈련이었다. 금식이란 육신의 소욕을 끊고 오직 하나님만 바라보는 것을 말한다. 그것은 육신의 생명을 지탱해 주는 음식에 대한 갈망을 하나님께로 돌리는 것이다. 쉽게 말하자면, 금식은 자기를 죽이는 일이다! 그렇게 자기를 포기하고 죽을 때 예수님께 성령이 임했다.

나는 소문난 어떤 목회자처럼 목회에 괄목할만한 업적을 이룬 사람이 아니다. 그러기에 목회를 운운하면서 글을 쓴다는 것은 격에 안 어울린다. 또 한 편으로는 부끄럽기 짝이 없다. 그럼에도 불구하고 전국에서 땀 흘려 일하는 교사들과 함께 어린 영혼을 살리는 일에 대해 비전을 나누고 싶은 마음에서 이 책을 쓰게 되었다. 아무쪼록 선하신 하나님의 은혜가 이 책을 읽는 모든 사람들에게 풍성하게 임하기를 바란다.

제1장
목회 프로필

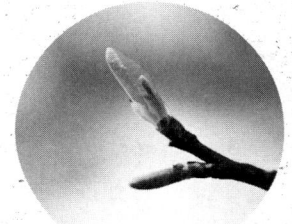

나는 어려서부터 목회자가 되려고 지금까지 한 길만 걸어왔다. 하지만 솔직히 말해서 목회가 무엇인지 잘 모른 채 그 길에 들어섰던 것 같다. 지금 생각하면 내가 가야할 길이 어떤 길인지도 정확히 모르고 그 길로 나섰던 내 자신이 부끄럽기도 하고 아쉽기도 하다. 그러나 목회가 이렇게 힘들고 어려운 일인 줄 알았더라면 아마 목회의 길을 회피했을지도 모른다는 생각이 든다. 그럼에도 불구하고 지금은 목회하면서 세상 어느 곳에서도 얻을 수 없는 즐거움과 보람을 누리고 있다. 때론 육체적으로 파김치가 될 정도요, 정신적으로도 만신창이가 되는 때도 있었지만 표현할 수 없는 영적인 기쁨을 누릴 때도 있었다. 설령 다시 태어난다고 해도 나는 목회의 길을 갈 것이다. 하나님을 위해서 사는 일이 좋기 때문이다.

1. 세상에서 가장 어려운 일

어떤 부목사님이 목회처럼 쉬운 일이 없다고 간증을 했다. 그랬더니 그 간증을 들은 한 분이 그 목사님이야말로 참 존경할만한 분이라고 칭찬하면서 이렇게 반문했다. "목회자의 입에서 목회가 가장 어렵고 힘들다는 말을 하면 누가 그분을 존경하겠는가?" 이런 반문은 마치 우리의 논의에 일격을 가하고 있는 듯하다. 목회가 세상에서 가장 어렵다는 주제를 달고 보니 부끄러운 마음뿐이다. 좀 더 쉽게 목회를 정의하지 못해서 말이다. 그 부목사님의 간증은 대략 이런 것이었다.

어느 날 남선교회 회원으로부터 직장생활 이야기를 들으면서 "세상에서 목회 하는 것이 제일 쉽다"고 말했다. 그러자 옆에 있던 한 분이 이렇게 물었다. "그래도 매일 새벽 기도하는 것이 힘들지 않습니까?" 그랬더니 그 부목사님이 대답하기를, "물론 새벽 기도 하는 것이 좀 힘듭니다. 하지만 목사는 새벽 기도 마치고 돌아와서 피곤하면 잠이라도 잘 수 있지 않습니까? 그런데 교인들은 새벽 기도 후에도 하루 종일 일을 해야 하니 얼마나 피곤하겠습니까?"

참 그럴듯한 이야기다. 또 그렇게 쉽게 목회를 하는 분이 있다면 그저 존경스러울 뿐이다. 물론 나 역시 아무리 어렵고 힘들어도 성령의 도움으로 사역한다고 생각하면 목회가 그렇게 어렵다고 생각하진 않는다. 그래서 다시 태어난다고 해도 목회의 길을 가고 싶다고 자신 있게 말하는 것이다. 성령이 주시는 은혜로 목회하는 맛은 가히 표현할 수 없는 스릴과 짜릿함이 넘치기 때문이다.

그럼에도 불구하고 목회 현장의 고충은 한두 가지가 아니다. 어떤 사람들은 목회자는 출퇴근 시간도 없는 일종의 자유 직종인줄 아는데 실은 그렇지도 않다. 사실은 일반 직장인보다 몇 갑절 일해야 한다. 그리고 제 시간에 출퇴근하는 목회자들이 몇 명이나 되겠는가. 나 역시 새벽에 출근한 후 아침식사 시간을 제외하고는 오전에 연구와 업무로, 오후에는 심방으로, 저녁에는 특별 심방 등의 일정으로 보낸다. 그런 점에서 목회는 결코 쉬운 일이 아니다!

하지만 목회가 단순히 각종 업무를 수행하는 일이라고 한다면 어려울 것도 없다. 세상에 어디 그만한 업무를 행하지 않는 직장이 어디 있겠는가? 어떤 사람은 새벽 기도가 싫어서 목회를 그만 두었다는 말이 들릴 정도로 새벽 기도는 목회의 무거운 짐 중에 하나다. 평신도야 한두 번 실수해서 새벽 기도를 빠질 수도 있고, 정말 힘들면 쉴 수도 있다. 그러나 목회자는 일 년 내내 빠질 수 없는 형편이기 때문이다. 또 설교하는 일은 어떤가! 보통 일주일에 10회 이상의 설교를 해야 하니, 심방 설교나 특별 예배 설교를 제외해도 한 목회자가 30년 간 목회한다면 약 15,600번이나 공식 설교를 하는 셈이니 얼마나 어마어마한 양인가?

영혼을 다뤄야 하는 일이기에

오래 전에 동기 목사님으로부터 전화를 받았다. 신학교를 졸업하고 난 후 개척 교회를 시작한 후 수년이 지나니 밑천이 떨어져서 공부를 더 해야겠다고 하면서 유학 정보를 부탁했다. 이처럼 설교하는 일은 힘든 일이다. 심방하는 일 역시 무거운 짐이 아닐 수 없다. 목회자는 24시간 내내 한 시간도 방심할 수 없다. 위급한 환자가 생길 경우에는 새벽 1시, 2시에도 심방해야 한다. 그런 상황은 우리나라의 경우만 그런 것이 아니다.

영국 역사상 가장 위대한 목회자로 평가받고 있는 스펄전 역시 환자를 위해서 새벽 시간까지 심방했다. 어떤 때는 새벽 3시에도 심방을 했다고 하니 그게 바로 목회자의 고충이다. 어느 나라를 막론하고 목회란 그렇다. 심지어는 밤새도록 부부 싸움을 하다가 더 이상 견딜 수 없어서 새벽에 심방 요청을 하는 경우도 있을 정도니까! 새벽 기도, 설교, 심방, 행정 등 모든 일이 목회의 무거운 짐임에 틀림없다.

하지만 목회자에게 이것보다 더 크고 무거운 짐이 되는 것은 사람의 영혼을 다뤄야 한다는 점이다. 다른 일은 목회자가 땀을 흘려 가면서 몸으로 뛰면 어느 정도 그 열매를 맺을 수 있다. 그러나 사람의 영혼을 다루는 일은 정말 어려운 문제다. 목회자는 교인을 영적으로 성숙하도록 도와줘야 한다. 수시로 그들에게 영적인 힘을 공급해줘야 하며, 영적인 위로도 보내줘야 한다. 또한 어린양의 상처를 감싸줘야 하고 아픔을 같이 나눠줘야 한다. 그들과 같이 웃고, 울어줘야 한다. 사실 이런 일은 고도의 기술과 훈련을 필요로 할 뿐만 아니라 근본적으로 영혼을 사랑하는 뜨거운 마음이 있어야 한다. 그러기에 목회는 아무나 할 수 없다. 목회는 세상에서 가장 어려운 일이다! 목회를 감당하려면 우선 헌신하고자 하는 소명감이 있어야 하고, 그 일을 위해서 일정 기간 훈련받은 사람이어야 된다. 그렇다고 해도 가장 어려운 목회의 난점은 성령의 도우심이 있어야 가능하다는 것이다.

선한 고민으로 인하여

교계 원로이신 한 목사님께 목회의 비결을 물었던 적이 있다. 그분의 대답은 단 한 마디였다. "하나님의 은혜를 받아야 하네!" 아무리 똑똑하고 많이 배워도 하나님이 목회의 복을 주시지 않으면 목회를 할 수 없다는 것이었다. 그러기에 인간적으로 야무지고 실력이 쟁쟁한 목회자도 목회에서는 큰 열매를 거두지 못하는 경우가 많다. 그런 점에서 목회의 관건은 하나님의 은혜와 복을 받느냐, 혹은 얼마나 성령의 능력에 사로잡혀 목회를 하느냐에 달려 있다.

나는 첫 목회지에서 짧은 기간에 교인의 숫자가 늘어나는 부흥의 역사를 체험했다. 하지만 사람들이 은혜를 받는 것 같은데 그들의 삶이 변화되지 않는 것을 보고 고민을 많이 했다. 내가 능력이 없어서 그럴까? 설교에 문제가 있는 것일까? 기도가 부족한 것일까? 사실 그런 문제는 비단 나만의 고민은 아니었다. 한국 교회 대부분의 목회자가 경험하는 문제다. 만약 그리스도인들이 말씀을 들은 은혜만큼 살았다면 오늘날 기독교는 한국 사회에서 엄청난 역량을 발휘했을 것이다.

그러나 현실은 그렇지 못하다. 기독교 인구는 감소하는 실정이며, 더더욱 젊은이들까지 교회를 떠나는 상황이다. 근본 원인은 교인들이 말씀을 듣고 변화되지 않았기 때문이다. 목회자의 고민은 바로 그것이다. '어떻게 하면 능력 있는 사역을 할 수 있을까? 성도들이 은혜를 받아 삶이 변화되고, 회개의 역사가 일어나며, 죄의 습관을 끊는, 영적 부흥의 비결은 무엇일까?'라는 선한 고민이 그칠 날이 없다.

예수님은 사역을 하실 때 기도하고 나면 반드시 능력이 일어났다. 누가복음에서 예수님의 기도가 소개되는 부분을 살펴보면 다섯 차례 이상이나 '사역·기도·능력'이라는 도식을 발견할 수 있다. 그것은 누가의 기도 신학을 반영해주는 도식이다. 나는 복음서를 연구하면서 누가의 기도 신학이 이론에만 그친 것이 아니라 누가 자신이 직접 목회 현장에서 경험한 사실이라는 것을 발견했다. 따라서 그 도식대로 실행하면 반드시 열매를 거둘 수 있다고 확신하게 되었다.

또한 18세기의 부흥 운동을 이끌었던 조지 휘트필드를 보면서 기도 목회를 이끌었다. 그는 옥스퍼드대학 시절에 일주일에 두 번씩 금식하고 하루에 9시간씩 기도하면서 목회를 준비했다. 그렇게 자기를 죽이는 일로 몸부림치며 준비한 휘트필드에게 하나님은 상상할 수 없는 은혜를 주셨다. 나는 목회를 위한 선한 고민으로 인하여 많은 날을 씨름하다가 휘트필드와 같은 은혜를 사모하면서 금식과 기도로 주일을 준비하기도 했다. 육신을 복종시키고 주님만을 높이기 위해서! 생각하면 그때처럼 목양의 은혜를 깊이 체험한 순간은 없을 정도로 많은 은혜를 누렸다.

테크닉의 문제가 아니다!

그럼에도 불구하고 첫 목회지에 부임한 지 3년이 지나면서 나는 심각한 목회 위기를 느낀 적이 있다. 재정을 맡은 장로가 거액을 횡령하고 잠적해버린 것이다. 참 기가 막힐 일이었다. 같이 은혜 받고 목회 비전을 나누던 사람인데 내면은 전혀 변하지 않은 것이다. 3년 내내 맨 앞자리에 앉아서 설교를 들어 왔는데, 여전히 그 영혼은 변하지 않았던 것이다. 그런 사고를 겪으면서 나는 다시 한 번 목회를 배우게 되었다. 그래서 정말 첫 목회지는 나에게 목회를 가르쳐 준 '목회훈련학교'였다.

실로 목회는 어려운 일이다! 영혼을 다루는 일이기 때문에 그렇다! 내가 아무리 금식하고 기도해도 하나님의 강권적인 손길이 임하지 않으면 열매를 거둘 수 없는 것이 목회다. 분명 목회는 내가 하는 일이 아니며 성령의 도움으로 하는 것이다. 목회자가 열심히 기도해야 하는 것은 틀림없는 사실이지만 그것만으로는 부족하다. 성령의 도움이 있어야 한다. 금식을 하거나 기도 운동을 전개해도 최종적으로는 성령의 기름 부으심과 은혜가 임해야 사람이 변화되는 것이다.

성령의 능력으로 교인의 영혼이 바뀌는 것이지 내가 열심히 한다고 되는 것이 아니다. 할 수 있으면 열심을 내고 남보다 더 열심히 기도해야 한다. 그러나 더 중요한 것은 성령의 강수에 푹 빠지는 것이다. 성령의 도움이 아니면 아무리 금식하고 소리 질러도 소용없다. 목회자가 아무리 목청껏 외쳐도 성도들은 영적으로 자라지 않는다. 아무리 열심히 준비하고 설교를 해도 변화의 기미조차 보이지 않는다. 그런 실정이니 교인의 영혼을 울리는 메시지는 성령의 강력한 역사가 없이는 도저히 불가능한 일이 아닌가!

좋은 프로그램을 동원하거나 성장을 위한 방법론을 도입한다고 되는 것도 아니다. 종교적인 행동이나 열심으로도 안 된다. 영혼을 바꾸는 일은 테크닉의 문제가 아니다! 그것은 성령의 은혜로 되는 것이다! 절대로 인간의 힘으로는 안 된다! 오직 성령이 도와주셔야 교인의 영혼이 변한다. 그렇기 때문에 사람의 영혼을 다루는 목회가 세상에서 가장 힘들고 어려운 일이라고 할 수 있다.

2. 사랑의 포로가 되어야

앞에서 잠깐 언급했지만, 첫 목회지에서 불가항력적인 목회의 위기로 인하여 참담한 실패를 경험했다. 그때 많은 사람이 나에게 돈을 주고도 배울 수 없는 목회의 교훈을 배우게 되었다고 격려해 주었다. 그렇게 따뜻한 위로와 격려를 아낌없이 보낸 준 모든 분들께 감사하게 생각한다. 나는 그 사건을 통해서 다시 한 번 목회를 배우게 되었다. 그 사고를 통해서 새롭게 배운 또 다른 목회의 교훈이 있다. 그것은 목회자는 '사랑의 포로'가 되지 않으면 아무것도 이룰 수 없다는 것이었다. 나는 교회의 재정 사고가 터진 후부터 스펄전의 목회에 대해서 연구하는 시간을 가졌다. 스펄전 안에 목회의 광맥이 담겨 있었기 때문이었다. 그래서 사력을 다해서 그를 탐구해 나갔다. 그해 봄, 동역자들과 함께 지리산 자락에 만발한 철쭉제를 즐긴 후에 시작한 스펄전 탐구가 무더운 여름을 지나 가을 단풍이 시작될 무렵에 끝나게 되었다. 그 작업을 마친 후에 뼈 속 깊이 새겨진 하나의 교훈은, 목회란 영혼 사랑에서 출발되어야 한다는 것이었다.

영혼 사랑에 사로잡힌 사람들

　스펄전이 그렇게 위대한 목회자가 될 수 있었던 것은 그의 가슴 속에 영혼을 사랑하는 뜨거운 마음이 불타올랐기 때문이었다. 스펄전은 평생 동안 영혼을 사랑하는 뜨거운 마음에 사로잡혀서 살았다. 실로 그는 사랑의 포로였다! 그러기에 때로는 하루에 30여 명씩 상담을 하고 일주일에 60통씩이나 편지를 쓰면서도 지친 것 없이 사역을 감당했다. 한 영혼을 귀히 여기며 그들을 하나님께로 인도하려는 마음으로! 그렇기 때문에 그는 통풍으로 뼈를 깎는 듯한 고통이 있어도 복음을 전하는 것을 포기하지 않고 설교했다. 하나님께서는 영혼을 사랑하는 불타는 마음을 귀히 보시고 스펄전을 쓰신 듯했다.
　조지 휘트필드 역시 영혼 사랑에 사로잡힌 사람이었다. 그는 영혼 사랑의 정신에 불타서 일생을 복음 전파를 위해 희생했다. 죽기 전까지 영혼을 살리는 설교에 몰두했던 일화는 유명하다. 휘트필드가 생을 마감했던 하루 전날, 그는 휴식 중에 있었는데 설교를 해달라는 부탁을 받았다. 그의 건강 상태로는 도무지 설교할 수 없었다. 하지만 영혼을 구원하는 일을 포기할 수 없었다. 그래서 설교하는 것을 허락했다. 그때 건강이 좋지 못해서 안색이 좋지 않은 것을 보고 노인이 말했다. "지금 너무 피곤해 보이십니다. 설교하시는 것보다 차라리 눈을 좀 붙이는 것이 좋을 것 같습니다." 그러나 휘트필드는 환자 같은 모습을 하고도 창틀에 앉아서 밤늦게까지 사력을 다해서 복음을 전했다. 그는 설교하기 전에 이렇게 기도했다. "주님, 저는 주의 일에는 단 한 번도 지쳐본 적이 없습니다. 주의 일에 싫증을 느껴본 적 또한 없습니다. 그러나 주님, 제가 아직 갈 길을 다 가지 못했다면 저로 하여금 다시 한 번 들판에 서서 주님의 복음을 말하게 해 주십시오. 그렇게 복음을 전함으로써 모든 사람을 새 생명으로 탄생하게 하옵소서. 그 다음에 육신을 떠나 본향으로 돌아가게 하옵소서."

설교를 마친 후 휘트필드는 지친 몸을 이끌고 잠자리에 누었다. 그것이 이 땅에서의 마지막 잠자리였다. 그는 자신이 기도했던 대로 마지막 순간까지 복음을 전한 후 본향으로 돌아갔다. 다음날 아침에 사람들은 잠자리에서 평안히 주님의 부르심을 받은 휘트필드를 보게 되었다. 죽음을 앞둔 마지막 순간까지 영혼 구원을 위해 몸과 마음을 아끼지 않았던 그가 이제 평안히 하나님의 품에 안긴 것이다. 그는 평생 동안 죽어 가는 영혼을 보고 잠시도 쉴 틈을 갖지 않았다. 그들을 구원하기 위해서! 한 번은 주위 사람들이 적당한 휴식을 취하라는 권유에 그는 다음과 같이 답했다. "내 존재가 녹이 슬어서 없어지느니 차라리 닳아서 없어지는 것이 더 행복합니다." 휘트필드는 일생 동안을 영혼 사랑이라는 불타는 열정으로 살았다. 그는 진정 사랑의 포로였다.

중국 선교사 허드슨 테일러 역시 평생 동안 영혼을 사랑하는 뜨거운 마음으로 살았다. 테일러는 중국 선교사로 파송되기 전 런던에서 의학을 공부했다. 한 번은 해부학 시간에 열병으로 죽은 사람을 해부하다가 전날 바늘에 찔린 상처로 병균이 감염되었다. 테일러는 심한 열병과 함께 고통을 받게 되었다. 그렇게 감염되면 자칫

하면 생명을 잃을 수도 있기 때문에 지도교수는 테일러에게 집으로 가서 모든 것을 정리하라고 권유했다. 테일러의 증세가 심상치 않았기 때문이었다. 그런 상황에서도 테일러는 앞으로 중국에 가서 영혼을 구원하는 일을 해야 하기 때문에 자신은 결코 죽지 않을 것이라는 확신을 가졌다. 테일러는 마차에 실려서 자취방으로 가다가 하녀를 만나자 그 순간에도 그리스도를 전했다. 당시 테일러처럼 병균에 감염되어 생명을 잃은 의학도가 2명이나 있었으니 사실 테일러는 죽음을 앞두고 있는 상황이었다. 그럼에도 불구하고 죽어가면서도 하인에게 그리스도를 전한 것이다. 영혼을 사랑하는 불붙는 마음으로!

테일러가 하나님의 은혜로 건강이 회복되어 다시 병실과 강의실을 오가며 학업에 열중하게 되었다. 어느 날 병원에서 입원해 있는 할아버지 한 분을 알게 되었다. 그 할아버지는 자기가 얼마 살지 못할 것이라는 사실을 전혀 알지 못하고 있었다. 테일러는 그 영혼에 깊은 관심을 갖게 되었다. 그런데 할아버지는 좀처럼 전도를 받지 않았다. 한 번은 성경을 읽어 주는데 당장 나가라고 고래고래 소리를 지를 정도였다. 심지어 병원 담당 목사가 그에게 접근해왔을 때 침을 뱉고는 돌아누울 정도였다. 테일러는 그래도 포기하지 않고 계속 그를 위해서 기도하면서 정성껏 치료해주었다.

그럼에도 불구하고 그는 전혀 반응이 없었다. 그에게 아무리 전도를 해도 돌아누우면서 냉소적이었다. 테일러는 모든 것을 포기할까 하는 생각을 하기도 했으나 그 영혼이 불쌍하다는 생각이 들어서 낙심하지 않았다. 그는 견딜 수 없어서 눈물을 흘리며 할아버지에게 다가가서 이렇게 말했다. "형제여, 당신이 듣든지 말든지 나는 당신의 영혼을 구원하고야 말겠소!" 그러고는 눈물을 흘리며 그를 위해서 기도했다. 그렇게 기도하고 나자 영혼에 변화가 생겼다. 그렇게 해서 할아버지는 그리스도를 영접하게 되었다. 하나님께서는 그처럼 영혼 사랑에 불타는 테일러를 중국 선교의 아버지로 사용하셨다!

목양의 뿌리

누구든지 영혼 사랑에 불타는 마음이 없으면 목회를 감당할 수 없다. 목회는 기술이 아니라 영혼을 사랑하는 일이다! 지금까지 나는 목회의 기능적인 측면을 매우 중시해왔다. 물론 그 기능적인 면은 목회 하는 데 반드시 필요한 요소다. 설교의 기술을 개발하고 목회의 테크닉을 훈련하는 일을 조금이라도 게을리 해서는 안 된다. 더욱 풍성한 목회의 열매를 위해서는 충분한 이론적인 밑바탕도 있어야 한다. 따라서 신학적인 지식을 쌓아 가는 일에도 총력을 기울여야 한다. 하지만 그런 기능적인 일을 아무리 개발하고 연구해도 그것만으로 목회가 되는 것은 아니다. 사람의 영혼을 변화시키는 것은 테크닉이 아니라 사랑이다. 사람을 다루는 기술로 마음을 감동시킬 수는 없다. 아무리 훌륭한 상담의 기술을 배워도 그것으로 사람의 마음을 움직이지는 못한다. 탁월한 설교 능력이 있어도 그것으로 심령을 변화시키지는 못한다. 사랑이 있어야 한다.

예수님께서 부활하신 몸으로 바닷가에서 고기잡이 하고 있던 제자들에게 나타나셨다. 당시 제자들의 마음의 상처는 보통 큰 것이 아니었다. 3년 동안 따르던 선생님을 부인하고 도망쳤으니 오죽했으랴! 주님 편에서 생각하면 얼마나 억울하고 분통이 터질 노릇인가! 3년 내내 가르치고 훈련시켜 놨더니 한순간에 도망쳐버린 제자들을 다시는 보고 싶지 않으셨을 터이다. 그러나 주님은 제자들에게 나타나셔서 그들이 자신에게 한 행동에 대해서 어떤 추궁도 하지 않으시고 침묵하셨다. 주님은 그들에게 배신의 이유를 캐묻거나 행위에 대한 책임을 묻는 식으로 문제를 해결하지 않으셨다. 주님은 모든 허물과 실수를 사랑으로 덮으셨다. 사랑으로 모든 것을 용서하셨다. 사랑만이 문제 해결의 키(Key)다! 제자들은 바로 그 사랑에 감동되었다.

만약 주님께서 제자들에게 "그것이 제자의 도리였느냐"는 식으로 책임을 추궁했다거나, "나는 너희들에게 실망했다"는 식으로 대하셨다면 제자들은 다시 일어설 수 없는 상처를 받고 생을 마감했을지도 모른다. 하지만 주님은 그들을 무조건 용서하셨다. 세 번이나 자신을 부인했던 베드로에게는 세 번에 걸쳐서 당신에 대한 사랑을 확인하시고 난 후에 목양의 사명을 부여해주셨다. "내 양을 먹이라." 결국 목양은 사랑이 뿌리요, 출발이라는 것을 보여주는 단적인 예다. 영혼 사랑, 하나님 사랑, 이웃 사랑이 없으면 도무지 목양을 이룰 수 없다. 아무리 목회의 테크닉을 습득해도 그것으로는 사람의 심령을 변화시키지 못한다.

목회는 기술이 아니라 사랑으로 된다. 사랑의 포로가 될 때 진정한 목회가 되는 것이다. 나는 첫 목회지에서 장로가 변화 받지 못한 채 엄청난 사고를 저지르는 것을 목격하고 많은 반성과 회개의 시간을 가졌다. '내가 진정한 사랑의 포로가 되었더라면…' 하기야 예수님이 가르쳐도 회개하지 않는 완악한 사람이 있었으니 오죽하리요! 그렇지만 '목회자가 사랑의 포로가 되어서 그를 감동시켰더라면 그런 엄청난 실수는 방지할 수 있지 않았을까' 생각하니 가슴이 미어진다. 목회자가 사랑의 포로가 되어야 한다는 것이 목회훈련학교에서 얻은 최대의 교훈이었다.

3. 눈물의 길, 고난의 길

예수님의 사랑은 희생적인 사랑이다. 이 희생적인 십자가 사랑에서 목회의 전형을 발견할 수 있다. 목회자가 사랑의 포로가 되어 양을 감싸는 것이 바로 목회다. 목회는 화려한 길을 가는 것이 아니다. 그 길은 좁은 길이요, 고난의 길이다. 어떤 사람들도 목회자의 고충을 잘 모른다. 마치 십자가의 길을 갈 때 주님의 마음을 아무도 이해하지 못한 것처럼, 어떤 교인도 목회자의 고충을 제대로 이해하지 못할 수도 있다. 제자들이 십자가 앞에서 주님을 떠난 것처럼, 교인들도 목회자를 떠날 때가 있다. 심지어 교인들이 이리처럼 덤빌 때도 있다. 그러기에 목회의 길은 죽는 길이요, 고통의 길이다.

주님께서는 십자가의 길을 눈물로 가셨다. 양을 구원하기 위해서! 배신을 당하고, 돌팔매질을 당하면서도 도살장에 끌려가는 양처럼 입을 열지 아니하시고 가셨다. 목회의 길이 그렇다! 목회의 길은 눈물 없이는 가지 못할 길이다. 그 길은 결코 영광의 길이 아니요, 자기희생의 길이다. 심지어 자기 몸을 바쳐 희생한다 해도 결국 남는 것은 영광이 아니라 고난의 십자가뿐이다. 그런 식으로 목회자들이 희생적인 사역을 감당하고 나면 언제인가는 영광이 주어진다. 그것이 바로 하나님의 방법이다. 결국 목회는 자기희생이다. 자기희생에 대한 감동적인 이야기를 하나 소개하려고 한다.

개미에게서 배운 자기희생

한 번은 두 대학 교수의 공저로 『거미의 세계』란 책이 출판되어 화제를 모은 적이 있다. 그 책의 저자들은 20여 년 간 거미를 연구한 거미 박사와 그 제자였다. 화제의 책은 거미에 대해서 보통 사람이 상상할 수 없는 정보를 제공해주었다. 거미는 하루 동안 자기 체중의 3~25퍼센트에 해당되는 곤충을 먹어 치운다고 한다. 그렇게 해서 전 세계의 거미가 1년 동안 먹어치우는 곤충의 무게는 사람 5천만 명의 체중과 비슷한 양이란다. 어떻게 보면 귀를 의심케 하는 엄청난 양이다. 이처럼 거미가 곤충에 대해 무서운 파괴력을 가지고 있기 때문에 중국의 농부들은 거미가 무사히 겨울을 날 수 있도록 오두막을 지어주기도 한다는 것이다. 거미는 그렇게 왕성한 식욕을 지니고 있어서인지 지구상에서 가장 번성하는 생물 중의 하나라고 한다.

그렇게 번성한 거미는 인간에게 해보다는 득을 많이 주었다. 실제로 1709년 프랑스에서는 거미줄로 양말과 장갑을 짜기도 했고, 15세기 로마의 의사 아우렐리아누스는 독거미의 독을 피임약으로 사용했다고 한다. 또 유럽에서는 거미로 말라리아, 천연두, 페스트 등을 치료했다는 의학 보고서도 있다. 어렸을 때 나의 기억으로도 종기가 났을 때 거미를 잡아서 종기 부위에 붙였던 기억이 난다.

그런데 실제로 동의보감에는 거미가 고름 치료제 등으로 사용되었다고 기록되어 있다.

거미가 주는 이런 유익 말고도 거미에게서 볼 수 있는 감동적인 보고는 자식에 대한 애착심에서 그 절정을 이룬다. 거미는 산란 후에 알주머니를 지키기 위해서 바깥세상과 인연을 끊어 버린다. 그러고 나서 산란 후에는 새끼에게 제 살을 뜯어 먹인다고 한다. 그 책에서 보면 거미가 인간 세계에 유익이 된다는 보고 그 자체만으로도 거미는 충분한 가치가 있다. 하지만 더욱 감동적인 부분은 거미가 알주머니를 지키기 위해서 세상 인연을 끊어버리고, 나중에는 새끼들에게 제 살을 뜯어 먹인다는 자기희생적인 사랑의 보고가 가슴을 찡하게 한다.

우리는 거미와 같은 유약한 존재다. 거미는 유약하지만 강하다. 거미는 한 때 힘 있게 살다가 나중에는 자식을 위해서 희생적인 사랑을 쏟아 부은 후에 죽는다! 나를 돌아보면 목양의 길을 가기에는 너무나 연약한 존재다. 양을 위해서 털끝만큼도 손해 보지 않으려는 속성도 있다. 목회가 주님을 위한 것이 아니라 내 자신의 안일과 영달을 위한 것이었다는 부끄러운 생각도 든다. 그렇기 때문에 지금이라도 다시 한 번 주님의 십자가 희생을 내 가슴에 묻고 싶다. 새끼를 위한 희생으로 기꺼이 자기 몸을 버린 거미의 사랑을 엎드려 배우고 싶다. 그렇게 해서라도 사랑의 포로가 되고 싶다.

영혼에 대한 집념을 가지라

그런 식으로 사랑의 포로가 되어 평생 목회 했던 한 목회자를 소개하려고 한다. 매주 2만여 명 이상이 출석하고 있는 미국 댈러스 침례교회를 담임한 크리스웰 목사의 이야기이다. 한 성경학자가 크리스웰 목사에게 50년 목회의 성공 비결에 대해서 물었다. 그러자 크리스웰 목사는 이렇게 대답했다. "성공 비결이 따로 있는 것이 아니라 다만 나는 영혼에 대한 집념을 가졌을 뿐입니다." 그는 영혼 사랑에 집념을 가진 사람이었다! 영혼을 사랑하는 뜨거운 마음이 50년 목회 성공 비결이었다. 영혼을 사랑하지 않는 사람은 영혼을 구원하고자 하는 집념을 가질 수 없다.

크리스웰의 '영혼에 대한 집념'은 교사의 목회적 사명을 생각하고 있는 우리에게 많은 것을 시사해준다. 목회는 영혼에 대한 하나님의 집념으로부터 시작되었다고 해도 과언이 아니다. 영혼을 건지기 위해서 하나밖에 없는 아들을 세상에 보내서 물과 피를 다 쏟게 했으니 하나님은 영혼 구원에 한이 맺히셨음에 분명하다. 하나님께서는 사람을 포기할 수 없었다. "하나님이 세상을 이처럼 사랑하사 독생자를 주셨으니"(요 3:16). 그 사랑 때문에 사람을 구원하시려는 장구한 계획을 세우신 것이다. 구약의 많은 선지자들은 그 구원 계획을 선포했다. 그렇게 오랜 세월을 기다리시다가 마침내 독생자를 보내시기까지 하셨으니 영혼에 대한 그 집념이 경이로울 뿐이다.

집념이란 말이 나왔으니 집념 하나로 일약 세계적인 작가가 된

한 무명작가의 감동적인 이야기를 하나 소개하려고 한다. 역사상 가장 많은 인파를 동원한 영화 「바람과 함께 사라지다」의 원작자 마가렛 미첼의 이야기다. 미첼이 그 소설을 쓰기 시작한 것은 다리를 다쳐 거동할 수 없는 처지에 있을 때였다. 그는 불편한 다리를 이끌고 작품의 아이디어를 위해서 여기 저기 뛰어다녔다. 거동은 불편했으나 상상력이 풍부해서 그는 왕성한 작품 활동을 할 수 있었다. 미첼은 다른 사람 같으면 생각하지도 못할 작품 활동을 7년 동안 계속해서 마침내 소설을 완성했다. 하지만 무명의 작가가 쓴 소설을 받아줄 출판사는 어디에도 없었다. 미첼은 원고를 들고 출판사를 찾아 여기저기 뛰어다녔지만 출판사에서는 그의 소설을 무시했다. 결국 미첼의 마음은 상처투성이가 되고 말았다. 그럼에도 불구하고 미첼은 7년의 집념을 불태운 자신의 처녀작을 포기할 수 없었다.

그는 마지막으로 맥밀란 출판사의 사장 레이슨을 만나 한 번만 이 원고를 읽어달라고 간청하면서 원고뭉치를 전해 주었다. 미첼의 간청에 못 이겨 억지로 원고를 받은 레이슨은 여행 중이어서 그 원고를 읽을 여유가 없었다. 유명한 출판사의 사장이 한낱 무명작가의 원고에 신경을 써줄리 만무했다. 그러다가 레이슨은 여행이 끝날 무렵에 우연히 가방에 박혀 있는 원고 뭉치를 꺼내어 읽기 시작했다. 그때 레이슨은 열차가 목적지에 도착한 줄도 모를 정도로 큰 감명을 받았다. 그는 곧 바로 소설을 출판했다.

그렇게 해서 그 소설은 일약 세계적인 베스트셀러가 되었고, 그 소설을 영화로 만든 대작이 세계 최대의 인기를 독차지한 영화가 되었다. 그 유명한 소설이 자칫했으면 영원히 빛을 보지 못하고 한 장의 휴지 조각으로 변할 뻔했다. 그러나 미첼의 집념이 마침내 불후의 명작을 낳게 했다. 그는 불편한 다리를 이끌고 작품 활동을 하면서도 끝까지 포기하지 않았다. 미첼이야말로 남다른 집념으로 성공적인 인생을 산 위대한 사람이었다. 집념의 힘이 그렇게 강하다. 교사가 영혼에 대한 집념을 가지면 반목회는 성공할 수 있다. 집념은 성공의 원동력이다!

4. 인격적인 감화로

목회는 모든 면에서 어렵고 힘든 길이다. 그러기에 아무나 갈 수 있는 길이 아니다. 그런데 모든 것 중에 더욱 힘들고 어려운 것은 목회의 열매가 목회자의 인격에서 나온다는 점에서 그렇다. 또 다른 목회자인 교사 역시 마찬가지다. 목회자의 인격, 교사의 인격이 변해야 양들이 변한다! 교인들이나 학생들은 지도자의 번지르르한 말을 원하는 것이 아니라 성숙한 인격을 원한다. 그들은 지도자로부터 본받고 싶은 인격을 갈망하고 있다. 실상은 자신들이 그렇게 살지 못하기 때문에 목회자만이라도 그렇게 살아주기를 원하는 것이다. 그것이 교인들의 심리이다.

<u>백 마디의 가르침보다 단 한 번의 행동으로</u>

학교에서의 강의나 교회학교에서의 공과, 또는 설교의 내용 등은 교안이나 원고를 읽어보면 누구든지 이해할 수 있다. 문제는 전달하는 지식보다 목회자의 인격이 어느 정도 전수되느냐에 달려 있다. 쉬운 예로, 교회에서 설교를 잘못해서 문제를 일으키거나 쫓겨나는 목회자가 있었다는 말을 들어본 적이 없다. 하지만 인격적

으로 문제가 되어서 보따리를 싼 목회자가 있다는 말은 여러 번 들어봤다. 아무리 좋은 테크닉과 화려한 말로 설교해도 인격적으로 감동을 주지 못하면 설교는 열매를 맺을 수 없다. 설교는 준비된 원고만 있으면 누구든지 할 수 있다. 하지만 목회자가 설교대로 사는 것은 너무나 어려운 일이다. 교회학교에서 공과를 가르치는 것도 누구든지 할 수 있다. 그러나 교사가 공과대로 사는 것은 어렵다. 목회 현장은 말보다 행동을 요구한다.

한 목사님이 40년간의 목회를 성공적으로 마치던 마지막 날 아침이었다. 그 목사님은 예배를 준비하다 어떤 문제로 인하여 그만 화를 내고 말았다. 그랬더니 교인들은 그 목사님을 화를 참지 못하는 목사로 낙인찍었고, 목사님도 목회에 실패한 것을 회개했다는 이야기를 들었다. 그만큼 목회자는 살얼음판을 걷듯이 매 순간 조심스럽게 살아야 한다. 인격적으로 흠을 보이면 도무지 은혜가 되지 않기 때문이다. 그런 점에서 목회자가 끊임없이 변해야 한다. 인격적으로 변하고 영적으로 변해야 한다. 교인들은 목회자가 먼저 변하기를 원한다. 학생들은 교사가 먼저 변화되기를 원한다! 그래서 날마다 변해야 한다. 목회는 인격적인 감화가 있어야 열매를 맺을 수 있다. 목회의 열매는 인격에 비례한다. 주님의 인격으로 변화되어야 한다. 지금 변하지 않으면 틀림없이 언젠가는 실패한다.

한 여행객이 스위스를 방문한 적이 있었다. 그는 여행 중에 감동적인 장면을 목격했다. 스위스 대통령이 고속도로를 달리다가 가벼운 접촉 사고를 당했다. 그러자 대통령은 곧 바로 차에서 내려 교통경찰이 와서 사건이 해결되기를 기다렸다. 그때 갑자기 가벼운 비가 내리기 시작했다. 그래도 대통령은 여전히 비를 맞으며 교통경찰이 오기를 기다리는 것이었다. 그 모습에 경호원이 당황하여 말했다. "우선 비를 피해 먼저 출발하시면 나중에 문제를 알아서 처리하겠습니다." 하지만 대통령은 그 말을 정중히 거절하면서 이렇게 말했다. "스위스에서 대통령이 해야 할 일 가운데 가장 큰 일은 법을 지키는 일입니다. 대통령이 몸소 법을 지키는 것을 국민에게 보여주는 것보다 중요한 일은 없습니다." 스위스 대통령은 백 마디의 가르침보다 단 한 번의 행동으로 사람들의 마음을 감동시켰다. 마치 주님처럼! 사람의 마음을 감동시킬 수 있는 힘은 바로 우렁찬 웅변이 아니라 침묵 중에 보여주는 행동에 있다.

성숙한 인격은 연습의 열매

지도자가 사람들을 감동시킬만한 인격을 소유하는 것은 정말 어려운 일이다. 그러나 감동적인 인격은 본래부터 타고난 것이 아니라 훈련을 통해서 형성된다. 그렇기 때문에 인격의 성숙과 개발을 위해서 끊임없이 훈련에 훈련을 거듭해야 한다. 그것이 목회의 열매를 맺는 지름길이다. 목회의 테크닉을 개발하기 위해서 투자한 에너지의 절반만이라도 인격의 성숙을 위해서 투자한다면 목회가 빛날 것이라고 확신한다. 올림픽에서 금메달을 차지한 선수들을 보면 한결같이 피눈물 나는 자기 훈련을 거친 사람들이다. 우승의 원동력은 끊임없는 훈련뿐이다! 우승은 피땀 흘린 연습의 대가다. 우승의 면류관은 우연히 차지하는 것이 아니라 피땀의 대가요,

눈물의 열매다. 경건 생활에 있어서도 혹독한 훈련이 없다면 어떤 열매도 맺을 수 없다.

"경건에 이르기를 연습하라"(딤전 4:7). 이는 경건의 열매를 맺으려면 끊임없는 훈련을 거쳐야 한다는 의미다. 그렇기 때문에 목회의 열매를 맺으려면 목회자가 먼저 자기와 싸워 인격의 성숙을 이루어야 한다. 교사 역시 사역의 열매를 맺으려면 먼저 성숙을 위해 싸워야 한다. 하지만 육신의 소욕은 하루아침에 제어되지 않는다. 우리의 인격도 단 시간에 성숙되는 것이 아니다. 성숙한 인격을 위해서는 지속적인 훈련이 필요하다. 심지어 끊임없이 자기와 싸워나가야 한다. 그 목표를 위해서 때로는 피눈물을 쏟으며 훈련을 해야 한다. 때로는 뼈를 깎는 듯한 아픔을 감수해야 할 때도 있다.

솔새는 외부의 침입으로부터 완벽하게 보호받는 둥지를 짓기 위해서 진흙을 2천 번 이상 이겨 붙인다고 한다. 하나의 목표를 위해서 2천 번을 연습하는 노력이 바로 성숙의 열매를 맺는 비결이 아닐까? 그리스도인의 경건은 노력의 대가가 아니라 하나님의 은혜의 산물이다. 그럼에도 불구하고 눈물과 땀을 흘리지 않고는 어떤 경건의 열매도 거둘 수 없다. 그렇기 때문에 경건한 삶의 습관을 위해서는 세상의 꿈을 포기해야 한다. 그러고 나서 수천 번에 이르기까지 자기 훈련에 몰두해야 한다. 그 이후에는 하나님의 자비를 구해야 한다. 성숙한 인격의 열매는 하나님의 은혜 위에 부어지는 땀과 눈물의 결정체다.

늦기 전에 변하라!

한 번은 말로만 들어왔던 진안의 마이산에 간 적이 있었다. 그날 뜻하지 않게 마이산을 가게 된 이유는 다음과 같은 한 마디의 말이 떠올랐기 때문이었다. "늦기 전에 변화하라!" 이 말은 한동안 일류 기업의 대명사로 각광받았던 미국의 제너럴 일렉트릭의 잭 웰치 회장의 말이다. 그날 오후에 나는 연구실에서 설교와 지혜의 샘의 글을 쓰고, 또 교회 성장과 부흥을 위한 대책과 방안을 생각하고 있었다. 그런데 불현듯 떠오른 잭 웰치의 말에 귀가 번쩍 뜨였다. '그렇다! 더 나은 미래를 위해서 지금 변화되어야 한다! 늦기 전에!' 그렇게 해서 어떤 변화를 열망하면서 무작정 차에 올라탔다. 차를 탄 후에 지도를 펴들고 여기저기 찾아 본 끝에 마이산 코스를 택하게 되었다. 국도를 타고 진안 고개를 넘어서 계속 질주했다. 그런데 한 검문소에 이르러서 웃지못할 일이 발생했다.

경찰은 앞에 가는 차량은 모두 통과시키고 하필 내 차를 곁길로 서라고 사인을 보냈다. 순간적으로 좀 불쾌하긴 했으나 아무 소리 않고 곁길로 세웠다. 경찰이 다가와서 면허증과 신분증을 요구했고 손가락의 지문까지 확인하자고 했다. 그런데 그것으로 마친 것이 아니라 트렁크까지 조사하겠다고 하는 것이 아닌가? 어이가 없는 일이었지만 꾹 참고 시키는 대로 하고 난 후에 이유를 물었다. 그랬더니 바로 몇 시간 전에 전주에서 뺑소니 차량이 진안 쪽으로 도주했기 때문이라고 했다. 생각 같아서는 내가 뺑소니 운전사로 보이냐고 항의하고 싶었으나 참고 그냥 출발했다. 경찰의 입장에서 보면 나를 붙들고 검문검색을 한 이유가 있었겠지만, 나로서는 많은 생각이 들었다. 내 인상으로부터 시작해서 마음, 습관, 언어, 그리고 전 인격이 변하지 않으면 정말 내가 강도와 같은 인생이라는 것을…. 무언가 변화를 시도하려고 출발한 드라이브에서 변화에 대한 강한 도전을 받았다. 내가 변화되지 않으면 아무 일도 할 수 없음을 다시 한 번 느끼게 되었다.

마이산에 도착해서 산길을 따라 올라가면서 들었던 각종 새와 짐승의 소리는 대자연의 오케스트라였다. 어쩌면 그렇게 정교하고 분명한 음을 내면서 끝없이 울어대는지…. 동물들의 합창을 감상하면서 한참 동안 앉아 있기도 했고, 옛날 선인들이 산수를 즐기며 읊었던 시를 더듬어 생각해 보기도 했다. 산 중턱에 이르러서는 내친김에 정상까지 정복을 해야겠다는 생각으로 단숨에 6백여 고지를 정복했다. 물론 정상으로 가는 길은 쉽지 않았다. 더구나 신발이나 복장까지 간편하지 않아서 여간 불편한 것이 아니었다. 하지만 정상에 올라가면 무엇인가 보일 듯해 비지땀을 흘리면서 밧줄을 타고 올라갔다. 정상에 올라서 보니 정말 보이는 것이 있었다. 온 땅과 끝없는 하늘, 그리고 그 아래 점과 같이 서 있는 내 자신도 보였다. 나는 정상에 서서 창공을 향하여 주님을 부르고 나서 내 자신의 변화를 다시 한 번 결단했다.

교사로 봉사할 수 있는 기회는 항상 주어지는 것이 아니다. 건강이 좋지 못하면 아무리 봉사하고 싶어도 할 수 없다. 나이가 들어 늙게 되면 사역할 수 없는 날도 온다. 어느 날 은퇴하신 목사님의 말씀을 들을 기회가 있었다. 그 목사님은 마음은 모든 것을 할 수 있을 듯한데 실제로는 그렇지 못하다고 하셨다. 더구나 주일이 되면 설교하고 싶은 마음이 솟아나고, 평생 동안 길들였던 목회 활동이 향수처럼 그립다고 하셨다. 우리에게도 언젠가 영혼을 돌보는 귀한 사역을 그쳐야 할 때가 찾아올 것이다. 그러기에 지금 늦기 전에 결단해야 한다. 좀 더 아름다운 인격의 열매를 맺기 위해서 땀 흘려야 하고, 영적인 열매를 거두기 위해서 노력을 아끼지 말아야 한다.

■ 영아·유치부의 특성 ■

신체적인 면

1. 어른이 아니라 어린아이다.
2. 항상 활동적이다.
3. 병에 감염되기 쉽다.
4. 감각이 매우 민감하다.
5. 에너지가 많다.
6. 빨리 자란다.
7. 쉽게 피로해진다.
8. 눈과 귀가 쉽게 긴장한다.

정신적인 면

1. 표현과 어휘력에 제한이 있지만 빠르게 증가된다.
2. 주의를 집중하는 시간이 짧다.
3. 뛰어난 기억력으로 뜻도 모른 채 암기한다.
4. 쉽게 잊어버린다.
5. 교사가 말하는 것은 모두 믿는다.
6. 상징이나 비유를 이해하지 못한다.
7. 시간관념이 없다.
8. 상상력이 풍부하다.
7. 감각을 통해 배운다 - 시청각 자료에 민감하다.
8. 모방을 통해서 배운다 - 다른 사람이 하는 대로 한다.
9. 호기심이 많아서 끊임없이 질문한다.
10 문자 그대로 알아듣는다.

사회적인 면

1. 의뢰심이 많다.
2. 수줍음이 많다.
3. 자기중심적이다.
4. 혼자 놀기를 좋아한다 – 자라면서 우정 관계가 증가된다.
5. 관심을 받고 싶어 한다.
6. 상상속의 놀이 친구가 있다.
7. 타협하기 좋아한다 – 친구들이 하는 대로 하고 싶어 한다.
8. 인정받고 싶어 한다.

감정적인 면

1. 신경이 예민하다.
2. 감정이 격렬하다.
3. 겁이 많다.
4. '아니'라는 소리를 자주 한다.
5. 화를 잘 낼 수 있다.
6. 안정감이 필요하다.
7. 두려움이 많다.
8. 샘이 많다.
9. 동정심이 많다.

영적인 면

1. 하나님을 향한 갈급함이 있다.
2. 하나님에 대해 개인적인 방법으로 생각한다.
3. 단순한 믿음을 갖고 있다.
4. 영적인 진리를 이해할 수 있는 능력이 있다.
5. 다른 사람으로부터 신앙적인 면을 터득해 나간다.

6. 옳고 그름의 차이를 알기 시작한다.
7. 죽음에 대한 질문도 한다.
8. 진정한 예배를 체험할 수 있다.

- 소더홀름

제2장
왜 반목회인가?

앞장에서는 목회 현장에서 경험한 사례를 근거로 해서 목회가 무엇인가를 개략적으로 소개했다. 이제는 교사의 사역을 반목회로 규정하는 근거를 생각해 보려고 한다. 그리고 나서 반목회의 본질과 '또 다른 목회자로서의 교사'의 소명에 대해서 이야기하려고 한다. 우선 목회의 전형을 암시해주는 구약의 역사나 시편 23편, 그리고 요한복음 10장 등에서 목자와 양의 관계를 살펴보자.

1. 목자와 양의 관계

반목회의 근거를 찾아보려면 먼저 성경에 암시된 목회의 전형을 살펴봐야 한다. 목회에 대해서 통찰력을 제공해주는 것은 하나님과 이스라엘 백성 사이의 관계다. 성경에서는 그 관계를 목자와 양의 관계로 표현한다. 여호와 하나님이 이스라엘의 목자로서 그 백성을 어떻게 인도하셨는가 하는 기록이 바로 구약의 역사다. 특히 그러한 관계는 광야 생활에서 명백하게 드러난다.

<u>언약적 사랑으로 돌보심</u>

이스라엘이 걸었던 험한 광야 길에서 하나님은 목자로서 그들을 훈련시키시고 먹이셨다. 때때로 적들의 위협에 처해 있을 때 하나님은 그들을 안전하게 지켜 주셨다. 그들이 굶주릴 때는 만나와 메추라기로 먹을 것까지 넉넉히 채워 주셨다. 하지만 이스라엘은 계속해서 하나님을 잊어버리고 우상숭배의 죄를 범했다. 그럼에도 불구하고 하나님은 그들을 용서하시고 영원토록 자신의 자녀로 삼으셨다. 그것은 이스라엘 백성과 맺은 언약적인 사랑에 기인한 것이다. 언약은 상호 관계를 맺어주는 결속(bond)이다. 예를 들면,

언약 관계는 결혼 관계와 마찬가지이다. 두 젊은이가 결혼할 때 증인들 앞에서 서약을 하면 주례자는 성혼되었음을 선포한다. 그때부터 두 젊은이는 공식적인 부부가 된다. 그들은 결혼할 때 서약을 굳게 하기 위해서 예물을 주고받기도 하고, 상호 사인을 하기도 한다. 서로 결혼 서약을 파기하지 않겠다는 의미다. 이런 식으로 하나님과 그 백성도 언약을 맺음으로 영적으로 부자 관계, 목자와 양의 관계가 되었다.

언약 관계에 있어서, 만약 언약의 조건을 이행하지 못하거나 그것을 파기하면 반드시 그 대가가 따라오게 된다. 예를 들면, 아브라함과 하나님이 언약을 맺을 때(창 15장) 짐승을 쪼개놓고 쌍방이 그 사이로 통과하게 되었다. 그때 짐승을 쪼갠 것은 만약 쌍방 중에서 언약을 파기하면 그 짐승처럼 죽임을 당하리라는 상징적인 의미였다. 그런데 아브라함이 하나님과 언약을 맺을 때에는 하나님이 일방적으로 쪼개진 짐승 사이로 통과하셨다(창 15:17). 그것은 언약을 맺을 때 언약 파기의 모든 책임을 하나님이 일방적으로 지시겠다는 의미였다. 하나님은 언약에 신실하신 분이시다! 하나님과의 언약에서는 일반적인 언약처럼 언약 파기의 책임을 쌍방이 지거나 일방적으로 그 책임을 묻는 것이 아니다. 언약의 모든 책임을 하나님 스스로 감당하셨다.

결국 언약을 파기한 사람(아담)은 쪼개진 짐승처럼 죽임을 당해야 했으나 하나님이 스스로 모든 책임을 지셨다. 하나님의 독생자가 세상에 오셔서 사람을 대신해서 죽어주심으로써 당신과의 언약 관계를 유효하게 하셨다. 그 언약에 근거해서 하나님은 예수 그리스도를 세상에 보내심으로 그 사랑을 분명하게 확증해 주셨다(롬 5:8). 하나님이신 예수 그리스도께서 십자가에서 죽으신 것은 바로 하나님의 언약적 사랑에 근거한다. 하나님과의 언약은 상호 죽기까지 사랑하겠다는 맹세이다.

사랑의 맹세를 한 결혼 언약을 지키기 위해서 죽음을 각오하고 감옥까지 간 감동적인 이야기가 있다. 폴란드의 바사 공작과 부인 카타리나 자겔로의 사랑에 얽힌 이야기다. 국왕 에릭은 바사 공작에게 반역죄란 죄명으로 종신형을 선고했다. 그때 바사 공작의 부인 카나리나가 왕에게 찾아가서 애원했다. "저도 남편과 함께 감옥에 갈 수 있도록 해 주십시오." 그러자 왕은 깜짝 놀라서 물었다. "그대는 바사 공작이 종신형을 받은 것을 모르고 있소. 그는 죽을 때까지 감옥을 벗어나지 못할 것이오." 그 말을 듣고 카타리나가 손가락에 있는 반지를 빼들고 이렇게 말했다. "이 반지에는 '모스 솔라'(Mors Sola : 죽음이 우리를 갈라놓을 때까지…)라는 말이 새겨져 있습니다. 남편이 종신형을 받았지만 저와 여전히 한 몸입니다. 저를 감옥에 함께 넣어 주십시오. 우리는 죽을 때까지 한 몸입니다." 그렇게 해서 카타리나는 남편과 함께 투옥되어 왕이 죽을 때까지 17년간 복역했다. 이 두 부부는 결혼식 때의 언약을 목숨을 걸고 실행했다. 언약이란 그런 것이다. 하나님과 이스라엘 역시 사랑에 근거해서 목자와 양의 언약 관계가 성립되었다. 하나님은 그 사랑 때문에 이스라엘을 버리지 않으셨다. 언약적 사랑 때문에! 하나님은 언약의 주체로서 이스라엘을 책임지시는 목자이시다.

양을 위해 목숨을 버린 선한 목자

시편 23편은 목자와 양의 관계를 잘 보여주는 말씀이다. 그 말씀은 목회의 개념을 잘 보여준다. 여기에서 다윗은 하나님과 자신의 관계를 목자와 양으로 비유한다. 그의 시에 의하면, 목자는 양에게 필요한 모든 것을 공급해주고 바른 길로 인도하며 온전하게 돌봐야 한다. 그리고 양에 대한 지극한 관심을 가지고 양의 생명을 보호해 준다. 양이 피곤할 때는 쉬도록 해주고 뒤쳐져 있는 양을 끝까지 돌봐준다. 이처럼 목자는 어떠한 상황에서든지 양떼를 바로 인도하여 생명을 돌봐주는 사람이다. 심지어 목자는 자신의 목숨이 위협을 당하더라도 양을 위해서 사랑과 관심과 돌봄을 아끼지 않는 것이 주 임무이다.

예수님께서도 요한복음 10장 1~18절에서 목자와 양의 관계를 말씀해 주신다. 그 비유에 의하면, 목자는 양을 친밀하게 잘 알고 있고 그 양을 자신의 팔에 안는다. 목자에게 필수적인 것은 양의 이름을 하나하나 부르는 것이다. 양의 이름을 세밀하게 알고 있지 않으면 양을 치는 일이 불가능하기 때문이다. 심지어 목자는 양 한 마리에 이르기까지 모든 상태를 정확하게 알고 있다. 마치 하나님이 "우리의 체질을"(시 103:14) 아신 것같이! 더구나 참 목자는 양떼를 위해서 기꺼이 목숨을 내놓기도 한다. 그러한 선한 목자가 바로 예수님이시다! "나는 선한 목자라"(요 10:10).

바울 역시 참 목자요, 선한 목자의 모델이다. 그는 에베소 교회를 떠날 때 "흉악한 이리"가 와서 양떼를 해칠까 염려하면서 눈물로 기도했다(행 20:28~37). 심지어 양떼에 대한 사랑으로 인하여 양을 위해 목숨을 바치려고 했다. "우리가 이같이 너희를 사모하여 하나님의 복음으로만 아니라 우리 목숨까지 너희에게 주기를 즐겨함은 너희가 우리의 사랑하는 자 됨이니라"(살전 2:8). 바울은 갈라디아 교인들을 위해서도 해산하는 수고를 아끼지 않았다(갈 4:19). 거짓 목자는 자기의 이득을 챙기고 손해가 될 듯하면 도망치고 만다. 그러나 참 목자는 자기의 목숨을 버리는 한이 있어도 양을 건져낸다.

목자의 가이드가 없으면

양은 목동 외에 다른 사람이 피리를 불면 전혀 움직이지 않는다고 한다. 그러나 목동의 피리 소리는 금방 알아차린다는 것이다. 양에게는 목자의 음성과 거짓 목자의 음성을 구별할 수 있는 분별력이 있다. 그렇기 때문에 양은 늘 목자의 음성에 귀를 기울인다. 양을 치는 목자는 도적이나 강도처럼 담을 넘거나 남의 눈길을 피해서 목장으로 들어오는 것이 아니라 당당하게 문으로 들어온다. 그는 목자의 자격을 소유하고 있기 때문이다. 그렇게 해서 목장에 들어온 목자는 양떼를 우리에서 끌어내어 기름진 목장으로 인도하여 꼴을 먹인다. 평화로운 초원에서 기름진 꼴을 먹고 있는 것을 지켜보는 것이 목자의 기쁨이다. 목자는 기쁨으로 양떼를 돌보며 그 출입을 주관한다.

특히 목자는 양의 출입 중에 앞장서서 그들을 이끈다. 만약 양떼를 끌고 가다가 이리떼를 만나게 되면 양떼를 대신해서 싸워야 할 책임이 있기 때문이다. 더구나 양은 2~3미터 정도만 넘어서면 잘 볼 수 없을 정도로 시력이 나쁘다고 한다. 그런 신체적인 약점 때문에 양은 떼를 이루지 않으면 금방 길을 잃어버린다. 목자에게 세심한 관심과 주의가 필요한 이유가 바로 여기에 있다. 참 목자는 자기의 길만 가는 것이 아니라 양을 돌아보면서 이동해야 한다. 양떼를 몰고 갈 때도 다급하게 휘몰아쳐서 끌고 가지 않는다. 그렇게 급하게 뛰어갈 수 있을 만큼 양의 다리가 강하지 못하기 때문이다. 그래서 참 목자는 피리를 부는 여유를 가지고 한 걸음 한 걸음 앞장서서 양떼를 인도한다. 양들은 목동의 피리 소리를 들으면서 종종걸음으로 따라갈 뿐이다.

영국에서 자연 관광지로 가장 사랑을 많이 받는 곳은 중부 지방의 '레이크 디스트릭트'(호수 지방)라는 곳이다. 그 곳은 끝없는 초원과 호수가 곳곳에 있어서 누가 봐도 관광지로써는 일품이다. 영국이 낳은 대시인 워드워즈가 그런 멋진 초원과 호수를 바라보면서 시를 지었다고 하면 그 장관이 어느 정도인지 짐작이 가리라고 생각한다. 유학 중에 그 곳을 관광하면서 차도에서 방황하는 양떼를 본 적이 있다. 아마 목동을 잃어버린 모양이었다. 영국 사람들은 신사답게 일제히 차를 멈추고 모두 방황하는 양을 구경하고 있었다. 뒤에는 차가 계속 밀려 있어도 경적 소리 한 번 들리지 않았다. 잠시 후에 목동인 듯한 사람이 나타나 손을 들어 미안하다는 신호를 보내고는 양떼 곁으로 가서 양떼를 몰아 차도를 건너가는 것을 보았다. 나중에 알고 보니 양은 목자의 가이드가 없으면 움직일 수 있는 능력이 전혀 없다는 것이었다. 목동이 양떼를 몰고 가다가 자취를 감춰버리면 양은 제자리에 서서 방황한다. 이것이 바로 목자와 양의 관계이며, 여기에서 목회의 전형을 찾을 수 있다.

2. 아이들의 영혼을 돌보는 일

목자는 양을 돌보는 것이 최상의 의무요 사명이다. 그러기에 목자는 한 마리의 양이라도 잃어버리면 애타게 기다리며 길을 찾아 나선다. 그런 목자의 심정이 예수님의 비유에 잘 나타나 있다. "양 일백 마리가 있는데 그 중에 하나를 잃으면 아흔 아홉 마리를 들에 두고 그 잃은 것을 찾도록 찾아다니지 아니하느냐"(눅 15:4). 그러다가 목자는 잃어버린 양을 찾으면 "즐거워 어깨에 메고 집에 와서 그 벗과 이웃을 불러모으고"(눅15:5~6) 함께 즐길 정도이다. 그것이 목자의 심정이다! 그런데 이스라엘의 거짓 목자들은 하나님으로부터 위임받은 목자의 본분을 잘 감당하지 못했다.

양을 돌보지 못하면

에스겔 34장은 이스라엘의 목자가 양을 잘 돌보지 못한 것을 신랄하게 비난하는 내용이다. "자기만 먹이는 이스라엘 목자들은 화 있을진저 목자들이 양의 무리를 먹이는 것이 마땅치 아니하냐. 너희가 살진 양을 잡아 그 기름을 먹으며 그 털을 입되 양의 무리는 먹이지 아니하는도다. 너희가 그 연약한 자를 강하게 아니하며 병든 자를 고치지 아니하며 상한 자를 싸매어 주지 아니하며 쫓긴 자를 돌아오게 아니하며 잃어버린 자를 찾지 아니하고 다만 강포로 그것들을 다스렸도다. 목자가 없으므로 그것들이 흩어지며 흩어져서 모든 들짐승의 밥이 되었도다. 내 양의 무리가 모든 산과 높은 멧부리에마다 유리되었고 내 양의 무리가 온 지면에 흩어졌으되 찾고 찾는 자가 없도다"(겔 34:2~6).

이스라엘의 거짓 목자들이 양을 돌보지 못할 때 하나님은 친히 당신이 이스라엘의 목자가 되시겠다고 하셨다. "나 주 여호와가 말하노라. 나 곧 내가 내 양을 찾고 찾되, 목자가 양 가운데 있는 날에 양이 흩어졌으면 그 떼를 찾는 것 같이 내가 내 양을 찾아서 흐리고 캄캄한 날에 그 흩어진 모든 곳에서 그것들을 건져낼지라. 내가 그것들을 만민 중에서 끌어내며 열방 중에서 모아 그 본토로 데리고 가서 이스라엘 산 위에와 시냇가에와 그 땅 모든 거주지에서 먹이되, 좋은 꼴로 먹이고 그 우리를 이스라엘 높은 산 위에 두리니 그것들이 거기서 좋은 우리에 누워 있으며 이스라엘 산 위에서 살진 꼴을 먹으리라. 나 주 여호와가 말하노라. 내가 친히 내 양의 목자가 되어 그것들로 누워있게 할지라. 그 잃어버린 자를 내가 찾으며 쫓긴 자를 내가 돌아오게 하며 상한 자를 내가 싸매어 주며 병든 자를 내가 강하게 하려니와 살진 자와 강한 자는 내가 멸하고 공의대로 그것들을 먹이리라"(겔 34:11~16).

위의 말씀(겔 34장)을 자세히 관찰하면 목자의 의무를 다음과 같이 요약할 수 있다.

1. 양떼를 살피고 돌봐주기
2. 연약한 양을 강하게 하기
3. 병든 양을 고쳐주기
4. 상한 양을 싸매주기
5. 쫓긴 양을 돌아오게 하기
6. 잃어버린 양을 찾기
7. 살진 양과 파리한 양 사이에 심판하기
8. 연약한 양을 강한 양에게서 보호하기
9. 공의로 양을 돌보기
10. 좋은 꼴로 먹이며 마실 물을 공급하기
11. 양을 잘 돌보아 좋은 우리에 누워 있게 하기
12. 악한 짐승을 그 땅에서 그치게 하여 양이 평안히 거하도록 하기

이스라엘의 목자들은 하나님으로부터 받은 본분을 다하지 못했다. 하나님께서 백성을 목자에게 맡기셨으나 그들은 지위를 남용해서 양을 갈취했다. 거기에다 자신의 배를 채우는 데만 급급했다. 그런 모습을 보신 하나님께서 친히 그들의 목자가 되시기로 작정하신 것이다. 하나님은 이스라엘의 참 목자이시다! 거짓 목자들을 거두시고 하나님께서 친히 목자로서 그 양들을 돌봐 주신다는 말이다. 여기에서 목회의 전형을 발견할 수 있다. 목회는 하나님이 양을 돌보신 것처럼 양을 돌보는 일이다. 한마디로 영혼을 돌보는 일이 바로 목회다!

병든 아이를 돌보듯이

이러한 정의는 목회라는 말의 사전적인 의미와도 매우 흡사하다. 원래 사전에 의하면 "목회란 목사가 교회를 맡아 설교하며 신자의 신앙생활을 지도하는 일"이다. 이 말 속에는 다양한 목사의 사역이 포함되어 있다. 이를테면 교회를 섬기는 일, 설교하는 일, 신앙 지도를 위해서 교육하고 심방하는 일, 그리고 상담하는 일 등 총체적인 목사의 사역이 암시되어 있다. 그런 사역을 통해서 교인의 영혼을 돌보는 사람이 바로 목회자다. 그런 점에서 목회가 영혼을 돌보는 일이라고 정의할 수 있다.

여기에서 '돌보다(care)'라는 말의 의미를 쉽게 이해하려면 병자를 돌보는 간호사나 자녀를 돌보는 어머니를 생각하면 된다. 그것은 매우 깊은 관심과 주의를 요하는 일이다. 간호사가 병든 아이를 돌볼 때 정성과 성의가 없으면 병이 치료될 리 만무하다. 병든 아이를 치료하면서 쉽게 자리를 뜬다면 심각한 문제가 발생할 수 있다. 특히 맥박이나 호흡을 제시간에 체크하지 않는 것은 위험천만한 일이다. 한 번은 교회의 홈페이지에 어느 병원에서 있었던 일을 매우 적나라하게 고발한 글이 올라왔다. 내용인 즉, 의사와 간호사가 환자를 잘못 돌봐서 결국 목숨을 잃었다는 것이다. 구체적인 내용이나 사정을 다 소개할 수 없지만, 환자를 돌보는 의사나 간호사의 책임이 얼마나 큰지 실감할 수 있는 내용이었다.

환자를 돌봐주는 의사나 간호사가 없으면 치료가 불가능하다. 어린아이의 경우도 마찬가지다. 사랑이 담긴 돌봄이 없으면 아이는 정상적으로 자랄 수 없다. 몇 년 전에 있었던 일이다. 한 어머니가 양손에 아이들의 손을 잡고 길을 가고 있었다. 그러다가 한 쪽 아이의 손을 잠깐 놓친 사이에 난데없이 차가 달려와서 그 아이를 치고 말았다. 그 사고로 인하여 아이가 생명을 잃고 말았다. 아이의 손을 잡고 가다가 눈 깜짝할 사이에 손을 놓친 것이 엄청난 불행을 몰고 온 것이다. 한순간도 아이들에게서 눈을 떼거나 손을 놓쳐서는 안 된다. 그것이 바로 진정한 돌봄이다. 목회는 그렇게 영혼을 돌보는 것이다!

<u>이래서 반목회다!</u>

그렇다면 영혼을 돌보는 일이 목사에게만 한정된 일인가? 그렇지 않다. 그것은 목사 외에도 모든 그리스도인에게 주어진 중요한 임무다. 예를 들면, 윌리엄즈(Daniel Day Williams)는 목회를 다음과 같이 정의한 바 있다. "목회는 모든 목회자뿐만 아니라 모든 그리스도인이 공동으로 담당해야 하는 것이다. 목회는 인간을 돌보시는 하나님의 사랑에 응답하여 하나님의 구속적 치유의 능력과 깨달음을 다른 사람들과 나누는 것이다." 주님께서 다른 사람을 위해 자기 몸을 주신 것처럼, 모든 그리스도인은 다른 사람을 돌볼 줄 알아야 한다. 진정한 그리스도인은 다른 사람을 생각할 줄 아는 사람이다. 그런 점에서 모든 그리스도인은 목회적 소명을 받은 사람인 것이다.

그렇다면 어린 양떼를 돌보도록 사명을 부여받은 교사는 누구인가? 그들은 교사의 일을 감당하도록 사무적으로 부름 받은 행정가가 아니다. 뿐만 아니라 그들은 학생에게 종교적 지식을 전달해 줌으로써 그들을 종교인으로 만드는 기능인도 아니다. 교사는 하나님께서 맡겨주신 양을 돌보라고 부름 받은 사명자이다. 그들은 어린 영혼을 돌보도록 부름 받은 사람이다. 영혼을 돌보는 일이 바로 목회다! 교사는 자기 반에 맡겨진 영혼을 돌보며, 그들을 하나님께로 인도하는 목자인 셈이다. 그런 이유 때문에 교사의 사역을 가리켜 반목회라고 칭하는 것이다. 한마디로 말하자면, 반목회는 자기 반 아이들의 영혼을 돌보는 일이다.

3. 교사는 또 다른 목회자다

 교사가 누구인가? 교사는 목양을 위해서 부름 받은 사람이다. 그들은 자기에게 맡겨진 영혼을 돌보는 소명 받은 목회자다. 분명 교사는 또 다른 목회자다! 그들은 반목회를 하고 있는 것이다. 그러면 반목회를 어떻게 감당할까? 다음과 같은 글을 본 적이 있다. 목회에는 세 가지 종류가 있다. '고역(苦役)', '교역(敎役)', '성역(聖役)' 이 그것이다. '고역'은 마지못해서 하는 것이고, '교역'은 목회를 하나의 직업으로 알고 하는 것이고, '성역'은 주님을 사랑하여 행복한 마음으로 하는 목회이다.

 물론 목회 신학자들 중에 더러는 목회(ministry)라는 말을 '교역'으로 번역하여 사용하는 경우가 있기는 하지만, 퍽 인상 깊은 글이었다. 교사들은 반목회를 수행하면서 그것이 성역(聖役)이 되도록 해야 한다. 반목회에서 성역(聖役)을 하면 그 일이 한없이 즐겁고 기쁘다. 세상에서 그 일처럼 행복한 일이 또 어디 있으랴! 세상에서 가장 힘든 일이기는 하지만 다른 사람의 영혼을 돌보는 데서 얻는 기쁨이란 천하를 얻는 것보다 더 큰 기쁨이다. 그러나 성역(聖役)이 아닌 고역(苦役)을 하게 되면 그 일처럼 괴로운 일이 없다.

고역(苦役)에서 성역(聖役)으로

　교회학교 지도에서 가장 어려운 점은 교사들을 지도하는 문제다. 어떤 교사들은 연초에 임명받은 지 얼마 되지 않아서 그 뜨거움이 금방 식어버린다. 마치 금방 데워졌다 곧 식어버리는 냄비처럼! 냄비는 가벼운 그릇이다. 그것은 뜨거움을 오래 보존할 수 없고 쉽게 식어버리는 약한 그릇이다. 그런 냄비 근성으로는 누구도 교사의 직분을 잘 감당할 수 없다. 내 경험에 의하면, 그런 교사를 지도하는 일이 직접 아이들을 지도하는 일보다 훨씬 어렵다. 그런 냄비 교사의 10대 유형은 이렇다.

유형 1. 예배 시간에 쉽게 빠진다.
유형 2. 공과를 제대로 준비하지 않는다.
유형 3. 예배 시간에 지각하기 일쑤다.
유형 4. 기도회 시간에 관심이 없다.
유형 5. 특별한 이유 없이 결석한다.
유형 6. 교사회의 시간에 쉽게 빠진다.
유형 7. 학생을 심방하거나 전화하지 않는다.
유형 8. 학생을 개별적으로 만나는 시간이 없다.
유형 9. 교사 세미나나 교사를 위한 특별 집회에 참석하지 않는다.
유형 10. 교역자의 지도에 전적으로 따르지 않는다.

　왜 그런 냄비 교사가 나올까? 교사들이 그렇게 쉽게 소명이 식어버리는 이유 중에 하나는 세상에 대한 사랑 때문이라고 본다. 그런 교사들은 처음에 임명받을 때는 뜨겁게 타오른다. 하지만 얼마 되지 않아서 곧바로 식어버린다. 달콤한 세상의 맛 때문에! 성경에도 그런 사람들이 있다. "데마는 이 세상을 사랑하여 나를 버리고 데살로니가로 갔고 그레스게는 갈라디아로, 디도는 달마디아로 갔고"(딤후 4:10). 처음에 그들은 대단한 결심으로 바울을 따랐다. 하지만 세상이 그리워서 바울 곁을 떠나고 말았다. 집을 떠난 탕자는 어떤가? 그는 허황된 꿈에 도취되어 세상에 깊이 빠져들었다. 그가 세상의 달콤한 맛과 쾌락을 즐기는 순간은 천하를 얻은 듯한 행복감에 젖어들었다. 하지만 그것은 철저히 위장된 행복이었다. 잠시 후에 그는 허랑 방탕하여 모든 재산을 다 잃어버렸다. 그렇게 되자 그는 고통과 허무감에 빠져 점점 더 깊은 수렁에 빠지게 되었다. 육체적으로 약해지고 영적으로 타락했다. 정신적으로는 정서불안과 황폐함으로 폐인이 되고 말았다.

   세상은 우리를 철저히 속이고 있다. 그렇기 때문에 세상을 바라보고 있노라면 그 쪽으로 말려들지 않을 수 없다. 예를 들면, 텔레비전은 세상의 즐거움을 상징하는 것 중의 하나로 그것을 보는 즐거움은 시간이 가는 줄을 모르게 만든다. 어떤 사람은 텔레비전이 주는 영적 폐해에 대해서 이런 시를 쓰기도 했다.

텔레비전은 나의 목자시니 내가 부족함이 없으리로다. 텔레비전이 나를 푹신한 소파에 눕게 하시며 멸망의 길로 인도하시는도다. 내 영혼을 파멸시키시고 폭력과 죄악의 길로 인도하시는도다. 내가 수없이 결단할

지라도 언제나 허물어지는 것은 텔레비전이 항상 나와 함께 함이라. 텔레비전의 리모컨과 채널이 나를 안위하시나이다. 텔레비전이 내 가족의 목전에서 내게 파멸의 상을 베푸시고 인본주의의 기름을 바르셨으니 내 영혼이 부패하나이다. 나의 평생에 나태와 방탕이 나를 따르리니 내가 텔레비전이 있는 곳에 영원히 거하리로다.

추측컨대, 세상에 대한 사랑 때문에 식어버린 냄비교사는 각 교회마다 있으리라 생각된다. 지도자들은 아직까지 세상을 끊어버리지 못한 교사를 잘 관찰하고 주목해 보면서 그들에게 강한 영적 도전을 주어야 한다. 그렇게 하는 것이 그들의 영혼과 학생을 살리는 길이다. 교사로서 세상을 끊지 못하고 양다리를 걸치고 있는 사람은 그 사역이 고역(苦役)이다. 체면 때문에 억지로 자리를 지키면서 고역(苦役)에서 벗어나지 못하면 아이들의 영혼은 피폐해 가고 자신도 한없는 고통과 번민뿐이다. 교회학교 사역을 고역(苦役)에서 성역(聖役)으로 바꾸라! 그러면 반목회가 즐겁고 행복해진다.

뚝배기 교사가 되라!

많은 교사들이 연초에 교사로 임명을 받고 나서 땀 흘려 봉사하고 충성한다. 그들은 마치 열기가 좀처럼 식지 않는 뚝배기처럼 끈질기게 열심히 봉사한다. 교회학교가 살아나려면 뚝배기 교사가 필요하다. 뚝배기는 찌개, 설렁탕, 지짐, 된장국 등을 끓여먹을 때 사용하는 우리 민족의 토속적인 그릇이다. 뚝배기는 한 번 데워지면 좀처럼 식지 않는 특성이 있다. 그래서 우리 조상들은 펄펄 끓는 국물을 뜨거운 채로 먹기 위해서 뚝배기를 만들어 밥상에 놓았던 것 같다. 교사는 그런 뚝배기 근성을 발휘해야 한다. 아마 그런 뚝배기 교사 몇 사람만 있으면 교회학교는 순식간에 변할 것이다. 성경에서나 역사적으로 볼 때 부흥의 불길은 몇 사람에 의해서 피워졌기 때문이다.

예를 들면, 1907년 평양 장대현 교회에서 일어난 대부흥 운동은 뜨겁게 달아오른 몇 사람에 의해 그 불이 피워진 좋은 예다. 평양의 대부흥 운동의 불길은 1903년 8월 하디 선교사를 비롯한 외국 선교사들이 함경도 원산에 모여서 성경공부와 기도의 시간을 가진 것이 불씨였다. 그런 모임과 운동이 1904년부터 1906년까지 평양 근처의 각 곳에서 열리면서 불길이 점점 확산되었다. 그러다가 1907년 초 신년을 맞이하여 평양 장대현 교회에 모여서 10일 동안 집회를 가졌다. 그때 각처에서 모여든 1,500여명의 신자들이 매일 성경공부와 기도의 모임을 가지면서 부흥 사경회를 가졌다. 그렇게 기도하는 중에 한국의 오순절과 같은 놀라운 부흥의 역사가 일어났다. 몇 사람으로 시작된 부흥의 불씨가 마침내 평양과 조선 땅 전역에 성령의 열풍을 일으킨 것이다.

한국 교회에 새벽 기도가 시작된 역사적 배경을 봐도 그렇다. 평양 대부흥 운동이 일어나기 전 해인 1906년 길선주 장로가 평양 장대현 교회에서 조사(전도사)로 섬기고 있을 때였다. 그는 어떤 장로(박씨)와 함께 새벽에 한 달 동안 기도하면서 놀라운 은혜를 받았다. 그렇게 큰 은혜를 체험하자 그들은 당회에 정식으로 새벽 기도회를 건의했다. 당회에서는 그들의 건의를 받아들여서 매일 아침 규칙적으로 새벽 기도회를 갖기로 결정했다. 그것이 한국 교회의 공식적인 새벽 기도의 효시였다. 그 후에 새벽 4시만 되면 종이 울렸고, 신자들은 새벽 4시 30분에 교회에 모여 기도했다. 새벽에 은혜 받은 길선주 목사와 그 동료 장로에 의해서 시작된 기도 운동이 1907년 평양 대부흥 운동을 일으키는 불씨가 된 것이다. 이처럼 교회학교에 뚝배기처럼 식지 않는 뜨거운 몇 사람만 있으면 금방 불이 붙기 마련이다.

소명에 굳게 서라

그렇다면 뚝배기처럼 식지 않는 교사가 되는 비결은 무엇일까? 어떻게 하면 기쁘고 즐겁게 교사의 사역을 잘 감당할 수 있을까? 이 질문에 가장 적합한 답을 교사의 소명의 문제에서 찾으려고 한다. 교사는 또 다른 목회자로 부름 받은 소명자이다! 그러기에 먼저 소명에 불타지 않으면 누구도 든든한 뚝배기 교사가 될 수 없다. 역사적으로 위대한 사역을 감당한 사람들은 모두 분명한 소명에 불타는 사람들이었다. 소명(calling)이란 하나님이 그 사역을 하도록 예정 가운데 자기를 부르셨다는 확신이다. 쉽게 말하면, 나는 이 일을 위해 부름 받았다는 확신이 소명이다. 심지어 나는 이 일을 위해 태어났고, 삶의 목적이 거기에 있으며, 죽는 한이 있어도 그 일을 하리라는 확신을 가리켜 소명이라고 한다.

우리 주변에는 기독교 사역자가 아니라도 이런 소명감에 불타는 사람들이 많이 있다. 『사랑하는 사람에게』라는 시집을 본 적이 있다. 부산에 사는 이충기라는 초등학교 교사의 이야기다. 그는 16년 전에 지하철 공사장을 지나다가 불의의 사고를 당해서 중추신경 전체가 마비되고 말았다. 그 후에 그는 지금까지 16년 동안 오직 방안에 누워 꼼짝 못하고 살았다. 그가 움직일 수 있는 것은 목과 두 팔의 엄지와 검지뿐이었다. 그런 가운데 그는 교직에 대한 그리움과 눈물로 세월을 보내면서 죽으려고 해도 죽을 수도 없었다. 그는 손으로 물 한 모금 마실 수 없었다. 그런 아들을 보고 옆에서 통곡하며 병간호를 하던 어머니마저 울화병으로 돌아가시고 말았다. 그러던 어느 날 그는 하나님을 만나서 하나님의 사랑을 깨닫게 되었다.

병상에서 하나님의 사랑에 감격하고 있는데 한 여인이 그의 앞에 나타났다. 그녀는 오직 사랑 하나 때문에 반신불수 청년을 반려자로 맞게 되었다. 그 후 6년 동안 그 여자는 남편 곁에서 대소변을 받아내며 돌보고 있다. 그 일을 위해서 부름 받았다는 소명감과 사랑에 불타는 마음 때문에 기쁨으로 일을 해왔다. 저자는 그 사랑에 감격하여 두 손가락으로 시를 썼다. 그 시가 바로 『사랑하는 사람에게』라는 시집이다. 누구든지 자기 일에 대한 확신과 소명에 불타는 마음만 있으면 어떤 열악한 환경도 극복할 수 있다. 자기는 그 일을 위해 산다는 확신 때문에 그런 헌신적인 삶을 살아가는 것이다. 기쁨과 감사의 마음으로!

휘트필드가 소명을 위해서 수천 번을 기도했다는 고백은 잘 알려져 있다. 그는 복음 사역을 하기 전에 하나님을 만나지 않고는 그 길에 들어설 수 없다는 확고한 신념을 갖고 있었다. 휘트필드의 연설 능력이나 성경 지식, 그리고 영성과 인격 등을 고려해서 주변의 사람들은 그에게 목사로 헌신하라고 했다. 그때 휘트필드는 이렇게 말했다. "하나님이 내게 소명을 주신 것을 확신하기까지 수천 번을 눈물로 기도했다." 그는 소명을 확신하기 위해서 수천 번을 눈물로 기도한 후에 소명을 확신하고 사역을 결단했다. 그렇게 소명에 불타는 마음으로 사역했기 때문에 그에게 복음의 열정이 식지 않았다. 소명감에 불타는 교사는 그 열심이 쉽게 식지 않는다. 그런 교사는 오직 자기를 세우신 하나님만 바라본다. 그는 하나님을 위해서 살고 그분을 위해 죽기로 결단한 사람이다. 하지만 소명의식이 분명하지 않으면 열심이 쉽게 식어버린다. 냄비 교사가 바로 그런 식이다. 그들은 일시적인 기분으로 헌신을 작정하지만 금방 흔들리고 만다. 소명을 회복하라! 소명을 확인하라! 그것이 든든한 사역의 뿌리다.

4. 진실한 사랑이 본질이다

교사는 자기에게 맡겨진 아이를 대상으로 목회 하는 사명자이다. 교사에게 주어진 일 중에서 행정이나 조직을 관리하는 일 또는 프로그램을 진행하는 일 등은 매우 중요한 일이다. 하지만 그것보다 더욱 긴박하고 중요한 일이 있다. 그것은 자기 반에 주어진 영혼을 돌보는 일이다. 교사에게 있어서 영혼을 돌보는 일보다 더 긴박하고 중요한 일이 또 어디 있겠는가? 교사는 학생을 푸른 초장으로 인도하여 기름진 꼴을 먹여야 한다. 때로는 악한 이리떼로부터 그들을 보호해야 하고, 구렁텅이에 빠지지 않도록 바른 길로 이끌어야 한다. 그 일을 위해 교사는 또 다른 목회자로 부름 받은 사람이다.

아이들을 온전케 하도록 부름 받다

반목회의 본질이 무엇인가? 우선 에베소서 4장 11~12절을 보자. "그가 혹은 사도로, 혹은 선지자로, 혹은 복음 전하는 자로, 혹은 목사와 교사로 주셨으니 이는 성도를 온전케 하며 봉사의 일을 하게 하며 그리스도의 몸을 세우려 하심이라." 여기에서 반목회의 본질을 발견할 수 있다. 이 구절을 자세히 보면 목사와 교사는 구분되지 않는 동일직으로 표현되어 있다. 이는 목사는 반드시 교사의 기능이 수반되어야 한다는 것을 암시적으로 보여주고 있는 것이다. 목사의 주요 기능 중의 하나가 바로 교사의 기능이라는 의미다. 따라서 목사는 곧 교사라고도 할 수 있다. 이것을 역으로 말하면 교사는 본래 목회적 사명을 부여받고 있다는 의미이기도 하다.

그렇다면 하나님께서 목사와 교사를 세운 이유가 무엇일까? 바울에 의하면, 성도를 온전케 하기 위해서 목사와 교사로 세웠다. 여기에서 성도란 어른부터 시작해서 어린아이까지 포함된다. 따라서 교사의 사명은 학생이 온전케 되어 봉사의 일을 하도록 돕는 것이다. 성도들이 온전케 되어 봉사의 일을 하게 되면 그리스도의 몸이 세워진다는 것이 본문의 요지이다. 그렇기 때문에 교사의 일차적인 목표는 아이들을 온전케 하는 데 있다. 교사는 맡겨진 아이를 온전케 하도록 그들을 섬기는 사람이다. 교사가 아이를 온전케 만들어 가기 위해서 섬기는 일이 바로 반목회다.

어떻게 온전케 만들 것인가? 바울은 바로 이어서 이렇게 말한다. "우리가 다 하나님의 아들을 믿는 것과 아는 일에 하나가 되어 온전한 사람을 이루어 그리스도의 장성한 분량이 충만한 데까지 이르리니, 이는 우리가 이제부터 어린아이가 되지 아니하여 사람의 궤술과 간사한 유혹에 빠져 모든 교훈의 풍조에 밀려 요동치 않게 하여 함이라. 오직 사랑 안에서 참된 것을 하여 범사에 그에게까지 자랄지라 그는 머리니 곧 그리스도라"(엡 4:13~15). 여기에서 보면 '온전'이란 그리스도의 장성한 분량이 충만한 상태, 곧 그리스도에게까지 자라는 것을 의미한다는 것을 알 수 있다. 본문의 상황에 의하면, 그렇게 '온전'한 상태가 되면 세상의 풍조와 유혹에 빠져 요동치 않게 될 것이 분명하다. '온전'한 사람이 되면 믿음에 승리할 수 있다. 그것이 바로 그리스도인의 최종적인 목표다. 교사는 맡겨진 아이를 그렇게까지 자라도록 섬기는 사람이다.

그렇다면 '온전'한 사람을 세우는 비결은 무엇일까? 바울은 "믿는 것과 아는 일에 하나"가 되면 온전한 사람을 이룰 것이라고 한다. 무슨 말인가? 교사는 아이의 믿음이 성장할 수 있도록 끊임없이 돌봐주고, 동시에 그리스도를 아는 지식을 가르쳐 권면해야 한다는 말이다. 아이를 온전케 하는 것은 그들의 영적 상태를 돌보는 것만으로는 안 되고, 공과를 잘 가르치는 것만으로도 안 된다. 이 둘이 균형을 이루어야 한다. 쉽게 말하면, 교사는 학생의 믿음을 세워주기 위해서 영적인 부모처럼 자상한 관심을 기울이고 돌봐주어야 한다. 동시에 그들에게 정확하고 분명하게 말씀을 가르쳐야 한다. 이 두 가지 일이 바로 교사의 본분이다.

바울은 다른 곳에서도 역시 그리스도를 전파하는 것이 각 사람을 완전한 자로 세우기 위함이라고 할 정도로(골 1:28) 그의 사역의 초점을 '완전'에 두었다. 그렇다고 가르침을 받는 사람들이 이 땅 위에서 완전한 자로 설 수 있다는 것이 아니다. 타락한 인간의 본성을 갖고는 이 땅 위에서 아무도 완전한 자로 설 수 없다. 다만 바울의 의도는 복음의 능력으로 각 사람이 완전을 추구하며 천성을 향해 나아가도록 도와주는 것이 자신의 사명이라고 한 것이다. 그들을 성숙한 사람이 되도록 도와주는 것이 사역의 목표였다. 그러기에 교사는 학생을 온전한 사람으로 만들기 위해서 모든 것을 쏟아 부어야 한다.

두 얼굴을 가진 아이들

교회학교에서 반목회를 담당하는 교사에게 주어진 양떼는 유치부나, 유·초등부 학생이나, 중·고등부, 혹은 대학생(청년)이다. 우선 청소년의 실태를 잠깐 언급하자면, 그들은 소위 N세대(New/Net Generation)이다. 우리나라에서는 N세대를 그 연령에 따라 구분하기 어려운 면이 있다. 그러나 일반적으로 10대를 전후한 세대를 N세대로 구분하지만, 30대 이하를 통틀어서 N세대라고도 한다. 이런 구분에 의하면 교회학교에서 교육 대상이 되는 세대는, 넓은 의미로, 중·고등부와 30대 이하의 청년 대학부가 N세대에 해당된다. 좁게는 십대를 전후한 세대, 곧 중·고등부에 해당하는 세대도 역시 N세대라고 말할 수 있다.

연령의 구분 외에도 N세대를 구분할 수 있는 특징은 주로 컴퓨터, 비디오게임, 시디롬 등으로 오락, 학습, 쇼핑, 심지어 의사소통까지 하는, 이른바 정보 통신에 뛰어난 세대를 말할 수 있다. 통신 수단을 보면 편지에서 전화로, 전화에서 호출기로, 호출기에서 휴대폰으로의 전환을 거쳐서 이제는 인터넷 채팅이나 웹사이트에서 자기의 의사를 마음대로 표현하는 시대가 되었다. 한 전문가에 의하면, 이렇게 급격히 변화된 환경 아래 서 있는 N세대는 주로 개방적이고, 솔직하게 자기를 표현하며, 목표 지향적이다. 또 그들은 독립심이 강하고 창의성도 뛰어나다. 더구나 그들은 학력보다 실력을 중시하고, 변화에 익숙하고 매우 감각적이다.

인터넷 청소년 상담실 자료에 따르면, 지난 1년 동안 접수된 청소년 고민 비밀 상담사례 1천여 건을 분석한 결과 성 상담이 62퍼센트로 가장 많았고, 이성문제 20퍼센트, 진로상담 6퍼센트 등으로 나타났다. 여기에서 성 문제 상담의 경우 ▲교사의 성추행 ▲남자 친구의 성폭행 ▲남녀 신체구조 ▲자위행위 ▲근친상간 등으로 다양한 문제가 상담됐다. 이런 통계들은 청소년들이 정신 건강, 성격, 학업, 진로, 성(性), 이성 교제, 흡연, 약물 문제, 가정, 비행, 대인관계 등으로 많은 고민을 하고 있다는 것을 보여주는 단적인 예다. 심지어 그들은 외설 잡지, 만화 범람, 인터넷을 통한 외설물 홍수 등 음란 퇴폐 문화에 시달리고 있다. 이런 상황에 있는 청소년들을 이해하려면 먼저 그들의 내면세계를 알아보는 것이 필수적이다. 일반적으로 N세대의 내면세계는 다음과 같은 특징을 갖는다.

특징 1. 신체적, 지적, 정서적으로 미성숙하고 자신에 대한 이해가 부족한 시기이다. 따라서 불건전한 환경에 적응하지 못하여 극단적인 행동을 하는 경우도 있다.

특징 2. 자아가 확립되어 가는 시기이기 때문에 이를 적절하게 통제하지 못하면 곧바로 우월감이나 자만으로 변한다.

특징 3. 심리적으로 독립이 시작되는 시기이기 때문에 부모와 떨어지고 싶다는 독립 욕구가 강하다. 반면에 독립해 있을 때는 두려움을 갖고, 현실과 이상 사이의 갈등도 갖는다.

특징 4. 불확실한 미래에 대해 불안해하며 진학 문제, 장래의 취업 문제, 우정, 이성 등의 문제로 고민한다.

특징 5. 인격 형성에 있어서 부모와의 관계, 가족 관계, 학교생활에서 교사와 교우와의 관계 등 주변 사회 환경의 영향을 받게 된다.

특징 6. 성(性)에 대한 호기심이 증가하지만 조절 능력이 약하다. 따라서 쾌락을 추구하며 환경에 따라서 쉽게 감정이 변하기도 한다.

특징 7. 다른 사람과 차별화 하려는 영웅 심리로 혼자 돌출 행동을 하기도 한다.

특징 8. 기성세대에 강하게 반항하며 늘 충동적으로 행동하기 쉽다.

특징 9. 현실과 이상의 괴리 현상에 번민하는 시간이 많다.

특징 10. 신체의 변화에 민감하며, 성(性)적인 관심이 급속하게 발달한다.

특징 11. 감수성이 예민하고 무차별하게 반응할 때가 많다.

특징 12. 친구나 다른 사람 등 모든 것을 자기중심적으로 평가하는 경향이 있다.

특징 13. 부모와 또래 집단 사이에서 적응하지 못하는 경우도 있다.

특징 14. 대중 심리에 쉽게 휩쓸린다.

이러한 N세대의 내면세계를 특징짓는 말은 한마디로 '끝없는 고민'이다. 그들은 어른들이 볼 때 아무 것도 아닌 것을 가지고 잠 못 이루며 고민하면서 죽음이나 가출을 생각하기 일쑤다. 어느 중학생이 보낸 재미있는 상담 내용을 하나 소개하면 이렇다.

이 학생은 사람들이 자신의 큰 키에 우뚝 솟은 코, 그리고 진한 눈썹, 초롱초롱한 눈동자 등을 보고 항상 잘 생겼다고 칭찬한다는 것이다. 이 학생은 자기 얼굴이 너무 잘 생겨서 큰 고민이라며 상담실 문을 두드렸다. 이와는 반대형의 상담으로 어느 여중생은 지금까지 어느 누구에게도 예쁘다는 말을 한 번도 들어본 적이 없어서 고민하며 상담 편지를 보냈다. 어떤 학생은 키는 큰데 손발이 너무 작아서 고민하고 있었다. 다른 학생은 짝사랑하는 이성 친구 때문에 가슴 아파하면서 자신의 고민을 털어놨다. 청소년들의 고민이 그렇다. 어른들이 보기에는 아무 것도 아닌데도 청소년들은 심각하게 고민한다. 가령, 자신의 성격이나 외모가 마음에 안 들어 자신감을 잃고 비관한다. 해결되지 않은 성적인 충동과 호기심 때문에 잠을 못 이루기도 한다. 친구와 잘 어울리지 못하고 따돌림받는 것 때문에 고민하는 경우도 많다. 책상에 앉아 있지만 성적이 오르지 않아서 고민하고, 또 부모와 대화가 안 통하고 간섭과 잔소리 때문에 부모와 심각한 갈등을 겪기도 한다.

이 같은 청소년들의 상담 내용을 보면 그들이 심각하게 고민하고 있는 문제가 무엇인지 알 수 있다. N세대에겐 두 가지 얼굴이 있다. 그들에게는 꿈도 많고 희망에 찬 모습이 있는 반면, 그 뒤에는 쉽게 상처받는 자아가 도사리고 있다. 그들은 항상 남에게 잘 보이고 싶어 하는 마음이 있으나 충족되지 않는 꿈 때문에 고민하는 또 다른 얼굴이 있다. 특히 이 시기에는 신체적 자아와 심리적 자아 사이에 불일치가 심하다. 또 정서적으로 그 어느 때보다도 혼란스럽고 불안이 높은 시기다. 더구나 입시 부담으로 인한 스트레스에 시달리고 있다. 대수롭지 않은 일에도 과민해지고 심각한 고민을 한다. 그래서 종종 죽고 싶다고 호소하며 극단적으로 치닫기도 한다. 교사는 이런 특성을 지닌 학생의 말을 들어주고 상처 입은 마음을 어루만져 주는 친구가 되어야 한다.

교사들은 그들의 이야기를 들어줌으로써 정확한 자기 이해를 하도록 도움을 줘야 한다. 교사는 문제를 안고 있는 학생에게 예수님의 사랑을 심어주고, 심지어 잘못했을 때에도 하나님의 사랑뿐 아니라 부모나 선생님의 사랑을 받고 있다는 것을 심어 주어야 한다. 그들의 말을 듣고 나서 공감하고 위로해주는 것도 잊어서는 안 된다. 더 나아가서는 학생의 이야기를 듣고 나서 교사가 자신을 사랑하고 있다는 것을 행동으로 보여줘야 한다. 그러나 무엇보다 중요한 것은 이야기를 듣고 나서 그들에게 영원한 세계를 심어 주는 것이다. 그들의 마음속에 믿음이 생겨나도록 도와주는 것이 가장 시급한 과제이다.

믿음이란 우선적으로 하나님에 대한 믿음을 의미한다. 하지만 자기 자신에 대한 믿음을 심어줌으로써 정체감 형성에 도움을 줘야 한다. 더 나아가서는 모든 일에 대한 믿음, 곧 희망을 심어주어야 한다. 그런 이야기는 교사의 경험담을 들려주는 것도 좋은 방편이 될 것이다. 그렇지만 학생의 마음을 변화시키는 것은 설득력 있는 화술이 아니라 살아 역사 하시는 성령님의 몫이다. 그러기에 교사는 성령님을 전적으로 의지해야 한다. 아이들을 바로 지도하려면 먼저 교사가 성령의 사람이 되어야 한다. 성령님의 도움이 없이는 누구도 아이들의 영혼을 살려낼 수 없다.

■ 교사의 학생 상담 수칙 ■

1. 상담 전에 기도로 준비하라.
2. 미리 필요한 정보를 알아 두라.
3. 잘 듣는 사람이 되라.
4. 상담이 강의가 되어서는 안 된다.
5. 모든 것을 다 말하도록 권유하라.
6. 학생을 가치 있는 사람으로 인정하라.
7. 이야기를 듣고 놀라지 말라.
8. 다양한 대답이 나올 수 있도록 질문을 하라.
9. 문제를 과대평가하지 말라.
10. 상대방의 말을 반복하라.
11. 상대방의 생각을 명확하게 해 주라.
12. 논쟁하지 말라.
13. 긴 안목을 가지라.
14. 하나님의 관점을 가지라.
15. 원인과 증상을 구별하라.
16. 문제의 근원을 탐구하라.
17. 성급한 결론을 피하라.
18. 학생에게 도전적인 자극을 주라.
19. 상담할 때 대화를 요약해 보라.
20. 학생이 그리스도에 대해 더 깊은 지식을 갖도록 인도하라.
21. 말하는 주제가 무엇인지 유의해서 들어라.
22. 시간을 제한하라 - 한 시간 정도가 가장 효과적이다.
23. 학생 스스로 자신을 이해할 수 있도록 도와주라.
24. 학생이 부모와 친밀한 관계를 유지하도록 도우라.

이렇게 실천하라!

　사랑과 섬김으로 사람들의 마음을 변화시킨 감동적인 이야기를 몇 가지 하려고 한다. 교사들은 그런 사랑과 섬김으로 실천의 도를 보여주어야 한다. 사랑과 섬김이 변화의 무기이기 때문이다. 먼저, 섬김의 도를 실천한 사례다. 남아프리카 공화국 요하네스버그에 있는 성 시온 교회에서 있었던 일이다. 그날 밤에 교회에서는 세족식 예식을 진행하고 있었다. 섬김의 삶을 사셨던 주님을 생각하면서 흑인 성도들이 서로 발을 씻어주고 있는데 한 백인이 교회에 들어왔다. 모든 성도들이 깜짝 놀라 들어온 백인을 쳐다보았다. 그 백인이 교회에 들어와서가 아니라 그가 온 국민들이 존경하는 올리버 판사였기 때문이었다. 그때 판사는 아무 말 없이 한 흑인 여자를 찾아가 그녀의 손을 잡은 후 곧바로 무릎을 꿇고 그녀의 발을 씻겨 주기 시작했다. 그 여자는 다른 사람이 아니라 올리버 판사의 집에서 20년간 종으로 일해 온 사람이었다.
　발을 다 씻긴 후 판사는 말했다. "흑인과 백인이 무슨 차이가 있겠습니까? 나의 중심에는 예수님이 계십니다. 종과 주인에 무슨 차이가 있겠습니까?" 결국 이 일 때문에 올리버 판사는 판사직에서 이직되는 불이익을 당했다. 그러나 그 사건으로 인하여 남아공에 성행하던 인종 차별의 벽을 무너뜨리고 평등한 민주주의 국가로서는 계기가 되었다. 그리스도를 따르는 한 사람의 섬김의 정신이 나라의 운명을 바꿔놓은 것이다. 교사의 섬김의 정신이 학생들의 장래를 바꾸어 놓을지 누가 알겠는가! 교사들이여! 자기에게 맡겨진 학생들을 사랑으로 섬기라! 반목회 현장에 섬김의 샘을 파라! 그렇게 뜨거운 가슴으로 섬기면 기적이 일어난다.

또 하나, 사랑으로 학생들의 장래를 바꾸어놓은 한 교사의 헌신적인 사랑의 이야기다. 미국의 어느 대학의 사회학과 교수가 대학생들에게 볼티모어의 빈민가에 사는 청소년 2백 명을 대상으로 설문 조사를 시켰다. 교수는 대학생들에게 빈민 청소년들의 장래에 대해서 말하라고 했다. 그랬더니 학생들은 한결같이 이렇게 말했다. "이 아이들에겐 더 이상 소망이 없다!" 그런데 25년이 지난 뒤 또 다른 사회학 교수가 그 연구 조사를 보게 되었다. 그래서 그 교수는 학생들에게 그때 그 2백 명의 학생들의 삶에 대해서 조사하라고 했다. 그랬더니 놀라운 결과가 나왔다. 그동안 죽거나 이사한 20명을 제외한 180명 중에 170명이 모두 성공적인 삶을 살았고 그 중에는 사회의 중류층과 지도층이 상당수 있었다.

교수는 놀라서 계속 조사를 시켜서 그들을 한 사람씩 만나 인터뷰를 했다. 당신이 성공할 수 있었던 가장 큰 이유는 무엇입니까? 대부분의 사람은 이렇게 답변했다. "우리에게 여선생님 한 분이 있었습니다." 교수는 그 여선생이 아직까지 생존해 있다는 것을 확인하고 추적해서 인터뷰를 해보았더니 여교사가 하는 말이 "나는 학생들을 사랑했을 뿐입니다"라는 것이었다. 여교사의 헌신적인 사랑이 아이들의 마음을 움직인 것이다. 학생을 향한 교사의 뜨거운 사랑이 삶을 변화시켰다. 교사가 학생을 뜨거운 가슴으로 사랑하지 않으면 반목회의 열매는 기대할 수 없다. 목회에 성공한 목회자를 보면 대부분 성도에 대한 사랑이 남달리 뜨겁게 타오른 분이다.

마찬가지로 학생을 뜨겁게 사랑하는 교사만이 반목회를 성공적으로 감당할 수 있다. 반목회의 현장에 사랑의 불을 지르라! 사랑과 섬김이 학생을 변화시키는 무기다!

다음으로, 친구를 위해서 자기를 희생한 감동적인 이야기다. 미국 인디애나 주의 어떤 학교에 브라이언이라는 어린 학생이 있었다. 이 학생은 뇌종양에 걸려서 방사선 치료를 받다가 그만 머리카락이 다 빠지고 말았다. 학교에 가야겠는데 도무지 창피해서 학교에 갈 용기가 나지 않았다. 그래도 어쩔 수 없어서 용기를 내어 학교에 갔다. 학교에 가보니 친구들이 반갑게 맞아 주었다. 브라이언의 친구들은 그의 머리카락이 빠진 것을 보고 매우 안타까워했다. 그런데 다음 날 아침 브라이언은 학교에 갔다가 깜짝 놀랐다. 브라이언이 자기 머리카락 빠진 것 때문에 창피해 할까봐 반 아이들 모두가 머리를 짧게 깎았기 때문이었다. 브라이언은 친구들의 사랑에 눈물이 핑 돌았다. 이 아이들은 친구를 위해서 자기를 희생했다. 그들은 친구의 허물을 덮어주는 사랑의 마음을 가진 작은 천사였다. "허물을 덮어 주는 자는 사랑을 구하는 자요, 그것을 거듭 말하는 자는 친한 벗을 이간하는 자니라"(잠 17:9).

마지막으로, 허물을 덮어주는 사랑으로 정죄 받은 한 영혼을 살린 감동적인 이야기다. 중세 시대의 성자로 알려진 성 프란시스가 제자들과 금식 중에 있었던 일이다. 어느 날 제자 중 하나가 주방에 가서 몰래 죽을 훔쳐 먹고 말았다. 주방장이 이 사실을 알아차리고 성 프란시스에게 와서 이렇게 말했다. "선생님, 제자들 가운데 죽을 훔쳐 먹은 자가 있습니다. 그런 자가 우리 공동체에 있을 수는 없습니다. 당장 찾아내어 쫓아내야 합니다." 다른 제자들도 일제히 그렇게 말했다. 그런데 잠잠히 이를 지켜보던 프란시스는 주방장에게 그 죽을 가져오라고 말했다. 주방장이 죽을 가져오자 프란시스는 한 숟가락을 떠먹으려 했다. 주방장이 깜짝 놀라 물었다. "지금은 금식 기간이 아닙니까?" 그러자 프란시스는 이렇게 말했다. "금식으로 어찌 형제를 정죄하겠는가? 그렇다면 이렇게 해서 서로의 허물을 보지 않는 것이 올바른 금식이다." 그렇게 말하고 프란시스는 죽을 먹었다고 한다. 프란시스는 허물을 덮어주는 사랑으로 정죄 받은 한 영혼을 살렸다!

■ 유년부(1-3)의 특성 ■

신체적인 면

1. 균형이 맞지 않게 자란다.
2. 섬세한 근육이 발달하고 있다. 근육의 발달은 행동에 달려있다.
3. 쉽게 피로해진다.
4. 유치부 때보다 병에 대한 저항력이 더 많다.
5. 여러 가지 육체적 요구를 스스로 돌볼 수 있다.

정신적인 면

1. 읽고 쓰는 것을 배우고 있다.
2. 좀 더 오랫동안 정신을 집중할 수 있다.
3. 추리력이 눈을 뜨기 시작한다.
4. 사실과 환상을 좀 더 분별할 수 있다.
5. 감각이 예민하다.
6. 시간과 공간의 개념이 제한되어 있다.
7. 호기심이 많다.
8. 상상력이 풍부하다.
9. 기억력이 좋다.
10. 문자 그대로 받아들인다.
11. 충동적이다.
12. 조심성이 부족하고 단정치 못하다.
13. 미래에 대해서 별 관심이 없다.
14. 양심과 도덕심이 급속하게 발달한다.

사회적인 면

1. 의뢰심이 많다.
2. 수줍음이 많다.
3. 자기중심적이다.
4. 혼자 놀기를 좋아한다 – 자라면서 우정 관계가 증가된다.
5. 관심을 받고 싶어 한다.
6. 상상속의 놀이 친구가 있다.
7. 타협하기 좋아한다 – 친구들이 하는 대로 하고 싶어 한다.
8. 이야기하고 싶어 한다.
9. 어른이 되고 싶어 한다.
10. 경쟁이 아니라 단체를 좋아한다.
11. 이성을 좋아한다.
12. 이기적인 경향이 있다.
13. 권위를 존중한다.
14. 사회적인 지위나 인종, 종교 때문에 차별하지 않는다.
15. 시간, 금전, 거리의 개념에 대한 이해가 발달된다.

감정적인 면

1. 쉽게 흥분한다.
2. 때때로 개인적인 요구에 반발한다.
3. 어떤 때는 움츠러든다.
4. 참을성이 없다.
5. 여전히 겁이 많다.
6. 안정감이 필요하다.
7. 다른 사람에게 동정을 표시할 수 있다.
8. 엄마에게 의존하는 정도가 덜해진다.

영적인 면

1. 교회학교를 좋아한다.
2. 점점 하나님을 빨리 알게 된다.
3. 그리스도를 자기 구세주로 영접할 준비가 되어 있을 수 있다.
4. 죽음과 천국에 대한 호기심을 가지고 있다.
5. 선해지고 싶어 한다.

- 소더홀름, 클라이드 네레모어

제3장
반목회와 교육

 수년 전 학교에서 벌어진 집단 괴롭힘에 대한 법원의 판결이 언론에 일제히 보도되었다. 사건의 진상은 이렇다. 서울 Y고 2학년이던 J군이 급우인 C군 등으로부터 집단 구타를 당하기 시작했다. 그때 급우로부터 구타를 당한 이유는 심장 판막증으로 체육교사로부터 열외 대우를 받았기 때문이었다. 그 후 C군 등은 J군을 1년 동안 상습적으로 집단 폭행했다. 그 수법을 보면 가히 혀를 내두를 정도다. '컴퍼스로 손등 찍기', '보온도시락으로 머리 때리기', '원산폭격', '1천 원 주고 5천 원 심부름시키기' 등 52가지 수법이나 되었다. 별빛처럼 밝고, 아침 이슬처럼 청순해야 할 우리 아이들의 마음과 영혼이 그렇게 잔인하고 검붉게 물들어 버렸으니 기가 막힐 일이다.

1. 사람 바꾸기

지금 학교에서는 훨씬 더 다양한 방법과 유형으로 많은 학생이 급우의 폭력에 시달리고 있는 실정이라고 한다. 어떤 학생은 공부를 잘하는 아이들을 가리켜 "범생이"라고 놀려대며 정신적인 폭력을 가고 있으니 학교가 두렵다는 아이들이 한두 명이 아니다. 오죽했으면 최근에 어떤 지역에서 마음 놓고 자녀 학교 보내기 운동까지 전개했겠는가! 이 같은 청소년 문제는 학교 폭력 외에도 성범죄, 흡연, 본드 흡입, 음주 등 셀 수 없이 다양하다. 이런 것을 볼 때 요즈음에는 중고생은 말할 것도 없고 심지어 초등학생에 이르기까지 많은 아이의 정서에 무서운 독소가 침투되어 있는 듯하다. 미래의 희망이요, 우리 사회의 꽃이어야 할 아이들의 정서가 그처럼 피폐하게 오염되었으니 나라의 장래는 어떻게 될 것인가?

올바른 가치관과 바른 정신을 심어줘야

만약 기성세대가 아이들에게 올바른 가치관과 바른 정신을 심어주었더라면 그런 류의 정신적 결함은 충분히 극복될 수 있지 않았을까? 학교 폭력의 경우만 봐도 폭력을 가한 학생의 동기가 전적으로 교육 부재에게 나온 것임을 전문가의 지적을 통해서 알 수 있기 때문이다. 예를 들면, 학교에서 폭력을 휘두른 학생들은 그 폭력 행사를 통해 다른 급우들로부터 멋지게 보이려는 영웅 심리 때문이다. 또한 급우들 간에 무서운 아이로 인정받고 싶어 하는 허영심에 사로잡혀서 힘없는 친구들을 무분별하게 괴롭히기도 한다. 이런 현상은 학생들에게 바른 가치관을 정립해주지 못했기 때문이 아닌가 생각한다.

이러한 진단과 반성을 염두에 두고 반목회에 있어서 중요한 위치를 차지하는 교육에 대해서 이야기하려고 한다. 물론 교육이란 책상 밑에서 하루아침에 이루어질 성질의 것은 아니다. 그럼에도 불구하고 아이들을 올바로 선도하는 길은 전적으로 교육의 몫이다. 특히 자라나는 아이의 신앙 교육을 담당하고 있는 교회학교 교사는 교육을 통해서 아이에게 바른 가치관과 바른 신앙을 심어 줘야 한다. 여기에서 반목회의 교육적인 측면을 가장 먼저 고려하지 않을 수 없다.

엄밀하게 말하자면 반목회는 정신 교육이다! 반목회란 교사가 학생에게 하나님을 공경하고 이웃을 사랑하는 정신을 심어주는 일이라는 점에서 말이다. 사실 학교에서는 학생이 입시라는 관문을 통과하기 위해서 오로지 노트와 책을 암기하기에 정신이 없다. 좋은 대학을 위해서는 사랑이나 우정 등은 생각할 겨를도 없다. 그들은 오직 좋은 점수를 맞아야 할 뿐이다. 지금 아이들은 학교에서 친구 사이의 의리나 사랑 등을 포기하고 점수 하나를 위해서 치열하게 경쟁해야 하는 살벌한 현실의 노예로 전락해 버렸다.

한 번은 딸아이가 책을 분실했다고 했다. 처음 당한 일이어서 아내가 각 곳의 서점에 수소문해서 새 책을 구입해 주었다. 그런데 얼마 후에는 노트를 잃어버렸다고 했고, 그 다음에 몇 차례나 책과 노트를 잃어버렸다고 했다. 나 역시 처음에는 그저 있을 수 있는 일이겠거니 하고 생각했는데 그런 일들이 심각한 현상이라는 짐작만 하고 있었다. 그런데 나중에 알고 보니 학교에서 그런 일은 비일비재하다는 것이었다. 일부 학부모의 추측은 경쟁 가운데 있는 아이들이 공부 잘하는 친구들을 시기해서 '슬쩍'해 버린다는 것이었다. 나는 그런 추측이 진실이 아니기를 바랄 뿐이지만, 한편으로는 우리 교육 현실의 어두운 그늘을 보는 느낌이었다. 그런 현실 가운데서 학생들에게 바른 정서나 고귀한 가치관 따위는 먼 나라의 추상적인 이야기가 되어버린 듯하다.

<u>마지막 보루를 지키자</u>

유학 시절에 보았던 영국 초등학교의 모습을 하나 소개해 보려고 한다. 어느 가을날 학부모들을 초청해서 운동회를 하면서 달리기 시합을 하는 모습을 본 적이 있다. 그런데 달리기 시합에서 출발 사인을 보내고 난 후에는 아무도 등수를 매기지 않았다. 자세히 보니 선생님은 학생들이 뛸 수 있는 만큼 한쪽에 앉아서 확인만 하고 나중에 개인별로 그 기록을 알려줄 뿐이었다. 그렇기 때문에 학생들은 다른 아이들과 경쟁할 필요도 없고 오로지 자신의 능력대로 열심히 뛰었다. 그러다가 힘들면 쉬었다가 또 뛰면 그만이

었다.

그때 학부모들은 자기 자녀가 다른 친구들과 경쟁해서 이기는 모습을 보고 좋아하는 것이 아니라 열심히 뛰는 모습만 보고 박수를 치며 좋아했다. 비록 꼴찌를 해도 마지막까지 완주하는 아이를 부둥켜안고 격려하며 좋아하는 모습을 보았다. 부모가 자녀들에게 상호 경쟁심을 부추기는 것이 아니라 진정한 자아실현이 무엇인가를 은연중에 가르치는 것이 인상적이었다. 물론 선의의 경쟁력은 자기 발전을 위한 윤활유 같은 역할을 한다. 그러나 매사에 점수로 사람됨과 능력을 평가하는 우리 사회의 지나친 경쟁력은 학생들의 정서를 메마르게 하는 병적인 요인이 아닐까?

그만큼 우리의 교육 현실은 열악하기만 하다. 그렇기 때문에 교회학교에서 아이들의 목양을 책임지는 교사의 책임은 더욱 막중한 것이다. 아이들은 맑고 깨끗하다. 그들은 본 대로, 배운 대로 행한다. 그래서 우리 사회의 어른의 모습을 보고, 선생님의 삶을 보고 그대로 따라갈 뿐이다. 한 초등학생으로부터 이런 이야기를 들었다. 어느 날 친구 몇 명과 함께 식당엘 들어갔다고 한다. 모처럼의 외식에 아이들은 이것저것을 주문해서 맛있게 먹었다. 식사를 마치고 돈을 계산하는데 카운터의 아주머니가 너무나 분주한 나머지 계산을 잘못했다. 그렇게 해서 공돈 3천 원이 생겼다. 식당에서 나오자마자 아이들은 박수를 치며 좋아했다. 힐끗 힐끗 뒤를 쳐다보면서 재빠르게 식당 근처를 빠져 나왔다. 그들은 3천 원을 무엇에 쓸 것인지 서로 논의를 하다가 그 돈으로 오락실에 가서 게임을 하기로 했다.

요즈음 아이들의 마음속에 정직이나 진실은 자리할 할 곳이 없을 정도가 되었다. 그렇다고 모든 것이 절망적인 것은 아니다. 아이들에게는 배운 대로, 본 대로 행하는 순수함이 있기 때문이다. 그렇기 때문에 교회학교 교사들이 모든 것을 쏟아 부어 그들을 돌보고 가르쳐야 한다. 교사들이 또 다른 목회자로서 어린양을 책임져야 한다.

　지난여름 청소년 집회에서 '돈, 어떻게 쓸 것인가?'라는 특강을 한 적이 있다. 먼저 특강을 하기 전에 앞줄에 앉은 학생들에게 만 원과 천 원짜리 지폐를 몇 장 나눠주었다. 그러고 나서 강의하면서 돈 관리에 대해서 여러 가지를 이야기했다. 특히 '그리스도인의 경제원칙 7가지(E-7법칙)'를 말하면서 '공돈을 받지 말라'는 이야기를 했다. 이야기를 마치고 나서 돈을 받은 사람은 아이스크림이나 사먹으라고 하면서 강의를 끝냈다. 그런데 한 아이가 일어나서 받은 돈을 모두 거뒀다. 그 이유를 물었다. 그러자 그 학생은 "방금 공돈을 받지 말라고 했는데 우리도 공돈을 받지 않겠습니다"라고 했다. 얼마나 대견스러웠던지! 나는 그들의 당당한 모습을 보면서 교회학교 교육의 미래를 보았다. 우리 사회의 교육 여건이 아무리 열악해도 교회학교에서 아이들을 바로 가르치면 그들이 하나님 나라의 기둥이 되리라고 확신했다. 이제는 교회학교 교사들이 교육의 마지막 보루를 지켜야 한다.

어렸을 때 바꾸어야 한다

교회학교 교사들이 무너지면 더 이상 희망이 보이지 않는다. 그동안 학교 교육은 이루 말할 수 없이 큰 공을 이루었다. 그럼에도 불구하고 오늘의 현실은 그 공로를 찬양하고 앉아 있을 수 없는 상황에 이르렀다. 학생은 교사의 촌지 문제에 대해서, 어른이 자행한 원조교제에 대해서, 부정과 부패에 대해서 너무나 잘 알고 있다. 사실 그런 문제가 학생의 가치관을 혼란시키는 요인이 되고 있다. 그렇기 때문에 교회학교 교사들은 좀 더 다른 방법과 수단을 동원해서 그들을 변화시켜야 한다. 모든 것을 동원해서 아이를 감동시키고, 도전정신을 심어주고, 변화시켜야 한다. 아이들은 어렸을 때부터 바로 지도해야 한다. 그들의 영혼을 움직일만한 진한 감동으로 교육해야 한다. 좀 더 어렸을 때 사람을 바꿔야 한다는 말이다.

미국의 소설가 멜빌(H. Melville)이 교육의 중요성에 대해서 이런 이야기를 했다. "어린아이들의 영원한 삶을 위해 가르치라. 그렇지 않으면 그들의 영혼은 결국 멸망의 구렁텅이로 빠지고 말 것이다." 디모데의 어머니 유니게는 어렸을 때부터 아들에게 성경을 가르쳤다. "또 네가 어려서부터 성경을 알았나니 성경은 능히 너로 하여금 그리스도 예수 안에 있는 믿음으로 말미암아 구원에 이르는 지혜가 있게 하느니라"(딤후 3:15). 모세도 어머니로부터 어렸을 때부터 민족정신과 신앙에 대해서 배웠다. 찰스 스펄전의 어머니는 자녀들에게 어렸을 때부터 성경을 가르치고, 가족 기도회에서 기도의 본을 보여 주었다. 웨슬리의 어머니도 자녀들에게 어려서부터 기도와 말씀으로 가르쳤다.

솔로몬 역시 신앙 교육을 어렸을 때부터 시키면 일생 동안 영향을 끼친다고 했다. "마땅히 행할 길을 아이에게 가르치라 그리하면 늙어도 그것을 떠나지 아니하리라"(잠 22:6). 모세가 이스라엘 백성에게 명한 말씀도 그렇다. 어렸을 때부터 그 마음과 인격을 점진적으로 바꾸어 가야 한다. "오늘날 내가 네게 명하는 이 말씀을 너는 마음에 새기고, 네 자녀에게 부지런히 가르치며 집에 앉았을 때에든지 길에 행할 때에든지 누웠을 때에든지 일어날 때에든지 이 말씀을 강론할 것이며"(신 6:6~7).

어린이 교육에 관심을 많이 갖고 있던 영국의 시인 콜리지(S. T. Coleridge)에게 어느 날 한 방문객이 찾아왔다. 그는 평소에 콜리지를 존경하는 사람이었다. 그들은 서로 이야기를 나누다가 어린이 교육에 대한 이야기로 주제를 바꾸었다. 그때 방문객이 이렇게 말했다. "저는 아이들은 자유롭게 생각하고 행동하도록 내버려두어야 한다고 생각합니다. 그래야 그들이 일찍부터 자기 스스로 결심하는 법을 배울 수 있지 않겠어요? 아이들에게 있는 잠재력을 키워나가는 유일한 길은 바로 그것이라고 믿습니다." 그러자 콜리지는 그 사람의 말을 중단시키고 그를 꽃밭으로 안내했다. 방문객은 정원을 돌아보고 와서 물었다. "아니, 왜 정원에 꽃은 없고 잡초만 무성하지요?"

그때 콜리지는 이렇게 말했다. "여기도 전에는 꽃이 만발했습니다. 그러나 금년에는 일부러 손질을 안 했습니다. 자기들이 자라고 싶은 대로 내버려두었더니 정원이 이렇게 되었지요." 아이들은 돌봐주지 않으면 제멋대로 자란다. 그들을 선도하지 않으면 규모 없이 자란다. 그래서 때때로 채찍도 필요하다. "채찍과 꾸지람이 지혜를"(잠 29:15) 준다고 했기 때문이다. 어렸을 때부터 하나님을 섬기는 법과 이웃을 사랑하는 법을 가르쳐야 한다. 바른 정신과 신앙은 어릴 때 심어주지 않으면 그만큼 힘들다.

2. 영혼을 일깨우라

한 사람의 목표와 인격, 그리고 그 정신적 가치관을 바꾼다는 것은 쉬운 일이 아니다. 특히 반목회는 학교 교육과는 달리 일주일에 한 번 만나기 때문에 교사가 학생들에게 영향력을 발휘하기가 더욱 어렵다. 그래서 교사가 한 번을 만나더라도 학생에게 진한 감동과 도전을 주지 않으면 교육의 결과를 기대할 수 없다. 교사는 학생들과 만나는 짧은 시간 동안에 그들의 영혼을 일깨워줘야 한다. 교사는 학생들에게 단순히 지식만을 전수하는 말꾼이 아니다. 교사는 학생들에게 심금을 울리는 인격적인 감동과 영혼을 깨우는 말씀으로 도전을 줘야한다.

진한 감동과 도전으로

진한 감동이 섞인 교육으로 한 사람의 생애를 바꾸어 놓은 이야기가 있다. 미국의 16대 대통령 링컨의 이야기이다. 링컨의 아버지 토마스는 가난한 목수였다. 토마스는 자녀들의 교육에 전혀 관심이 없었다. 심지어 학교에 보낼 생각도 하지 않았다. 하지만 그의 어머니는 생각이 달랐다. 경제적인 여건이 따르지 않아도 어떻게 해서든지 아이들에게 공부를 시키려고 애썼다. 당시에 근처에는 학교가 없었다. 그렇지만 그곳에서 14킬로미터쯤 떨어진 곳에 읽고 쓰는 것만 가르치는 곳이 있었다. 그 소식을 들은 어머니는 남편을 설득시켜서 링컨과 그 누이를 그곳에 다니게 할 정도로 교육에 관심이 깊었다.

링컨의 어머니는 늘 저녁 식사를 마친 후에는 어린 자녀 둘을 무릎에 앉혀놓고 성경을 읽어주곤 했다. 그것이 아이들을 위한 교육이라고 생각했으며 그녀의 생활의 전부였다. 어느 날 어머니는 세상을 떠나기 전에 두 자녀에게 마지막으로 이런 말을 남겼다. "부자나 위인이 되기보다는 성경을 읽는 것을 즐기는 사람이 되어라." 링컨이 아홉 살 되던 해였다. 링컨은 어린 나이에 어머니를 잃었지만 어머니의 마지막 말씀을 죽는 순간까지 잊지 않았다. 나중에 링컨이 대통령이 되어서도 성경을 사랑했고, 그 말씀을 실천하기 위해서 흑인 노예 해방까지 선언했다. 어머니의 교육이 링컨에게 평생 동안 마음의 양식이 되었다.

이런 식으로 교사는 학생들에게 진한 감동과 도전을 줘야 한다. 학생들에게 감동을 주려면 말보다는 희생적인 사랑이 담긴 행동이 중요하다. 목사나 교사는 누구보다도 말을 많이 하는 사람이다. 가르치거나 설교가 말로 이루어지는 것이기 때문이다. 그런데 중요한 것은 말로 사람의 마음을 감동시키거나 도전을 주는 경우도 있지만, 작은 행동 하나가 마음을 움직이는 경우가 더 많다는 것을 알아야 한다.

아일랜드의 의료 선교사 메리 스털딘은 헌신적인 삶으로 수많은 사람을 감동시켰다. 그녀가 반평생을 가난하고 소외된 사람을 위해서 살았기 때문이다. 아일랜드의 국립 의대를 졸업하고 좋은 직장을 포기하고 1955년 한국에 와서 오지 선교에 헌신했다. 그녀가 맨 처음 간 곳은 삼척의 탄광촌과 의료 시설이 전혀 없는 제주도의 가난한 마을이었다. 그 곳에서 그녀는 사람들을 교육하며 가난하고 불쌍한 사람들을 돌봐주었다. 주로 그녀가 만난 사람들은 말기 암 환자와 여성 수감자, 무의탁 노인이었다. 그녀는 사랑을 외치는 것보다 몸소 행동했고, 교육을 말하는 것보다 본을 보였다.

그렇게 45년 동안 말보다 행동으로 헌신적인 사랑을 쏟아 부은 후에 한국을 떠나면서 이런 이야기를 했다. "나는 소외된 사람들을 사랑합니다. 진정 그들의 친구가 되고 싶었습니다. 사랑을 갈망하는 사람들의 눈에 이끌려 44년을 살았습니다. 그렇게 사랑하는 사람들을 두고 돌아가는 것이 가슴 아픕니다." 그녀의 말없는 행동으로 수많은 사람이 변화되었다. 그녀의 행동 복음으로 평생 동안 많은 사람에게 진한 감동과 도전을 주었다. 오늘날 교사에게 필요한 것은 소리만 무성한 '말로 복음'이 아니라 손과 발로 뛰는 '행동 복음'이다.

말보다 행동으로

교사에게 가장 중요한 것은 말없이 실천하는 자기희생의 정신이다. 그런 교사들의 행동은 학생들이 누구보다도 더 잘 안다. 이미 학생들은 선생님을 평가하고 있을 정도다. 때로는 자존심을 버려야 할 때도 있다. 아이들의 영혼을 살리는 데 도움이 될 수만 있다면 자기의 모든 것을 포기할만한 결단도 필요하다. 사람의 마음을 감동시키는 진정한 가르침과 설교는 말이 아니라 행동이다.

오래 전에 세상을 뜬 테레사 수녀는 단돈 5루피를 남겼다고 한다. 한국 돈으로 125원. 그 소식을 들은 많은 사람들은 그녀의 청빈한 삶에 다시 한 번 놀랐다. 테레사의 죽음은 우리에게 진정한 교육은 말이 아니라 행동이며, 참 사랑은 구호가 아니라 실천이라는 것을 보여주었다. 그녀는 인간으로서 상상할 수조차 없는 가난에 찌든 도시에서 말없이 사랑을 실천하다가 아무 것도 가진 것 없이 죽었다. 그녀는 말로 사람들을 가르친 것이 아니라 손과 발로 사람들을 교육시킨 것이다. 가난한 도시에서 사랑의 실천을 외치거나, 사랑의 캠페인을 전개하다가 죽은 것이 아니라 사랑을 몸소 실천하다가 죽은 그녀는 수많은 사람에게 감동과 도전을 주었다.

테레사 수녀는 어떤 무력과 사상으로도 깨뜨릴 수 없는 종교와 이념의 벽을 사랑의 힘으로 무너뜨린 '파워 우먼'이었다. 그녀가 생존했을 때 벵골 주에서 집권하고 있던 공산당 지도자가 그녀 앞에서는 꼼짝 못할 정도였으니 말이다. 그녀에게 돈이 많은 것도 아니고, 세상의 권력이 있는 것도 아니었는데 그토록 강력한 힘이 나왔던 것은 무엇 때문일까? 테레사의 우먼파워는 말없이 실천하는 사랑에서 나왔다. 사랑의 힘이 바로 그것이다. 그녀는 화려한 구호를 내세워 사랑의 운동을 펼친 것이 아니라 극히 작은 사랑을 실천했다. 그녀는 병든 사람의 상처를 닦아주고, 배고픔에 찌든 사람들과 같이 배고파하고, 우는 자들과 함께 울었다. 그녀는 말보다 행동을, 구호보다 실천을 보여준 진정한 교육자였다.

살아있는 설교란 말이 아니라 행동이다. 능력 있는 교육은 칠판에 있는 것이 아니라 교사의 손과 발에 달려 있다. 나는 목청껏 설교했지만 행동이 따르지 못해서 실패한 경험이 얼마나 많은지 모른다. 실패의 요인은 바로 거기에 있다. 행동이 따르지 않는 가르침은 결코 마음을 움직이지 못한다. 그런데 행동하는 것이 쉬운 일이 아니라는 것은 누구나 잘 아는 사실이다. 외적으로는 오해를 받을 수도 있고, 또 내면적으로는 자기의 뼈를 깎는 듯한 아픔과 고통이 따를 수도 있기 때문이다. 그럼에도 불구하고 한 영혼을 바로 세우려면 전적인 희생이 필요하다. 마치 예수님께서 자신을 내어 주고 우리의 영혼을 살린 것처럼!

성령의 능력에 사로잡혀서

교사들이 말로 가르치고 행동으로 본을 보여도 궁극적으로 아이의 마음을 움직이는 성령의 역사가 없으면 변화되지 않는다. 그들의 영혼을 일깨우는 유일한 무기는 성령이다. 그렇기 때문에 교사가 먼저 성령의 능력에 사로잡혀야 한다. 성령이 아니고는 누구도 사람의 마음을 변화시킬 수 없다. 교회 교육의 매개체는 성령이다. 성령의 역사가 없는 교육은 실패다. 부활하신 예수님께서 살기등등하던 사울의 마음을 변화시켜 주셨듯이 성령이 아이의 마음을 변화시켜 주어야 한다. 그래서 반목회는 성령의 능력에 사로잡히지 않으면 안 된다. 성령의 능력만이 영혼을 일깨우는 열쇠다.

그러면 교사가 성령의 능력을 힘입는 비결이 무엇일까? 예수님의 사역을 중심으로 성령의 능력을 힘입는 비결을 생각해보자. 예수님은 사역을 시작하기 전에 가장 먼저 기도하셨다. "백성이 다 세례를 받을 새 예수도 세례를 받으시고 기도하실 때 하늘이 열리며, 성령이 형체로 비둘기같이 그의 위에 강림하시더니 하늘로서 소리가 나기를 너는 사랑하는 아들이라 내가 너를 기뻐하노라 하시니라. 예수께서 가르치심을 시작할 때에 삼십 세쯤 되시니라…"(눅 3:21~23상). 이 말씀에 의하면, 성령 강림은 전적으로 예수님께서 기도하신 결과이다. 예수님은 공적인 교육을 시작하시기 전에 먼저 기도하셨다. 그 결과 성령의 기름 부으심과 "성령의 충만"(눅 4:1)과 성령의 이끌림을 받으셨다. 그러나 사탄은 그 기회를 이용해서 예수님을 시험했다. 이는 성령 충만을 받는다고 해서 모든 문제가 해결되지 않는다는 것을 보여주는 단적인 예이다. 사탄은 성령이 충만하게 되면 더욱 거세게 덤벼든다! 교사들이 영적으로 무장하면 할수록 사탄은 더욱 강하게 덤빌 것이 뻔하다.

사탄의 시험 방법은 교묘하다. "마귀에게 시험을 받으시더라 이 모든 날에 아무 것도 잡수시지 아니하시니 날 수가 다하매 주리신지라. 마귀가 가로되 네가 만일 하나님의 아들이어든 이 돌들에게 명하여 떡덩이가 되게 하라"(눅 4:2~3). 사탄은 기회를 노리고 있다가 가장 주릴 때를 틈타서 시험했다. 얼마나 사악한지! 사탄은 교사에게 이런 식으로 다가온다. 어떤 수단과 방법을 동원해서라도 자신의 약점이나 강점을 공격한다. 그렇게 해서 교사와 하나님과의 관계를 무너뜨리려고 하는 것이 사탄의 최종목표다. 부지런하고 열심 있는 교사에게는 교묘한 방법을 사용해 시험에 들게 하고, 말이 많은 교사에게는 말로써 넘어지게 만든다. 그래서 주님께서도 "시험에 들지 않게 깨어 있어 기도하라"(막 14:38)고 하셨다.

사탄이 그렇게 집요하고 교묘하게 발악해도 예수님은 넘어가지 않으셨다. 오히려 말씀의 권능으로 사탄을 물리치셨다(눅 4:4,8,12). 시험을 물리치신 예수님은 다시 성령의 권능을 힘입고 가르치는 사역을 시작하셨다. "예수께서 성령의 권능으로 갈릴리에 돌아가시니 그 소문이 사방에 퍼졌고, 친히 그 여러 회당에서 가르치시매 뭇사람에게 칭송을 받으시더라"(눅 4:14~15). 여기에서도 예수님은 공교육이 시작되기 전에 성령의 권능으로 무장하셨다. 그렇게 성령의 권능을 힘입고 가르치시니 놀라운 능력이 나타났다. "은혜로운 말"(눅 4:22), 곧 은혜로운 설교를 하게 되었으며, 말씀에 권세가 있었고(눅 4:32), 귀신이 쫓겨나가는 권세가 있었다(눅 4:36).

이것을 종합하면 예수님의 교육 방식은 다음과 같다.

1. 예수님의 교육(가르침)의 출발은 기도였다.
2. 예수님의 기도는 성령의 기름 부음을 가져왔다.
3. 예수님께 임한 성령의 기름 부음은 성령 충만으로 이끌었다.
4. 성령 충만함과 말씀으로 시험을 물리치신 예수님은 성령의 권능을 힘입었다.
5. 성령의 권능으로 시작한 예수님의 교육은 말씀의 은혜와 성령의 권세가 넘쳤다.

은밀한 금식의 위력

교사들이 성령의 능력을 힘입는 비결은 기도 외에 다른 것이 없다. 예수님도 기도하신 후에 성령의 능력을 힘입으셨다. 그것이 능력 있는 교육의 비결이다. 영혼을 일깨우는 비결도 기도에 있다.

미국의 복음 전도자 무디가 영국에서 집회를 인도한 적이 있었다. 아침 집회에서 설교하는데 분위기가 너무나 냉랭했다. 그때의 상황을 무디는 "그토록 설교를 힘들게 한 적이 없었다"고 할 정도였다. 영적으로 그렇게 힘든 집회를 저녁에 다시 인도하기 위해서 무거운 발걸음으로 교회로 나갔다. 그런데 그날 저녁의 집회 분위기는 오전과 너무나 달랐다. 설교를 마치고 결단의 시간에 믿기로 작정한 사람이 무려 500명이 일어났다. 그러자 무디가 깜짝 놀라서 다시 한 번 구원 초청을 했다. "예수를 믿기로 작정한 사람만 일어나시기 바랍니다." 여전히 500명이 일어났다. 오전 집회의 상황으로 볼 때 도무지 믿어지지 않아서 무디는 "정말로 믿기로 작정한 사람은 별실로 오시기 바랍니다"라고 했다. 그랬더니 정말 500명이 그대로 별실을 찾아왔다. 그것이 그 지방에서 일어났던 부흥의 도화선이 되었다.

그런데 그날 오전 집회에 마리안 아들레이드라의 언니가 참석했다. 마리안은 어려서부터 병들어 평생을 침대에서 누워서 보낸 사람으로서 기도의 사람이었다. 그 언니가 마리안에게 오전 집회의 상황을 이야기해 주었다. 그러자 마리안은 이렇게 말했다. "나는 무디 선생을 위해서 오랫동안 기도했어요. 오늘 아침에 그의 집회가 있는 줄 알았더라면 금식하면서 기도했을 텐데…. 지금부터 금식하면서 기도하겠어요." 나중에 무디는 마리안의 은밀한 금식이 사람들의 영혼을 움직였다는 것을 알게 되었다. 금식 기도는 심령을 변화시킨다. 그것은 굳게 닫힌 마음의 문을 파괴시키는 폭탄과 같은 힘이 있다. 금식은 곧 힘이다! 영혼을 일깨우는 수단은 기도와 성령이다! 교사의 무릎만이 학생의 영혼을 움직일 수 있다.

3. 성공적인 교육을 위한 아홉 가지 수칙

반목회는 전적으로 교사에게 달렸다. 특히 교사는 반목회에 있어서 교육을 효율적으로 이끌어 가기 위해서 여러 가지 연구 개발 및 노력을 쏟아야 한다. 이제는 교회적으로 반목회의 교육적 측면이 학교 교육보다 앞서갈 정도로 연구 개발에 투자해야 한다. 원래 역사적으로 우리나라 개화 초기에 기독교는 교육의 선봉장 역할을 했다. 심지어 한국 근대사의 뿌리는 기독교 교육에 있었다고 해도 과언이 아닐 정도였다. 그만큼 교회는 기독교 교육을 통해서 유수한 지도자를 많이 배출했다. 하지만 오늘날 기독교 교육은 학교 교육 시스템이나 방법론에 비하면 저조하기 이를 데 없다. 오늘날의 교회학교는 19세기 교육 환경에서, 20세기 교육 자료로, 21세기 사람들이 배우고 있는 실정이다.

초기 기독교 역사에 있어서 교회 교육의 영향력을 고려해 볼 때 교회 교육은 그만큼 제자리걸음을 해왔다는 말이다. 소수의 교회를 제외하고는 교육 현실이 너무나 열악하다. 그렇다고 우리의 열악한 교육 실정을 한탄만 하고 있을 수는 없다. 어려운 교육 환경이라도 교사들이 또 다른 목회자로서 모두 힘을 모아 최선을 다하면 놀라운 교육의 효과를 이룰 수 있다고 확신한다. 문제는 좋은 교육 환경보다는 소명감이 분명한 교사다! 따라서 여기에서는 효과적인 교육을 위해 교사가 취해야 할 자세와 태도에 대해서 아홉 가지 수칙을 제안하려고 한다.

■ **제1수칙** : 철저히 공과를 준비하라.

학교 교사들은 그 분야의 전공자로서 방학 때마다 재교육을 받는다. 그들은 철저히 교안을 준비해서 결재를 받는 등 학생을 가르치기 위해서 만반의 준비를 갖춘다. 교회학교 교사들이 일주일에 한 시간 가르치는 데 철저히 준비하지 못한다면 교사의 자격이 없다고 볼 수 있다. 그렇기 때문에 교회학교 교사는 그 주일에 가르칠 공과를 철저히 준비해야 한다. 교회학교 교육의 성패는 교사의 공과 준비 여부에 달려있다. 가능하면 공과 내용을 요약하여 숙지한 후 학생의 눈동자를 보면서, 말씀을 그들의 가슴에 심어줄 수 있을 정도로 철저히 공과를 준비해야 한다.

어떤 목사님이 설교 본문을 송두리째 외우시는 경우를 봤다. 물론 모든 교사가 공과의 내용을 다 외울 수는 없다. 그러나 주요 내용은 머릿속에 그릴 수 있을 정도로 공과를 철저히 준비해야 한다. 더구나 교사가 공과 시간에 공과 책에 있는 내용에 매여 시선을 학생의 눈에 두지 못하면 결코 성공할 수 없다. 교사들이 명심할 것은 공과 시간은 단순히 성경 지식을 전달하는 시간이 아니라 영혼의 양식을 먹이는 시간이라는 것이다.

■ **제2수칙** : 매일 학생을 위해서 기도하라.

　반목회는 일주일에 한 번 만나고 그 나머지 시간은 모두 영적인 교통으로 이루어지는 특수 목회나 마찬가지다. 그러기에 매일 학생을 위한 기도가 없다면 그 가르침은 생명력이 없는 지식 전달에 불과하다. 교사들은 주일 아침이라도 새벽에 나가서 가르침의 사역을 준비해야 한다. 목회자가 주일 설교를 앞두고 늦잠이나 자고 있겠는가? 모든 목회자들은 전쟁을 치르는 마음으로 새벽부터 주일 설교를 위해서 기도할 것이다.

　마찬가지로 반목회를 담당하는 교사들도 그날 가르칠 말씀을 위해서 새벽부터 기도로 준비해야 한다. 기도로 준비하지 못한 공과 내용은 차라리 가르치기를 포기하는 것이 백 번 낫다. 반목회에 있어서 기도가 곧 생명이기 때문이다. 물론 반목회를 위한 교사들의 기도는 주일에만 필요한 것이 아니다. 교사의 기도는 매일 이루어져야 한다. 기도가 없는 가르침은 마음을 움직일 수 없다. 가르침에 기도가 없으면 교사의 말은 공중에 떠도는 소리에 불과하다. 아이들 앞에서 아무리 외치고 떠들어도 그들의 마음을 바꿀 수 있는 분은 오직 성령님이시다. 그렇기 때문에 교사는 학생들의 영혼을 움직이는 능력 있는 교사가 되도록 매일 기도해야 한다. 그리고 학생들의 영혼을 위해서 기도해야 한다.

■ **제3수칙** : 교사의 영성 관리에 힘을 쏟으라.

교사의 영성 수준은 학생의 영혼의 질을 좌우한다. 그렇기 때문에 먼저 교사가 깨어야 한다. 요나는 하나님의 말씀을 맡은 선지자였다. 그런데도 말씀을 피해 다시스 행 배를 타고 말았다. 항해 도중에도 배 밑에 내려가 달콤한 잠을 즐기고 있었다. 하나님의 말씀을 전해야 할 선지자가 세속의 배를 타고 도주하다니 참 부끄러운 일이다. 거기에다 배 밑으로 내려가 귀를 틀어막고 잠만 자고 있으니 그 모습이 얼마나 처량한가! 오늘날 교회학교에도 현대판 요나가 많이 있다.

교사가 영적으로 깨어 있지 않으면 아이는 영적으로 죽는다. 그러나 교사가 영적으로 무장하고 있으면 아이도 깨어 있기 마련이다. 그래서 교사가 정기적인 기도 생활에 실패하면 모든 것이 실패다. 교사는 영성을 유지하기 위해서 매일 말씀을 읽고 그 말씀대로 인도하심을 받아야 한다. 말씀과 기도에 실패하면 교사의 영성은 시들어 버린다. 그러니까 가장 중요한 문제는 교사의 영성이다! 교사들이 항상 성령 충만할 수는 없다. 교사들도 때때로 넘어지거나 좌절할 수 있다. 그러나 그때마다 다시 일어나라! 교사의 영성이 회복되지 않으면 많은 영혼이 같이 쓰러지고 말 것이다.

■ **제4수칙** : 교사의 비전을 잃지 말라.

다윗은 압살롬의 반역으로 예루살렘에서 피신해 가면서도 백성을 위해 복을 빌었다(시편 3편). 그것이 바로 다윗의 탁월한 지도력이었다. 다윗은 자기 코가 석자인데도 불구하고 지도자로서 백성을 위해 복을 빌었다. 다윗은 백성을 자기 목숨과 바꿀 정도로 사랑하고 아끼는 사람이었다. 이는 다윗에게 있어서 백성이 최상의 비전이었다는 것을 보여준다. 그는 지도자로서 자기 백성에 만족했다. 심지어 자기가 죽을 위기에 처해있는데도 백성의 안전을 생각하고 그들의 장래를 염려할 정도로 백성에게 자신의 모든 것을 걸었다. 마찬가지로 목회자는 교인으로 만족해야 하고, 교사는 학생으로 만족해야 한다.

목회자가 교인에게 비전을 두지 않고 물질이나 명예욕에 사로잡혀 있으면 아무 것도 이룰 수 없다. 솔직하게 목회에 있어서 목회자의 마음이 분산되면 목회가 되지 않는다. 그것은 교사도 마찬가지이다. 반목회는 할 일을 다 하고 남은 시간에 일하는 부스러기 사역이 아니다. 그것은 어린 영혼을 돌보라고 세워주신 장년 목회와 동등한 사역이다. 그렇기 때문에 교사는 목회자의 정신으로 어린 영혼에 마음을 쏟아 부어 반목회의 성공을 위해 힘써야 한다. 적어도 교사는 학생을 마음에 품고 그들을 위해 목숨 걸고 복을 빌 정도가 되어야 한다. 교사의 비전은 주어진 영혼을 바로 세우는데 있다.

■ **제5수칙** : 설교자의 심정을 가지라.

어떤 목사님이 설교 세미나를 인도하면서 이런 말씀을 한 것을 들어본 적이 있다. "설교를 약 이십 년 정도 하니까 이제야 설교가 무엇인지 알겠다." 도 신학교에서 설교학을 강의하신 한 교수님은 설교 준비를 위해서 잠 못 이루면서 고민한 적이 한두 번이 아니었다는 고백을 들은 기억이 난다. 나 역시 설교 때문에 고민하고 몸부림을 치셨던 선배 목사님들처럼 때로는 고민하고 몸부림을 치면서 설교를 배워왔다. 지금도 나는 정말 세상에서 가장 어려운 일이 설교하는 일이라는 것을 늘 실감한다. 주일 예배를 설교하기 위해서 준비하는 설교자의 심정은 마치 전쟁터에 출전하러 나가는 전사의 심정과 같다.

전쟁터에서는 생사의 문제가 좌우된다. 죽느냐 사느냐가 전투의 순간에 달려있기 때문이다. 설교하는 시간은 말씀의 권세로 사탄을 제압하느냐 아니면 성도들을 사탄에게 빼앗기느냐가 결정되는 긴박한 순간이다. 그렇기 때문에 이미 소천하신 박윤선 박사님께서 강의 시간에 늘 강조하신 말씀은 신학생은 공부하다 죽을 정도로 공부하고, 목사는 강단에서 죽을 각오로 설교하라고 말씀하신 듯하다. 교사들이 설교자의 심정을 갖고 반목회에 임해야 한다. 반목회는 교회의 사역 중에 한쪽 구석에 밀려 있는 찌꺼기 사역이 아니다. 반목회는 분명 교사의 목회이다. 그렇기 때문에 교사는 공과를 준비할 때부터 몸부림을 쳐야 하며, 가르칠 때는 진액을 쏟아 부어야 한다. 매 주일마다 학생들의 영혼에 은혜의 생수를 풍성하게 공급해 줘야 한다.

■ **제6수칙** : 본문에서 자신이 먼저 은혜를 받으라.

설교자의 생명은 그날 설교 본문에서 설교자가 먼저 은혜를 받았느냐에 달려 있다. 만약 설교자가 말씀을 준비하면서 아무런 느낌과 감동이 없이 본문의 내용이 주는 교훈을 설교한다면 그것처럼 메마른 설교가 어디 있겠는가! 그런 설교는 아무런 은혜를 끼치지 못한다. 설교자가 본문에서 은혜를 체험하지 못한 설교는 아무리 화려한 지식과 멋진 논리를 동원해도 영적인 감동과 은혜가 없다. 그러나 말씀을 준비하는 중에 설교자가 회개의 눈물과 결단으로 준비한다거나, 감격과 감사가 넘치는 마음으로 말씀을 준비하게 되면 상상할 수 없는 은혜가 임한다.

살아있는 설교는 설교자가 먼저 은혜 받은 설교다. 마찬가지로 교사들은 공과를 가르치기 전에 먼저 본문 말씀에서 은혜를 받아야 한다. 교사가 본문에 은혜를 받기 위해서는 본문을 읽고 완전히 소화해야 한다. 강해 설교에 능한 교계의 어떤 목사님은 본문을 50번 이상 읽고 설교를 준비하신다고 하니 그 말씀에 생명력이 없을 수 없다고 생각한다. 교사들이 공과에 앞서 먼저 본문 말씀을 최소한 5번 이상 읽고 나서 가르치면 더없이 큰 은혜를 주실 것이다. 교사들이 공과를 가르칠 때 성경 본문으로 돌아가야 한다.

■ **제7수칙** : 본을 보여라.

한 번은 초등학교 5학년쯤 되는 교회의 한 어린이가 학교에서 있었던 일을 말하면서 입을 비쭉거리는 것을 본 적이 있다. 그 내용인즉 선생님에 관한 이야기였다. 평소에 선생님은 학생들에게 밥을 먹을 때 편식하면 안 된다고 입이 닳도록 가르쳐 왔다는 것이다. 그런데 어느 날 식당에서 선생님이 학생들과 같이 밥을 먹는데 편식하지 말라고 그렇게 가르쳐 왔던 선생님이 김 하나에 밥을 다 먹어 치우고 남은 반찬은 손도 안 대고 버리더란다. 문제는 그날 내내 반 아이들이 여기저기에서 수군댔다는 것이다. "선생님은 반찬을 하나도 먹지도 않고 우리한테는 편식하지 말라고 한다."

그 말을 들은 나는 같은 어른으로서 할 말을 잃었다. 그렇게 해서 아이들에게 선생님의 권위가 땅에 떨어지고 그 말씀에 힘을 잃어 가는 것을 생각할 때 씁쓸한 마음을 달랠 길이 없었다. 그리고 아이에게 할 말을 잃고 말았다. 아이들에게 모범을 보이는 일보다 더 좋은 교육은 없다. 교사들이 가르친 대로 살아야 한다. 예를 들면 시간에 맞춰 예배에 참석하는 일이나, 예배를 드리는 자세 등에서도 모범을 보이지 않으면 학생들의 마음은 이미 분산되고 만다. 교사는 범사에 본을 보여야 한다.

- **제8수칙 : 시청각 자료를 사용하라.**

아이들의 마음을 사로잡는 데는 시청각 자료보다 더 좋은 교재가 없다. 사람의 기억 능력에 대해서 다음과 같은 통계가 있다. 소리 내 읽은 것의 10퍼센트 정도를 기억할 수 있고, 들은 것의 20퍼센트, 본 것의 30퍼센트, 보고들은 것의 50퍼센트, 소리 내 읽고 보고들은 것의 70퍼센트, 그리고 스스로 해 본 것의 90퍼센트 정도를 기억할 수 있다고 한다. 따라서 시청각 자료를 사용하면 말로 가르치는 것보다 훨씬 더 큰 효과를 거둘 수 있다. 요즈음은 각 교단이나 선교 단체에서 개발해 낸 교재가 많아서 조금만 신경을 쓰면 좋은 시청각 교재 및 보조 교재를 사용할 수 있다. 교회적으로 준비할 시청각 자료들은 OHP, 슬라이드, 빔 프로젝트, 텔레비전, 비디오, 컴퓨터 등이 있다.

영국의 한 교회에서 교회학교의 교육 시스템을 보니까 컴퓨터를 마음대로 활용할 수 있도록 장비를 갖추고 있었다. 그런데 아무리 교육 장비가 좋아도 아이들이 없는 상황이니 불행한 일이다. 우리도 그런 시대가 오기 전에 아이들을 부지런히 훈련시키고 교회학교의 부흥을 꾀해야 한다. 따라서 교사들은 교육 효과를 최대한 높이기 위해서 시청각 자료를 잘 활용해야 한다.

■ 제9수칙 : 교사의 권위를 지켜라.

한국 개화기 무렵의 기독교는 교육의 주도적인 역할을 했다. 일제 시대 구국 운동에 앞장선 수많은 선혈들이 교회 교육을 통해서 애국정신과 이웃 사랑의 정신을 배웠고, 개화에 앞장선 선구자들은 기독교인들이었다. 이처럼 초기 기독교인들이 교회학교 교육을 통해서 사회 개화와 변혁 운동을 주도했으니 한국 근대사에서 교회 교육이 차지하는 역할이 얼마나 컸는지 모른다. 그러나 오늘날에는 교회 교육은 학교 교육을 따라 갈 길이 없다.

지금 학교에서는 각 교실에 컴퓨터를 설치하고, 비디오테이프로 공부하며, 인터넷으로 세계를 오가면서 교육에 열을 올리고 있다. 그런데 교회 교육의 현실을 보면 아직도 옛날 방식 그대로다. 솔직히 중형 이상의 교회에서도 컴퓨터는커녕 제대로 교육 시설조차 갖춘 교회가 그리 많지 않으니 교회 교육이 미래를 어떻게 감당할 수 있을까? 그러나 교육 시설이나 환경이 아무리 좋지 않아도 교사가 영적인 권위를 가지고 가르친다면 교육 효과는 크게 나타날 수 있다. 그래서 교사들이 권위를 가져야 한다. 반목회에 있어서 교사의 권위는 외형에 있지 않다. 교사의 권위는 말씀이 주는 권위요, 거룩한 삶에서 스며져 나오는 영적인 권위다.

■ 초등부(4-6)의 특성 ■

신체적인 면
1. 몸집이 두드러지게 달라진다.
2. 제2차 성장이 시작된다.
3. 활동적이며 일하기를 좋아한다.
4. 힘이 세고 건강하다.
5. 스스로를 돌볼 수 있지만 자기가 어떻게 보이는 지에는 상관하지 않는다.
6. 시끄럽고 불안정하며 씨름이나 싸움을 좋아한다.
7. 밖으로 나가기를 좋아한다.
8. 어려운 것과 경쟁하는 것을 좋아한다.
9. 패거리, 클럽, 팀에 흥미를 갖는다.
10. 대개 단정치 못하다.
11. 정력이 많고 담대하다.
12. 소년의 경우 변성기가 시작된다.

정신적인 면
1. 관심이 많다.
2. 역사와 지리를 좋아한다.
3. 수비하는 것을 좋아한다.
4. 무엇이든지 알고 싶어서 캐묻기를 좋아한다.
5. 읽고 쓰기를 좋아한다.
6. 생각하고 이치를 따질 수 있다.
7. 기억력이 좋다.
8. 상징을 잘 이해하지 못한다.

9. 정의에 대한 강렬한 감각을 갖게 된다.
10. 오랫동안 집중할 수 있다.
11. 태도가 불안하고 게으른 경향이 있다.

사회적인 면
1. 독립심이 강하다.
2. 의뢰심이 많다.
3. 이성을 싫어한다.
4. 행동하는 사람에게 관심이 많다.
5. 영웅 숭배자다.
6. 그룹에서 인정받기를 원한다.

감정적인 면
1. 두려움이 별로 없다.
2. 성미가 급하다.
3. 사랑의 외적 표현에 반대한다.
4. 거의 질투심이 없다.
5. 싫은 감정을 조절하는 것을 배우는 중이다.
6. 유머를 즐긴다.

영적인 면
1. 기독교에 대한 많은 질문이 있다.
2. 감정은 그의 신앙생활에서 아무 역할도 못한다.
3. 스스로 높은 기준을 세워놓고 있다.
4. 매일 조용한 시간을 갖도록 격려해 줄 필요가 있다.

- 소더홀름, 클라이드 네레모어

제4장

반목회와 양육

양육이란 예수의 생명을 소유한 사람에게 영혼의 자양분을 스스로 섭취할 수 있는 능력을 갖도록 도와주는 일이다. 다시 말하면 양육이란 피교육생이 그리스도인으로서 성장할 수 있도록 도와주는 교사의 일을 말한다. 따라서 양육은 개인에게 모든 가능한 기회를 부여하여 그 인격이 성장하도록 돕는 것이다. 그로 인해서 양육 받은 사람은 혼자 힘으로 설 수 있게 되며, 또 다른 사람이 새 생활을 할 수 있도록 도와줄 능력까지 갖추게 된다. 그렇기 때문에 양육은 단기간에 그 열매를 기대할 수 있는 것이 아니다.

1. 양육이란 무엇인가?

　어느 날 한 교인으로부터 조그마한 난(蘭)을 선물 받았다. 책상 위에 그것을 놓고 난 후부터 나의 시선은 틈만 나면 그곳으로 쏠렸다. 이끼 위에 붙어있는 작은 난에 잎이 네 개 있었고, 그 위에 아름다운 꽃이 세 송이 피어 있는 것이 아무리 생각해도 신기했기 때문이다. 더구나 난의 뿌리가 이끼에 붙어있긴 한데 그렇게 허술한 뿌리가 양분을 흡수할 것 같지 않았기 때문이다. 난의 꽃이 피기까지 충분한 양분이 필요했을 텐데 그 양분이 어떻게 해서 흡수되고 있는지 볼수록 궁금했다.

<u>영혼의 자양분</u>

　그런데 자세히 보니 뿌리가 이끼 위에 붙어 있긴 한데, 가는 실로 동여져 있어서 실제로는 붙어 있는 것이 아니라는 사실에 더욱 놀랐다. 그러한 궁금증에 쌓여있을 때 난을 선물하신 분이 연구실을 방문해서 난에 대해서 자세한 설명을 해 주었다. 그때야 비로소 난에 대한 의문이 풀리게 되었다. 난은 이끼로부터 오는 양분과 공기 중의 질소를 공급받아서 아름다운 꽃을 피운다는 것이었다. 그

리고 그 난은 '대엽풍난'이라는 고유한 이름을 가진 귀한 난이라고 했다. 그 후에 '대엽풍난'을 보면 생명의 신비를 느낄 수 있어서 어느 사이 그것은 나의 가까운 벗이 되고 말았다. 온 종일 나의 일과는 성도들의 영적 생명을 다루는 일이기 때문에 더욱 그렇다.

생명은 창조주의 작품이지만 그것이 보존되기 위해서는 일정한 양분이 정기적으로 공급되어야 한다. 이러한 원리는 영적 세계에서도 동일하게 적용된다. 동물이나 식물에 영양분이 공급되지 않으면 그 생명은 머지않아 죽게 되는 것과 마찬가지로 우리의 영혼도 적절한 자양분이 공급되지 않으면 영적인 생명을 유지할 수가 없다. 영혼의 자양분은 자연 세계의 물이나 질소가 아니라 말씀과 기도다. 그렇기 때문에 영적 세계에서 말씀과 기도가 없으면 영적 생명은 한 순간도 유지되지 못한다. 생명의 근원은 바로 자양분에 있기 때문이다.

양육은 성장하도록 도와주는 과정

양육은 지속성과 인내와 끈기가 요구되는 장기적 교육 과정이다. 그래서 소더홀름(M. E. Soderholm)은 양육을 이렇게 정의했다. "양육이란 단계적으로 성장하도록 도움을 주는 계속되는 과정이다." 반목회를 하면서 교사는 학생들의 인격이 성장하도록 가능한 한 여러 가지 방면에서 계속적으로 도와야 한다. 마치 부모가 아이를 돌보듯이 교사는 학생에게 계속적인 관심과 사랑으로 돌보아야 한다. 그렇지 않으면 아이들이 정상적으로 자라지 않는다. 자녀들이 정상적으로 자란다는 것은 육체적으로 성장하는 것만을 의미하지 않는다. 그것은 자녀들의 육체적 건강뿐만 아니라 정신과 인격이 정상적으로 자라야 한다는 것을 의미한다. 양육은 교사가 공과를 가르치는 교육적인 측면과는 좀 다른 특성이 있다.

물론 공과를 지도하는 일 역시 일종의 양육 과정이다. 하지만 양육은 단순한 가르침이 아니다. 그것은 교사가 학생과 함께 인격을 나누고 삶의 깊은 곳에까지 파고들어 가는 일이다. 그렇게 해서 때로는 칭찬과 격려를, 때로는 훈계와 책망으로 학생들을 그리스도인의 본질적인 영역 안에서 살도록 도와주는 것이다. 그렇다면 그리스도인의 삶에서 가장 중심이 되는 본질적인 영역은 무엇인가? 양육에 있어서 가장 중요한 요소는 구원의 확신이다. 그렇기 때문에 양육자는 피양육자에게 하나님의 말씀에 기초해서 구원의 확신을 가지도록 도와주고 점검해야 한다. 다음으로 그리스도의 주권에 대한 이해가 필수적이다. 양육자는 피양육자에게 그리스도께서 그들의 주인이 되심을 이해하도록 도움을 줘야 한다.

이는 말씀의 양식을 규칙적으로 섭취하고 기도가 생활화 되도록 할 때 가능하다. 심지어 양육자는 다른 사람에게 전도하는 모습을 보여 주기도 하며, 상호 깊은 교제를 통해서 성장해 가도록 해야 한다. 그렇게 해서 피양육자가 혼자 힘으로 걸어 다니면서 나중에는 또 다른 사람이 새로운 생활을 할 수 있도록 도와주기까지 하는 일이 양육이다.

몇 년 전에 암으로 투병하다가 하나님의 부름을 받은 대학 교수님 한 분이 교회에 출석한 적이 있었다. 그 분은 투병 중에서 나와 함께 성경을 공부하면서 이런 말을 했다. "목사님! 제가 다시 건강을 회복한다면 나와 같은 그리스도인 한두 사람을 세워보는 것이 소원입니다." 결국 그 교수님은 그 소원을 이루지 못하고 하나님의 부름을 받았지만, 그 교수님이 생각했던 것이 바로 양육이라고 본다. 소위 자신과 같은 또 다른 그리스도인을 세우는 것이 양육이라는 말이다. 그렇기 때문에 양육자는 피양육자와 깊은 인격적인 신뢰 관계가 우선 되어야 하며, 그리스도의 섬김의 정신으로 돌보는 자세가 필요하다.

2. 거머리 철학

며칠 전 시내의 한 교회에서 교사 부흥회를 인도하던 중에 나는 21세기의 새로운 교사상으로 '거머리 철학을 가지라'는 좀 특이한 제안을 한 바 있다. 좀 엉뚱한 것 같지만 최근에 한 잡지에서 거머리를 인공 배양한 결과, 판매량 월 1천만 원어치 정도의 진기록을 세운 한 회사 대표가 있다는 내용을 읽고 힌트를 얻은 것이다. 그런데 왜 하필이면 거머리 철학인가? 요즈음 도시 아이들은 거머리가 무엇인지 잘 모르겠지만, 시골에서 자란 사람들은 거머리하면 일단 좋지 않은 인상을 받을 것이다. 사실 거머리를 생각하면 좀 징그럽고 끔찍한 생각이 든다. 그것은 물속에서 일하고 있는 사람들의 다리에 붙어 피를 빨아먹기 때문이다. 거머리의 주식이 무엇인지 정확하게 알 수는 없지만 사람들의 피를 즐겨먹는 것은 틀림없는 것 같다.

나 역시 어렸을 때 논에 들어갔다가 거머리에 피를 빨려본 적이 있는데, 그것은 한번 붙으면 좀처럼 떨어지지 않는 것이 특징이다. 어른들의 말씀에 의하면, 그 진위는 알 수 없지만, 왕거머리에 잘못 물리면 죽는단다. 그 정도로 거머리는 피를 빨아먹는 힘이 강하다. 그래서인지 끈질기게 남을 귀찮게 따라다니는 사람을 가리켜서 찰거머리 같은 사람이라고 하기도 한다.

영혼을 더럽히는 독소를 뽑아내라!

 지금까지 사람들은 거머리 하면 사람의 피를 빨아먹는 징그럽고 무익한 벌레 정도로만 생각했다. 그러나 이제는 거머리가 더 이상 무익한 벌레가 아니라 인간 생명의 은인이 된다는 것이 보고되었다. 그것을 보고 나는 영혼을 살리는 교사가 되자는 의미에서 거머리 철학을 말하게 되었다. 한때 사람의 피를 빨아먹고 기생하던 거머리가 요즈음은 사람에게 생명의 은인이 된다는 것은 전혀 뜻밖의 소식이 아닐 수 없다. 보고의 내용인즉 이렇다.
 거머리의 침 속에는 혈관을 팽창시키는 생화학적 효소가 있다. 그것이 상처가 났을 때 혈액을 빨리 흐르게 하고 하루딘이라는 단백질이 혈액의 응고를 억제해 준다. 즉 나쁜 피를 빨아내고 깨끗한 피를 흐르게 하고, 고여 있던 피를 굳지 못하게 해서 절단된 부분으로 피가 원활하게 흐르도록 도와준다. 그래서 최근에 한 의학도가 영국에서 거머리를 수입해서 배양하고 있다고 한다. 그렇게 해서 배양된 거머리는 혈액 순환을 촉진시키는데 유익하게 사용된다. 예를 들면, 피가 굳어져서 정상적인 혈액 순환이 안 되는 수술 환자에게 수술 자국 부위에 쫄쫄 굶긴 거머리를 투입하면 자기 몸의 5~7배 분량의 나쁜 피를 20~30초 사이에 제거해 낼 수 있다.
 굳이 거머리를 영국에서까지 수입한 이유는 국산은 피를 빨아들이는 능력이 약하지만 영국산은 그 힘이 대단하기 때문이다. 마치 국산 거머리가 보통 사람의 체력이라면 영국산은 미국 프로농구 선수의 체력이다. 뿐만 아니라 거머리를 고혈압으로 쓰러진 환자의 심장 부위에 얹어두면 피를 빨아내 혈압을 순식간에 20~30퍼센트 떨어뜨린다. 거머리는 3개의 턱에 100개의 이빨이 달려있기 때문에 피를 빨아들이는 것은 시간문제이다. 그래서 한방에서는 침 대신 거머리를 놓기도 한다.

지금까지 그렇게 환영을 받지 못했던 거머리가 한 의학도의 연구에 의해 하나님이 만드신 걸작품이라고 호평할 정도가 되었으니 그것은 더 이상 징그러운 생물이 아니다. 이제 거머리는 인간 생명의 은인이다! 위급한 환자의 부위에 그렇게 끈질기게 달라붙어서 순식간에 죽은피를 뽑아주는 거머리의 위력이 신비하기만 하다. 더구나 굳은 혈액을 녹여주고 그 순환을 원활하게 도와주는 거머리를 가리켜 하나님의 걸작품이라고 하는 것이 전혀 무리가 아닐 것 같다.

마찬가지로 교사는 학생의 심령에 찰싹 달라붙어서 그들의 영혼을 더럽히는 모든 독소를 뽑아내야 한다. 맑고 깨끗한 피를 가져야 할 아이에게 더러운 피가 흐르고 있다면 아이의 생명은 시한부일 수밖에 없다. 그렇기 때문에 모든 교사는 학생들에게, 좀 기분이 이상하지만, 아무리 떼어내려고 해도 떨어지지 않는 찰거머리가 되어야 한다. 그래서 그들의 영혼에 굳어 있는 피와 죽은피를 깨끗하게 빨아내야 한다. 더러운 피가 굳으면 아이들이 죽는다! 영혼을 살리려면 거머리처럼 들러붙어야 한다!

끈질긴 거머리 근성으로

교사들에게 거머리 철학을 가져야 한다고 말하게 된 이유 중의 하나는 끈질긴 거머리의 근성을 갖고 아이들을 양육하며 돌봐야 한다는 의미다. 교사들에게 왜 거머리의 근성이 요구되는가? 그것은 우리 시대의 특성 때문에 거머리 근성을 갖고 아이들을 양육해야 한다고 본다. 그렇지 않으면 누구도 양육에 성공할 수 없기 때문이다. 현대는 정보화 시대요, 초스피드 시대다. 요즈음은 아이들도 인터넷을 통해서 빠른 시간 내에 많은 정보를 접할 수 있고, 휴대폰 등을 활용해서 개인 정보를 빠르게 전달할 수 있는 시대에 살고 있다.

요즈음 아이들에게 인기 있는 대중가요를 들어보면 그 가사 내용을 알아들을 수 없을 정도로 빠른 박자이며, 가사의 내용도 무척 자유롭다. 그것은 일정한 틀이 있는 것이 아니라 무슨 말이든지 곡을 붙이면 노래가 될 정도이다. 그렇기 때문에 어른들은 그렇게 자유롭고 템포가 빠른 인기 가요를 전혀 알아들을 수 없다. 그뿐만 아니라 옷을 입는 것도 아무렇게나 입으면 그것이 유행이다. 심지어 청바지를 찢어 입거나, 머리 스타일을 아무렇게나 만들어 물을 들이면 그것도 유행이 되고 만다. 그만큼 아이들이 일정한 형식이나 전통을 거부하고 자유분방하다는 말이다.

뿐만 아니라 현대는 아이들의 말초신경을 자극하는 쾌락 중심의 문화가 만연한 시대다. 텔레비전에서는 폭력과 살인, 성적인 쾌락이 대부분의 주제다. 그런 시대에 살고 있는 아이들에게 교사가 성경의 진리를 대충 가르쳤다가는 아무런 결실도 맺지 못하리라는 것은 두말할 나위가 없다. 교사가 학생을 엉성하게 다룬다면 그들이 교회학교에 붙어 있을 리도 만무하다. 세상 문화가 얼마나 좋은데! 그렇기 때문에 교사들이 거머리 같은 근성을 가지고 집중해서 아이들을 양육하지 하지 않으면 결코 성공할 수 없다. 영혼에 대한 집념을 포기해서는 안 된다. 한 번 붙으면 떨어질 줄 모르는 거머리 근성을 갖고 아이들을 양육해야 그들의 영혼이 살아남는다!

얼마 전 서울 세종문화회관에서 한 아이돌 그룹의 공연이 있었다. 그때 전주에서 어떤 교인의 자녀 중 중학교 3학년인 아이가 친구들과 함께 새벽 차를 타고 서울까지 갔다는 이야기를 듣고 놀란 적이 있다. 한때 유명한 외국의 인기 가수가 한국에 왔을 때 비행기를 타고 부산에서 서울까지 갈 정도로 십대 극성 팬이 있다는 이야기는 들어 봤지만, 나의 가까운 주변에도 그런 열성 팬이 있다는 것을 듣고 많은 것을 생각하게 되었다. 우리는 왜 아이들을 세속 문화의 구렁텅이로 내줘야 하는가! 그들은 무엇 때문에 세상의 정욕 앞에 그렇게 쉽게 굴복하는가!

아이들이 예배를 드리기 위해서 새벽에 교회로 쫓아올 정도로 진한 감동을 주는 교회 교육은 없을까? 솔직하게 이런 고민은 나의 뇌리를 강타하는 무거운 짐이 되었다. 그런 문화 가운데 살고 있는 현대 아이들의 영혼을 영혼의 양식으로 살찌우게 하는 일은 참으로 어려운 일임에 틀림없다. 그러기에 교사들은 일단 맡겨진 아이들의 영혼을 책임져야 한다. 그야말로 그들의 영혼을 위해 목숨을 걸어야 한다. 『우리는 사소한 일에 목숨을 건다』라는 책을 보니까 무슨 일이든지 목숨을 걸고 하면 안 되는 일이 없다고 했다. 하물며 교사들이 어린 영혼을 위해서 목숨을 건다면 그 영혼에 생기를 부여해 줄 것이다. 죽기를 각오하고 목숨을 걸면 절대 죽는 법이 없다.

죽고자 하면 산다!

이런 이야기가 있다. 한국 전쟁 때 어떤 교회당에서 예배를 드리고 있는데 인민군이 들어와서 총부리를 겨누고 위협했다. 그러자 모든 성도들이 무서워서 벌벌 떨며 엎드렸다. 인민군은 사기가 충천하여 천장을 향하여 총을 쏴대면서 누구든지 움직이면 죽인다고 외쳤다. 그리고 나서는 성도들을 일렬로 세워놓고 벽에 걸린 예수님 사진을 떼어 바닥에 놓으며 그 위에다 침을 뱉으면서 밟고 지나가면 살려주겠다고 위협했다. 성도들은 모두 벌벌 떨면서 서로 눈치만 보고 있었다. 그러자 믿은 지 얼마 안 된 한 노인이 일어서서 예수님 사진을 밟으면서 침을 뱉고 "나 예수 안 믿어!"라고 외치면서 뛰어 나갔다.

그러자 한 사람씩 일어나서 모두 예수님 사진을 밟으면서 침을 뱉은 후 절대로 예수를 안 믿겠다고 외치면서 뛰쳐나갔다. 사람들이 다 떠나가고 마지막 한 사람이 남아 있었다. 그는 그날 설교를 맡은 전도사님이었다. 전도사님은 눈물을 흘리며 더럽혀진 예수님 사진을 닦아내며 "나는 죽음을 선택하겠다"고 외치면서 죽기를 결단하고 사진을 껴안고 기도하기 시작했다.

그때 이상한 일이 일어났다. 옆에서 총부리를 겨누고 있던 인민군 중 한 명이 바깥으로 뛰어 나가면서 "야 이놈들아, 예수를 믿으려면 이렇게 믿어야지!" 하면서 사람들을 향해서 총을 쏴댔다. 결국 살아남기 위해서 예수님 얼굴에 침을 뱉고 믿음을 저버린 사람들은 죽고 말았지만, 죽기를 각오하고 예수님을 사랑한 전도사님은 살아남았다는 이야기다. "내가 진실로 진실로 너희에게 이르노니 한 알의 밀이 땅에 떨어져 죽지 아니하면 한 알 그대로 있고 죽으면 많은 열매를 맺느니라"(요 12:24). 죽고자 하면 죽지 않는다. 하지만 죽지 않으려고 발버둥 치면 죽게 되어 있다. 교사가 학생의 영혼을 살리기 위해서 목숨을 거는 희생을 각오하면 그 영혼은 반드시 풍성한 꼴로 살찌울 것이다. "내게 능력 주시는 자 안에서 내가 모든 일을 할 수 있느니라"(빌 4:13).

3. 바울의 양육 원리

양육에 있어서 가장 좋은 모델이 되는 것은 데살로니가서에 나타난 바울과 교인들과의 관계다. 바울은 데살로니가 교인들이 그리스도의 형상을 닮은 사람들로 자라도록 양육시켜 나갔다. 마치 어린아이를 돌보는 부모의 심정으로! 그는 지극한 사랑과 관심을 가지고 인내함으로써 교인들을 돌봤다. 바울은 교인들이 지속적으로 성장하도록 다양한 방법을 이용했다. 데살로니가서에는 그런 양육 방식이 여기저기 잘 나타나 있다. 바울이 교인을 영적, 인격적으로 성장시켜 나가기 위해서 어떤 방식을 사용했는지 살펴보면서, 교사가 어떻게 학생을 양육해야 할지 생각해보자.

■ **제1원리 : 기도의 원리**

이미 교사의 기도에 대해서는 몇 번 강조했지만, 바울에게 있어서 가장 중요한 양육 원리이기 때문에 다시 한 번 언급하고자 한다. 바울은 데살로니가 교인들을 위해서 항상 기도했다(살전 1:2~3, 3:10). 바울의 사역에 있어서 기도보다 중요한 일은 아무 것도 없었다. 바울 서신의 곳곳에 그의 기도의 본이나 기도에 관한 교훈이 나타나지만, 그 중에서도 기도 중심의 사역이 가장 강조된 곳은 사도행전 16장에서다. 당시 바울은 아시아 선교에서 많은 결실을 맺고 있었다.

그러나 바울은 마게도냐에서 부르는 성령의 음성을 듣고 그의 사역의 방향을 바꾸었다. 마게도냐의 첫 성 빌립보에 이른 바울 일행은 며칠을 머문 후에 기도처를 찾아 강가로 나갔다. 거기에서 루디아를 만나 복음을 전하게 되었고, 그 후에도 기도하러 가다가 점하는 귀신들린 여종을 만나 귀신을 쫓아냈다. 그로 인하여 바울 일행은 옥에 갇히게 되었으나 기도를 포기하지 않았다. 그 결과 옥문이 열리는 기적을 체험하고 간수가 개종하게 되었다.

그렇게 해서 빌립보 교회가 개척되었는데 루디아, 점하는 귀신 들렸던 여종, 옥중 간수 등이 창립 멤버가 되었다. 그런데 교회의 창립 멤버였던 그들의 공통점은 모두 다 바울의 기도의 열매였다는 점이다. 바울은 개척을 시작하면서 다른 무엇보다도 먼저 기도에 몰두했다. 그에게는 기도보다 중요한 것이 없었다. 그것이 바울 사역의 위대함이다. 솔직하게 새로운 사역지에 가서 인적, 물적 자원을 확보하는 일이나 교회에 대한 지형 조건을 관찰하며 조직을 세우는 등 준비해야 할 일이 얼마나 많은가! 그러나 바울은 모든 준비에 앞서서 먼저 기도했다.

그런데 특이한 것은 바울이 그렇게 기도했더니 자연스럽게 사람들을 만나게 되었다는 점이다. 하나님은 기도하는 사람에게 필요한 일꾼을 보내 주신다. 이처럼 바울은 교회를 시작할 때 기도했다. 뿐만 아니라 그가 양육하는 사역을 할 때에도 역시 기도가 가장 우선이었다. 그의 각 서신들을 보면 자신은 늘 양육자로서 성도들을 위해서 끊임없이 기도했다(엡 1:16, 빌 1:4, 골 1:3, 살전 1:2). 성도들을 향한 바울의 양육은 기도가 뿌리였다. 기도가 사람을 변화시킨다. 이것이 영적인 원리다. 그래서 기도는 교회의 기초요, 양육의 뿌리이다! 사역자에게 기도처럼 큰 무기는 없다!

그렇기 때문에 해마다 열리는 수련회나 성경학교는 기도를 통해서 학생의 마음을 변화시키는 기회가 되도록 해야 한다. 그저 관심만 끄는 다양한 행사는 학생들의 마음을 변화시키지 못한다. 많은 프로그램은 학생을 다만 영적인 도전과 은혜를 체험하도록 하기 위한 예비 단계에 불과하다. 그래서 기도가 없는 여름 행사는 일회성 행사로 그치고 말 것이다. 기도가 없는 성경학교나 수련회는 어떤 영적인 열매도 기대할 수 없다. 기도가 없는 행사는 아무리 학생의 관심을 끌고 흥미를 유발시켜도 영적인 사람으로 변화시킬 수 없다. 기도만이 사람을 바꾸는 열쇠다. 교사는 학생의 영혼을 위해서 기도해야 한다. 기도만이 마음을 움직일 수 있는 무기다. 기도는 기적을 일으킨다!

인도의 성자라고 일컫는 센다싱은 기적적인 기도 응답으로 목숨을 구한 적이 있다. 그가 티베트에 가서 복음을 전할 때의 있었던 일이다. 당시 티베트에서 복음을 전하는 것은 바로 죽음을 의미하는 일이었다. 하지만 센다싱은 죽음을 두려워하지 않고 예수 그리스도의 복음을 전하기 위해서 티베트로 갔다. 센다싱이 그곳에 가자마자 심한 박해와 핍박이 따랐다. 하루는 센다싱이 복음을 전하다가 잡혀갔다. 재판 결과는 무서운 방법으로 그를 죽이는 것이었다. 곧 썩은 시체들이 빠져 있는 물 없는 우물에 그를 집어넣어 병들어 죽게 하는 잔인한 방법이었다.

센다싱은 우물에 빠져서 썩은 시체에서 나오는 냄새를 맡으면서도 기도하기 시작했다. 사실은 아무런 희망도 없었지만 기도를 포기하지 않았다. 그때 우물 뚜껑이 열리는 소리와 함께 긴 끈이 하나 내려왔다. 센다싱은 그 끈을 잡고 죽음의 우물을 나왔다. 하나님의 천사가 센다싱을 살려주셨다. 그날 우물의 열쇠는 대 라마승이 보관하고 있었기 때문에 누구도 그 문을 열 수 없다는 것을 모든 사람이 알고 있었기 때문에 센다싱의 탈출 소식에 모든 대적자들이 떨었다는 이야기이다. 기도는 사람의 마음을 움직이는 힘이 있다.

죽어 가는 영혼을 살리는 힘, 중보 기도!

여기에서 잠깐 중보 기도에 대해서 말하고 넘어가기로 하자. '중보'라는 말은 원래 '둘 사이에 누가 끼어드는 것'을 말한다. 그렇다면 중보 기도란 '하나님과 어떤 사람 사이에서 누군가 대신해서 간구하는 것'을 말한다. 쉽게 말하면, 중보 기도란 곤경에 빠진 어떤 사람을 위해서 하나님의 자비를 구하는 마음으로 대신 간구하는 것을 말한다. 그렇기 때문에 중보 기도는 모든 그리스도인이 드릴 수 있는 기도요, 또 반드시 드려야 할 기도다. 중보 기도는 예수님께만 제한된 기도가 아니다! 모든 그리스도인이 중보 기도의 의무와 책임이 있다. 중보의 기도를 하면 우선 자기의 영혼이 하나님께로 가까이 나갈 수 있는 기회가 된다. 뿐만 아니라 놀라운 기적의 역사를 이루기도 하고 영혼을 움직이기도 한다. 또한 하나님의 마음을 움직이기도 하며, 그 분의 뜻을 이루는 수단이 되기도 한다.

초대 교회는 중보 기도를 쉬지 않았던 대표적인 경우이다. 베드로가 옥에 갇혔을 때 온 교회가 그를 위해 기도했다(행 12:5). 베드로는 옥중에서 쇠사슬에 매여 있었고, 파수꾼들이 문밖에서 지키고 있었다. 그때 옥중에 주의 광채가 빛났고 베드로의 손에 채워진 쇠사슬이 벗겨지는 기적이 일어났다. 처음에 베드로는 환상을 보고 있는 줄 착각했다. 그러나 천사의 안내를 받아 나가는 순간 문이 저절로 열리는 것을 보고 실제적인 상황인줄 알았다. 베드로는 옥에서 나오자 마가의 집으로 갔다.

그런데 남은 사람들이 그곳에서 기도하고 있었다. "마가라 하는 요한의 어머니 마리아의 집에 가니 여러 사람이 모여 기도하더라"(행 12:12). 베드로가 옥에 갇혔을 때 온 교회가 베드로를 위해서 밤 늦게까지 중보 기도를 드렸던 것이다. 그들이 기도하고 있던 그 순간에 옥문이 열리고 쇠사슬이 끊어지는 역사가 일어났다.

이처럼 중보 기도는 쇠사슬을 끊는 힘이 있다. 교사들이 자기에게 맡겨진 영혼을 위해서 쉬지 않고 중보의 기도를 드린다면 반드시 그 영혼은 살아난다. 그것은 성경의 약속이요, 역사적으로 입증된 바이다. 아브라함의 중보 기도는 조카 롯을 살리는 열쇠가 되었다. 중보 기도는 죽어 가는 영혼을 살릴 수 있다! 위대한 목회자 사무엘 마틴은 목회 성공을 묻는 사람에게 이렇게 답했다. "나는 매주 금요일마다 예배당에 들어가서 문을 잠그고 좌석마다 옮겨 다니면서 그 자리에 앉을 사람들을 위해서 무릎을 꿇고 중보의 기도를 드렸다. 그 영혼이 변화되도록!" 감리교를 창시한 웨슬리는 기도실의 마룻바닥에 구멍이 날 정도로 자기의 설교를 듣게 될 영혼을 위해서 기도했다.

영국의 한 선교사가 아프리카에서 선교 사역을 하다가 원주민의 핍박으로 본국에 돌아왔다. 그는 돌아오면서 성경 한 권을 어떤 과부에게 주었다. 영국에 돌아온 선교사는 그날부터 자기 집 다락방에서 아프리카 지도 한 장을 붙여 놓고 날마다 그 앞에서 무릎을 꿇고 기도했다. 어느 날 그 선교사가 기도하러 들어가서 나오지 않아 들어가 봤더니 지도 앞에 무릎을 꿇고 기도하다가 죽어 있었다. 그는 아프리카의 불쌍한 영혼들을 위해서 기도하다가 하나님의 부름을 받은 것이다.

그 후 아프리카 지방에 전쟁이 일어났다. 그때 영국의 선교사에게 성경책을 받았던 과부도 주민 틈에 끼어 피신했다. 그런데 성경을 탁자에 놓아두었는데 집안에 침입한 병사가 성경을 발견했다. 집으로 돌아간 병사는 그 책을 읽었고 나중에 주위 사람에게도 읽어 주었다. 그것이 계기가 되어 사람들이 믿음을 갖게 되었고 영국에 선교사를 보내 줄 것을 요청하게 되었다. 그렇게 해서 그곳에는 수천 명의 교인이 생겼고 커다란 교회까지 세워지게 되었다. 기도하다 죽은 한 선교사의 중보의 기도가 마침내 응답되었다. 영혼을 위한 중보의 기도는 결코 헛되지 않는다.

■ **제2원리** : 편지의 원리

바울은 각 교회에 편지를 썼다. 요즈음에는 통신 수단이 발달되어서인지 편지를 쓰는 일이 그리 많지 않은 듯하다. 전화 한 통이면 안부를 물을 수 있고 모든 소식을 전할 수 있기 때문이다. 어디 그뿐인가? 이메일, 팩스, 휴대전화 등 간편하고 빠른 통신 수단이 우리 주변에 얼마나 많은지 모른다. 그래서인지 교인들은 편지 쓰는 일을 힘들어한다. 심지어 학생들조차도 편지를 쓰는 일이 거의 없다. 오죽했으면 편지 쓰는 일이 점점 사라져 가는 안타까운 모습을 보면서 어떤 사람이 '편지 쓰는 사람들'(1999.2.2 국민일보 23면)이라는 이벤트 기획사를 세웠겠는가!

그 이벤트사의 대표가 하는 말이 참 인상적이다. "편지는 겨울 밤 어머니가 사랑을 담아 한 올 한 올 떠주던 털스웨터와 같은 포근함이 담겨 있다. 편지야말로 점점 삭막해 가는 세상을 따뜻하게 만들어 줄 수 있는 힘이다." 그의 꿈은 편지 쓰는 운동을 확산시키는 것이란다. 편지는 소식을 주고받는 단순한 의사소통의 차원을 넘어서 서로의 정을 주고받는 통로이다. 아무리 짧고 간단한 말이라도 편지는 상호 마음을 주고받을 수 가장 좋은 수단이다.

예를 들면, 빅토르 위고는 지금까지 인간에 의해서 쓰여진 가장 짧은 편지를 쓴 사람이었다. 그는 역사상 가장 위대한 서사극이며 놀라운 감명을 준 『레미제라블』을 써서 원고를 출판업자에게 넘겨주었다. 매일 기대감에 부풀어서 답신을 기다리다가 초조해진 위고는 출판사에 편지를 썼다. 편지의 내용은 '?'가 전부였다. 얼마

후에 출판사에서 답장이 왔는데 뜯어보니 편지의 내용은 '!'가 전부였다. 위고는 자신의 초조한 마음을 기다리고 있다는 의미에서 물음표를 찍어서 보냈고, 출판사에서는 그 작품을 극찬하는 의미로 감탄의 표를 찍어서 보낸 것이다. 그 편지는 하나의 부호로 주고받은 짧은 편지였지만 서로 마음을 주고받은 역사에 남을만한 편지가 되었다.

조지 휘트필드는 자신의 메시지를 듣고 회심한 수많은 사람들에게 수백 통의 편지를 썼다. 그에게는 영혼을 향한 뜨거운 마음이 항상 불타올라서 틈만 나면 편지로 초신자들에게 믿음의 도를 심어주고 그들을 격려했다. 스펄전 역시 뼈를 깎는 듯한 통풍의 고통을 감수하면서도 일주일에 60통씩이나 편지를 썼다. 고등부 사역에서 괄목할만한 성장을 이룬 임출호 목사님의 간증에 큰 감동을 받은 적이 있다(「크리스챤 뉴스위크」, 2000.10.28. 6면). 그는 스스로 전 사역지에서 쫓겨났다고 고백하면서 새로운 교회에서의 사역을 이렇게 고백했다. 부임하자마자 학생들에게 매주 1백 통씩 엽서를 보내고, 10시간씩 전화와 이메일 등으로 학생들과 마음을 주고받았다는 것이다. 그렇게 학생들과 마음이 통하다보니까 이제는 눈빛만 봐도 공감대가 형성되었고, 수적인 부흥이 놀랍게 일어났다고 했다.

사랑과 관심을 전하는 수단

편지를 쓰는 일은 보통 어려운 일이 아니다. 여기에는 시간이 투자되어야 하고 생각하는 수고와 쓰는 고통이 따른다. 그럼에도 불구하고 편지는 교제를 깊게 해주고, 마음의 정을 주고받을 수 있는 수단이라는 점에서 양육에 있어서 꼭 필요한 것이 아닌가 싶다. 교사가 양육자로서 학생에게 편지를 통해 자신의 마음을 전하면 사랑의 마음이 전달된다. 바울 역시 성도들에게 늘 편지로 그의 마음을 전했다. 성도들에 대한 자신의 관심과 사랑을 전했으며, 그들에 대한 권면과 인사를 소상하게 전했다. 당시에 성도들은 바울을 직접 보지는 못해도 바울의 편지를 받고 큰 힘을 얻었다. 더구나 믿음이 연약한 성도들은 바울의 편지에 의해서 믿음을 든든히 세워 나갔다.

작년 크리스마스 때 나는 너무나 바쁘고 분주한 나머지 그동안 은혜를 입은 사람들에게 엽서 한 장 못 보내고 말았다. 그런데 존경하는 교수님 몇 분으로부터 간단한 메시지가 담긴 카드를 받고 진한 감동을 받았다. 나는 카드에 쓰여진 몇 자의 글귀 속에서 제자를 향한 스승의 따듯한 사랑과 관심을 읽을 수 있었고, 스승에 대한 무관심과 소홀함을 반성했다. 워싱턴 시의 우체국 정문 위에는 다음과 같은 말이 기록되어 있다고 한다. "그대는 연민과 사랑의 사신이며, 멀리 떨어져 있는 친구들의 참된 종입니다. 그대는 외로운 위로자, 흩어져 있는 가족들의 마음을 하나로 묶어주고 함께 나누는 삶을 보다 풍부하게 해 줍니다. 그대는 무역과 산업의 역군, 세상 모든 사람들, 민족의 평화와 선의를 상호 증진시켜 주는 참된 사도입니다." 이것이 바로 편지의 기능이다. 편지는 학생들에게 선생님의 사랑과 관심을 전할 수 있는 좋은 수단이요, 둘을 하나로 묶어주는 든든한 끈이다.

'사랑의 편지'에 얽힌 유명한 일화가 있다. 옛날 로마에 평생을 하나님과 동행하며 살던 한 노인이 있었다. 그는 마지막 남은 여생을 더욱 경건하게 보내기 위해서 수도원으로 들어갔다. 그런데 막상 수도원 생활을 시작하니 남에게 말할 수 없는 고민이 하나 생겼다. 그것 때문에 노인의 얼굴은 하루가 다르게 변하기 시작했다. 그러자 동료들이 그 이유를 물었다. 동료들의 질문을 받고 노인은 이렇게 답했다. "다른 사람들은 모두 하나님을 기쁘게 하는 특별한 재주가 한 가지씩은 있는 것 같습니다. 그런데 나는 아무리 생각해 봐도 아무런 재주가 없으니 슬픈 일이 아닐 수 없습니다. 그래서 내 마음이 너무나 우울하고 슬프답니다." 그러던 어느 날 노인에게 좋은 아이디어가 하나 떠올랐다. "내게 하나님을 기쁘시게 할 특별한 재주는 없어도 사람들에게 사랑의 말을 전하면 하나님이 기뻐하시지 않을까?"

그래서 노인은 주변의 사람들에게 사랑의 말이 담긴 편지를 쓰기 시작했다. 그러다 보니 노인에게는 사랑의 편지를 쓰는 일이 즐거운 일과가 되었다. 그 결과 수도원에서 보내준 한 노인의 사랑의 편지를 받아든 많은 사람이 위로와 감동을 받았다. 그 후에 노인은 5년 동안 하루도 빠짐없이 수많은 사람에게 사랑의 편지를 썼다. 그 편지를 받은 사람들은 이구동성으로 그 노인을 가리켜 '사랑의 전령사'라고 불렀다. 몇 년 후에 그 노인은 하나님을 기쁘시게 해 드리기 위해 썼던 편지를 더 이상 보내지 못하고 하나님의 품안에 안겼다. 그 날이 2월 14일이었고, 그 노인의 이름은 성 발렌타인이었다. 그때부터 사랑을 전하다가 순교한 성 발렌타인의 소문이 온 세계에 퍼지게 되었다. 그 소문에 의해서 사람들은 해마다 2월 14일이 되면 하나님과 이웃을 위해 살았던 사랑의 전령사, 성 발렌타인의 순교를 기리게 되었다. 사랑의 편지를 그리면서!

얼마 전에 좋은 아버지로 신문에 소개된 한 분으로부터 매일 아들과 쪽지 편지로 마음을 주고받으니 정과 사랑이 넘치더라는 이야기를 들은 적이 있다. 나도 유학 중에 지도 교수와 계속적으로 편지를 주고받으면서 서로의 생각을 나누었는데 남다르게 깊은 정이 들었던 추억으로 간직하고 있다. 하물며 말씀으로 양육을 맡은 교사가 학생들과 편지를 주고받으면서 정을 나눈다면 얼마나 훈훈하겠는가?

■ **제3원리** : 격려와 칭찬의 원리

바울은 권면하고 격려했다(살전 1:6~9). 『훈련으로 되는 제자 : 제자는 태어나는 것이 아니다』라는 책으로 유명한 월터 A. 헨릭슨은 양육을 영적인 소아과 의사와 마찬가지라고 했다. 양육이 영적으로 막 태어난 아이들을 보호하고 돌보아 주는 것과 관련이 깊기 때문이다. 양육은 아이가 태어난 후부터 시작해서 장성하여 스스로 필요를 채울 수 있을 때까지의 과정을 다룬다. 갓난아이가 누구의 돌봄이나 보호가 없이 버려지면 머지않아 생명은 끊어지고 말 것이다. 그렇기 때문에 영적으로 막 태어난 갓난아이와 같은 사람을 누군가가 잘 돌봐줘야 한다는 것은 그들의 영적 생명을 살리기 위해서 가장 급선무이며 필수적이다. 부모가 어린아이를 돌보는 것이 양육이다! 만약 자녀들이 부모의 돌봄을 받지 않고 자란다면 어떻게 되겠는가?

통계에 의하면 청소년 범죄의 대부분이 가정에서 부모의 무관심 때문에 가정을 떠난 아이들에 의해서 일어난다. 얼마 전에 전주 시내 한 곳에서 몇 차례의 방화 사건이 일어났다. 나중에 범인을 잡고 보니 가출한 십대였다. 그때 조사과정에서 그 아이들은 "호기심과 재미로 돌아다니면서 불을 질렀다"는 것이었다. 정말 어이가 없고 기가 막힐 지경이다. 그렇게 부모의 돌봄을 정상적으로 받지 못한 아이들이 어떤 가치관을 갖게 되며, 그들의 장래가 어떻게 될 것이라는 것은 불을 보듯 뻔한 일이 아닌가! 만약 그 십대들의 부모가 가장 상식적인 선에서 그들에게 올바른 가치관을 심어주고, 기본적인 관심만 가졌더라도 그렇게 많은 피해를 입지는 않았을 것이다. 그래서 양육은 바로 상식과 관심으로부터 시작된다.

영적인 세계에서도 마찬가지다. 영적인 소아가 정상적으로 장성하도록 도와주기 위해서 영적인 부모의 관심은 필수적이고 동시에 그것은 상식이다. 막 태어난 아이는 누군가가 돌봐야 산다! 바울의 경우는 믿음이 어린 성도들에게 칭찬과 격려를 아끼지 않았다. 그는 성도들의 믿음이 진보되어 각처에 소문이 난 것을 칭찬하고, 그들이 주변의 많은 사람들에게 믿음의 본이 된 것을 격려했으며, 우상을 버리고 하나님께 돌아온 그들의 결단력을 높이 평가했다. 데살로니가 교인들을 향한 바울의 양육 방식은 칭찬을 통한 격려였다. 아이들을 다룰 때 칭찬처럼 좋은 약은 없다. 선한 말은 마음을 즐겁게 하고(잠 12:25), 마음의 즐거움은 얼굴을 빛나게 한다(잠

15:13)고 했다.

나는 종종 어린아이들이 칭찬을 들으면 활짝 웃는 것을 보면서 잠언에서 말한 선한 말이 바로 칭찬이라는 생각을 하게 되었다. 누구든지 칭찬을 들으면 마음이 즐겁고 그 즐거움은 얼굴을 빛나게 한다. 사실 그것이 행복 아니겠는가? 물론 칭찬할 거리도 없는데 아부나 아첨으로 사람들을 칭찬하는 척하는 것은 패망의 길이다. "아첨하는 입은 패망을 일으키느니라"(잠 26:28). 그러나 그 영혼을 사랑하는 마음으로 칭찬할 거리를 찾아 칭찬의 말을 아끼지 아니하면 듣는 이는 삶의 생기가 솟아날 것이다. 바울이 바로 그렇게 칭찬함으로써 격려했다. 그는 데살로니가 교인들에게 칭찬할 거리를 찾아서 조목조목 칭찬함으로써 성도들을 격려했다.

교사는 책망보다 칭찬을, 꾸중보다 이해를 먼저 함으로써 어린아이를 격려해야 한다. 그리고 말을 아껴야 한다. 학생에 대한 이해나 생각 없이 자기 마음에 안 든다고 학생을 쉽게 꾸짖거나 야단치는 일은 삼가야 한다. 설령 학생을 훈계할 때나 약점을 지적할 때도 기도하는 마음으로 해야 하며, 먼저 칭찬으로 약을 쓴 다음에 조심스럽게 해야 한다. 그렇지 않으면 자칫 잘못해서 어린 학생에게 치명적인 상처를 줄 수 있기 때문이다.

칭찬은 돈이 안 드는 보약

나는 목회를 시작하면서 이 원리를 무시했다가 큰 어려움에 봉착한 경험이 있다. 처음에 교회에 부임해서 보니까 마음에 들지 않는 것이 한두 가지가 아니었다. 그래서 잘못된 것은 당연히 지적하고 고치도록 해야겠다는 생각으로 문제가 발견되면 즉시 때로는 호되게 질책하곤 했다. 그런데 의외로 사람들은 자신의 잘못이나 약점이 드러나면 반성하고 돌아오기는커녕 그것이 상처가 되어 시험에 드는 것 같았다. 그러다 보니까 한번 야단 맞은 성도들은 의기소침해서 힘을 잃고 있었다.

그때부터 성도들을 돌보는 일은 마치 어린아이를 돌보는 것과 같다는 것을 알았다. 어느 날 심방을 갔는데 아이를 안고 있는 성도 한 분이 동참했다. 그런데 예배를 시작하기 전에 아이가 칭얼대니까 어떤 분이 말도 못하는 아이에게 "목사님이 이놈 한다"고 하는 것이었다. 왜 하필 목사를 "이놈"하는 사람으로 만들어 버렸는지 알 수 없지만, 예배를 드리는데 아이는 나와 눈만 마주쳐도 막무가내로 더 울어대는 것을 보았다. 아직 말을 하지 못하는 아이들에게도 꾸중이나 질책은 마음의 두려움이나 상처를 준다. 심지어 어린아이들은 어른이 꾸중하려는 눈치나 폼만 잡아도 불안해한다.

그렇기 때문에 교사는 학생을 양육할 때 꾸중이나 질책의 말은 정말로 아껴야 한다. 그래서 나는 지금은 아예 목회의 방향을 바꾸었다. 절대로 말을 아끼기로…. 어떤 일을 보아도 꾸중이나 질책은 뒤로 미루고 먼저 칭찬할 거리를 찾아본다. 한 인터넷 사이트에 '칭찬 합시다' 코너가 개설되어 있는 것을 보았다. 그 코너에 들어가 보니 지역 주민들이 다른 사람이나 단체에 대해서 아주 사소한 것까지도 칭찬하는 내용이 가득 차 있어서 깊은 감명을 받았다. 사실 늘 칭찬하고 인정하는 일은 돈을 주고 하는 일이 아님에도 우리의 문화가 그렇게 형성되지 않아서인지 잘 되지 않는다. 훈련에 있어서 칭찬이 보약이다! 나폴레옹은 훈장을 남발했다는 설이 있을 정도로 부하들의 마음을 칭찬으로 사로잡았다고 한다. 어떤 사람은 위에 선 사람이 칭찬에 인색한 것은 직무 태만이라고 극언하는 사람도 있다. 어느 공동체에서든지 칭찬은 중요하다. 전문가들이 제시하는 칭찬 방법이 인상적이어서 소개하고자 한다.

1. 조장(강화)해야 할 점을 생각하고 칭찬하라. 나쁜 일을 조장할 사람은 없지만 개선해야 할 점, 더욱 발전시켜야 할 점이 무엇인지를 생각하고 칭찬하라.
2. 우연히 좋은 일을 했더라도 칭찬하라. 평소와는 달리 어쩌다가 좋은 결과가 나왔더라도 칭찬을 해주면 다음부터 달라진다.
3. 본인이 잘 모르는 장점을 칭찬하라. 본인은 무심히 생각하는 것 중에도 좋은 점이 있을 수 있다.
4. 칭찬은 뒤로 미루지 말고 즉시 하는 것이 좋다. 칭찬할 거리를 찾아 즉각적으로, 끊임없이 칭찬하라!
5. 작은 것이라도 좋다. 만날 때마다 칭찬해 주고 인정해 주는 것을 잊지 말라! 당연하다고 생각되는 일이라도 좋은 일은 칭찬하라.
6. 칭찬거리가 없으면 개인적인 장점이라도 칭찬하라. 예를 들면, 새로운 옷을 입고 왔을 때 그것을 한 마디의 말이라도 인정해 주고, 머리 스타일이 바뀌었을 때도 인정해 주며, 질문에 답을 잘 했을 때도 칭찬을 쏟아 부어라! 이런 식으로 개인적인 차별화로 칭찬하면 효과적이다.
7. 남이 보는 데서 칭찬하여 자존심을 높여 주라. 제3자에게도 자기의 장점이 알려지는 것이므로 자존심이 살고 칭찬한 사람에 대한 호감도 커

진다.

8. 변화를 주면서 칭찬하라. 습관적으로 듣게 되면 그냥 버릇이 되어 칭찬의 효과가 떨어진다. 더욱 수준 높은 결과에 대하여 칭찬한다든지 장소를 바꾸거나 방법을 바꾸어 칭찬하는 법도 생각한다.

이렇게 칭찬하는 일에 있어서 무엇보다도 중요한 것은 사랑의 마음을 가지고 진지하고 성의를 다하는 마음으로 해야 한다는 점이다. 그러기 위해서는 늘 얼굴에 미소를 지우지 않아야 한다. 보통 사람의 얼굴에 있는 근육을 통해서 7천 가지의 표정을 지을 수 있다고 한다. 대체로 교사나 학생을 막론하고 교회에서 보면 서로의 얼굴이 너무나 굳어 있는 것을 볼 수 있다. 그렇게 굳어진 인상을 가지고는 상호 마음의 교감을 이룰 수 없다. 거기에는 온전한 훈련이나 교육도 있을 수 없다. 그렇기 때문에 교사가 먼저 학생을 보고 활짝 웃고, 기쁨으로 반기는 훈련을 해야 한다. 얼굴에 미소를 짓는 근육 훈련을 해 보라!

칭찬이 주는 힘이 얼마나 큰지 알려주는 인상 깊은 실화 하나를 소개하려고 한다. 어떤 소년이 늘 열등감에 사로잡혀서 고민을 하고 있었다. 그가 아홉 살 때 겪은 한 사건 때문이었다. 한 번은 그가 우물가를 지나고 있는데 물 긷는 여인이 충격적인 말을 했다. "저 애, 정말 못생겼네. 깡마른 얼굴에 눈이 왜 저렇게 쑥 들어갔는지…" 소년은 그날부터 외모에 대해서 고민하며 자신감을 잃기 시작했다. 아무런 뜻 없이 보낸 무지한 여인의 한 마디가 가슴속에 큰 상처로 남았다. 그렇게 외모 때문에 고민하던 소년이 자라서 미국 프린스턴 대학교에 유학을 가게 되었다. 그런데 6년 동안 공부했지만 박사 논문을 마치지 못했다.

그러던 어느 날 어떤 미국 여인으로부터 이런 말을 듣게 되었다. "미스터 문, 나는 당신처럼 잘생긴 동양 학생은 처음 봤어요." 그 말을 듣고 청년은 뛸 듯이 기뻐했다. 그는 자신감을 회복했고 삶의 의욕을 되찾았다. 그런 의욕을 가지고 나니 논문 진행 속도가 급속히 빨라졌고, 얼마 되지 않아서 박사 학위를 취득했다. 그 청년이 바로 문동환 박사라고 한다. 칭찬이 주는 힘이 얼마나 큰지 모른다. 칭찬처럼 위대한 격려는 없다!

■ 제4원리 : 모범의 원리

바울은 성도들의 본이 되었다(살전 1:5~6, 2:10). 이 주제는 앞서 교육의 문제를 다룰 때 이미 언급한 바 있지만, 바울의 양육 방식으로 양육자의 본에 대해서 다시 한 번 언급하려고 한다. 아마 양육에 있어서 양육자가 피양육자의 본이 되는 일이 가장 어려운 일일 것이다. 바울은 마치 복사의 원본과 같은 모델의 삶을 살았다. 그런 바울의 거룩하고 흠 없는 생활은 성도들과 하나님이 증인이 될 정도였다. 그렇기 때문에 바울은 자신 있게 "너희는 나를 본받는 자 되라"(고전 4:16)고 했다. 여기에서 바울이 사용한 본이란 말은 습자지에 베껴서 그린 것과 같이 그대로 베낀 것을 말한다.

사실 우리가 베껴서 아무리 잘 그린다 해도 원본과는 차이가 난다. 그렇기 때문에 예수님을 본받았다고 자신 있게 말한 바울 자신도 때때로 사역에 실패를 경험하기도 했고, 절망하기도 했다. 그러나 바울은 해산의 수고를 아끼지 않고 그리스도를 닮아가려고 힘썼다. 마찬가지로 우리는 그리스도처럼 살 수 없다. 다만 우리는 원본이신 예수님이나 바울을 본받기 위해서 매일 노력할 뿐이다. 하나님은 그 노력과 중심을 보시는 것이다. 양육자가 본이 되지 못하면 그 양육은 실패다!

목회가 어렵다는 말은 사실은 본이 되는 삶이 힘들다는 말이 아닐까 생각한다. 세상에 힘들지 않은 일이 어디 있겠는가? 직장인도 아침 일찍 출근해서 하루 종일 힘들게 일하고 저녁 늦게 퇴근하는 경우가 허다하다. 그것도 모자라서 상사나 동료로부터 스트레스를 받기도 하고, 승진 문제로 시달리고, 요즈음은 실직이나 감봉의 위기를 겪기도 한다. 하지만 목회자에게는 성도들의 영적인 부모로서 본이 되는 삶을 살아야한다는 큰 부담이 있다. 그것 때문에 목회가 힘들다는 것이다. 교사도 마찬가지다.

교사의 직무가 힘들다는 것은 시간이나 물질을 투자하는 일보다는 학생의 본이 되어야 한다는 점이라고 생각한다. 만약 어떤 교회에 목사님이 늘 예배 시간에 늦게 나와서 허둥지둥 예배를 인도한다면 그 교회에 남을 사람이 몇이나 될까? 마찬가지로 교사가 예배 시간을 제대로 지키고, 예배를 소중히 여기는 일에 있어서 본이 되지 못하면 학생이 바로 배울 리 없다. 그러니 양육자는 범사에 본이 되어야 한다. 교사의 영적인 목표는 양육 자체에 있는 것이 아니라 예수님의 형상을 닮는 것이다.

최근 나의 가장 큰 기도 제목은 바로 그것이다. 목회를 하다보니까 자신이 해산하는 고통을 통해서 그리스도를 닮아가기 위한 것보다는 성도들에게 은혜를 끼치는 일이 가장 큰 목표가 되고 말았기 때문이다. 물론 목회자는 은혜를 끼쳐야 한다. 좋은 꼴을 먹이고, 부지런히 심방하고 가르쳐서 풍성한 은혜를 끼치는 것이 최상의 목표다. 그럼에도 불구하고 그것보다 더 중요한 것은 자신이 은혜를 받아 그리스도의 형상을 닮아 가는 것이다. 결국 나의 문제는 바로 여기에 있다는 것을 발견했다. 그렇게 자신이 먼저 그리스도를 닮기 위한 해산의 노력이 없이는 지상에서 목회 성공의 면류관을 쓰는 일에 모든 것을 투자하는 삯군 목자로 변질되고 말겠다는 위기감을 느낀 바 있다. 그 후부터 나는 지도자로서 먼저 죄에 민감해야 하고, 가르치기 위해서가 아니라 자신의 영혼이 살기 위해서 날마다 영혼의 양식을 먹어야 한다는 것을 깨닫게 되었다.

아메리카의 한 인디언 추장에게 백인 한 사람이 찾아왔다. 그들은 오두막에서 하룻밤을 보내고 다음 날 아침에 집을 나왔다. 눈이 덮인 길에 서서 추장은 방문객에게 물었다. "당신은 지난밤에 이 오두막을 통과한 사람이 얼마나 된다고 생각하십니까?" 방문객은 소복하게 쌓여 있는 눈길을 자세히 살펴보았다. 그랬더니 눈길에 선명하게 한 사람의 발자국이 남아 있었다. 따라서 방문객은 "한 사람밖에 지나간 흔적이 없군요"라고 대답했다.

그러자 추장은 방문객에게 지난밤에 수백 명의 인디언이 그 오두막을 지나갔다고 말했다. 추장은 그렇게 많은 인디언이 지나가면서도 한 사람의 발자국만 남아있는 이유를 이렇게 설명했다. "인디언들은 자기들이 어떤 방향으로 갔는지 알리지 않기 위해서 이런 방법을 쓴답니다. 추장이 제일 선두에 서서 걷고 나머지 모든 부족민이 일렬로 따라 가면서 추장이 밟았던 발자국을 정확하게 밟고 지나갑니다. 그런 지혜와 계교를 사용하니까 적들은 그들이 간 흔적을 알 수 없으며, 따라가서 잡을 수도 없습니다."

교사는 주님의 발자취를 그대로 따라가야 한다. 교사가 먼저 주님의 발자국을 밟고 가면 학생들 역시 그대로 따라올 것이다. 모범을 보여주는 것보다 더 큰 교육은 없다. 학생들을 양육하기 전에 내가 먼저 그리스도를 닮아야 한다.

■ 제5원리 : 비전의 원리

바울은 성도들을 부르신 하나님의 목적이 무엇이며, 그들이 어떤 목표를 향하여 살아야 할 것인지 가르쳤다. 쉽게 말하자면 그는 분명한 비전을 제시했다는 말이다. 양육에 있어서 그런 비전이 바로 제시되지 않으면 열매를 기대하지 않은 채 나무를 가꾸는 것이나 다름없다. 바울이 "아비가 자녀에게 하듯 권면하고 위로하고 경계"(살전 2:11)한 이유는 성도들로 하여금 하나님 나라의 백성으로 살도록 하는 데 있었다. 그는 성도들이 하나님께 합당한 삶을 사는 것, 곧 성도들의 영적 성숙이었다(살전 2:12). 바울은 아비의 심정으로 어린 성도들이 성숙할 수 있도록 어떻게 행할 것인지를 끊임없이 알려 주었다(살전 4:1). 그것이 바울의 비전이요, 양육 목적이었다. 그렇게 양육 비전이 뚜렷했기 때문에 바울은 자신의 형편이나 처지에 관계없이 성도들을 위한 기도와 권면을 그치지 않았다. 심지어 옥중에서도 그 목적과 목표를 잃어버리지 않았다.

지도자에게는 비전이 있어야 한다. 그 비전은 무엇을 성취하기 위한 야망이 아니다. 그것은 하나님 나라에 대한 확고한 소망에서 우러나온 신적인 소명에 기초한다. 하나님의 나라는 헌신된 사람을 필요로 한다. 헌신된 일꾼이 하나님 나라를 확장하는 가장 효율적인 도구이기 때문이다. 그러기에 소명 받은 사람들은 또 다른 일꾼이 하나님께 그들의 삶을 헌신하도록 양육해야 한다. 하나님 나라는 헌신된 사람을 통해서 확장되어 가기 때문에 지도자는 헌신된 일꾼을 양육하는 일에 최선을 다해야 한다. 그것이 교사의 소명이요, 비전이다. 바울 역시 바로 그 목적을 이루기 위해서 성도들이 더욱 헌신되기를 목표로 삼고 그들을 양육했다.

아프리카에 세 명의 아들을 둔 추장이 있었다. 그 추장이 나이가 들어서 아들에게 추장을 물려주기 위해서 그들을 시험하기로 했다. 어느 날 추장은 세 아들을 데리고 사냥에 나섰다. 한참 산길을 가는데 커다란 독수리 한 마리가 나뭇가지에 앉아 있었다. 추장은 가던 길을 멈추고 세 아들을 향하여 질문했다. "저 앞에 무엇이 보이느냐?" 그러자 장남이 제일 먼저 대답했다. "저 멀리 파란 하늘이 보이고 바로 앞에는 나무가 있습니다." 다음에는 차남이 답했다. "큰 나무와 그 나무에 앉은 독수리가 보입니다." 두 아들의 대답을 들은 추장은 매우 실망했다. 그래서 막내에게 희망을 걸고 그를 향하여 물었다. "너는 무엇이 보이느냐." 그러자 막내는 이렇게 대답했다. "저 앞에 독수리의 두 날개와 그 사이에 가슴이 보입니다." 추장은 정답을 들은 듯 반가워하며 "그러면 그곳을 향하여 화살을 쏘아봐라"고 말했다. 막내의 화살은 독수리의 가슴에 명중했다. 그 후에 추장은 매사에 목적과 목표가 분명한 막내에게 추장을 물려주었다. 막내는 자신이 무슨 목적으로 산길을 나섰는지 분명했다. 그의 목표는 독수리의 심장부에 화살을 꽂는 것이었다.

비전을 가진 지도자는 인생의 목적과 목표가 뚜렷하다. 어린 학생을 양육함에 있어서도 마찬가지다. 하나님 나라의 비전을 가진 교사는 궁극적인 양육의 목적과 목표를 바로 제시함으로써 양육자로 하여금 동일한 비전을 갖도록 유도한다. 사람이 무엇을 꿈꾸느냐에 따라서 그 인생의 방향이 달라진다는 것은 잘 알려진 사실이다. 조국을 꿈꾸는 사람은 조국을 위해 사는 애국자가 되고, 사업을 꿈꾸는 사람은 사업에 성공한 사업가가 된다. 학문을 꿈꾸는 사람은 학자가 될 것이며, 세일즈를 꿈꾸는 사람은 세일즈에 성공한 사람이 될 것이다. 동서고금을 막론하고 뛰어난 위업을 이룬 사람들의 공통점을 찾아보면, 자기 분야의 정상을 향하여 지칠 줄 모르고 달려간 불굴의 투지와 집념의 사람들이었다. 그들의 심장 한 가운데에는 언젠가 정상에서 쓰게 될 빛난 면류관이 새겨져 있었다. 그들은 장차 정상에 서게 될 날을 바라보면서 줄기차게 달려갔던 사람들이다. 성공한 사람들은 그렇게 가슴이 뜨거운 사람들이다. 그들의 심장에는 끊임없이 타오르는 불씨가 있다.

인생의 가장 큰 자산은?

요즈음 벤처 기업에 성공한 젊은 사람들이 그렇거니와 역사적으로도 성공한 사람들의 심장에는 보통 사람이 상상할 수 없는 뜨거운 불덩어리가 있다. 그들은 소위 꿈을 성취하고자 하는 뜨거운 열정과 강력한 투지의 사람들이었다. 또 성경에서도 한 시대를 이끈 성공적인 지도자들은 모두 그랬다. 예를 들면, 바울은 그 심장에 예수 그리스도가 새겨져 있었기에 예수 때문에 옥에 갇혀도 기쁨으로 여겼고, 매를 맞거나 죽음에 이르러도 오히려 감사했다. 모세도 그 심장에 이스라엘 백성이 있었기 때문에 이스라엘 백성들이 그렇게 원망하고 배신해도 그들을 위해서 목숨을 담보로 내걸고 기도할 정도였다. 아모스는 그 심장에 정의가 있었고, 베드로는 십자가가 있었다. 교사들은 학생들에게 그런 비전을 심어줘야 한다.

불행한 현실을 극복하고 비전을 무기로 삼아 성공한 인생을 산 사람을 소개하려고 한다. 세계에서 가장 큰 치약회사를 창설한 콜게이트의 이야기다. 그는 세상에서 가장 불행한 사람 중의 한 사람이었다. 그는 영국 태생으로 매우 불행한 가정에서 태어났다. 그의 집은 마치 병원의 중환자실과 같이 환자들로 북적거렸다. 아버지는 중풍으로 움직일 수 없었고 어머니는 폐결핵으로 고통스러워했다. 어린 콜게이트는 이런 불행한 환경 가운데서도 꿈을 잃지 않았다. 그의 비전은 세계적인 거부가 되는 것이었다. 실로 엄청난 비전이었다. 당시 상황으로는 누구도 인정할 수 없는 터무니없는 생각이었다. 모든 사람이 고개를 저으며 정신없는 넋두리에 불과하다고 비아냥댔다.

하지만 어린 콜게이트는 자신의 꿈을 포기하지 않았다. 절망적인 상황 가운데서도 콜게이트의 가슴은 늘 거부가 되는 꿈에 불타고 있었다. 어린 소년은 그 꿈을 실현하기 위해서 마침내 집을 나섰다. 그는 가진 것 한 푼 없이 집을 나와 미국으로 가는 선박에 몰래 몸을 실었다. 그러나 그 길마저 순탄한 길이 아니었다. 미국으로 가던 도중에 소년은 선장에게 들켜서 모든 꿈이 물거품이 될 위기에 처하고 말았다. 그때 소년은 선장에게 매달려서 미국으로 데려가 달라고 울부짖으며 애원했다. 장차 세계적인 거부가 되어 은혜에 보답하겠노라고 호소했다. 그 모습을 본 선장은 꿈에 불타는 소년을 양자로 삼았다.

　그 후 선장은 노년이 되자 이 소년에게 배를 넘겨주었고, 소년은 치약회사를 설립하였다. 소년은 자신의 비전이 성취되기를 기대하면서 회사의 이름을 '콜게이트사'라고 붙였다. 그 후 콜게이트는 거부가 되겠다는 일념으로 밤낮으로 정신없이 일했다. 그리고 단 한 가지 원칙은 철저한 십일조 정신이었다. 수년이 지나서 콜게이트사는 마침내 세계에서 가장 큰 치약회사로 성장했다. 콜게이트사는 철저한 십일조를 원칙으로 하고 그 나머지 이익금으로 기업을 경영하는 크리스천 기업의 모델이 되었다. 이 회사를 창설한 콜게이트는 오른쪽 주머니에는 십일조, 왼쪽 주머니에는 이익금을 담는다고 고백할 정도였다. 지금도 그 회사의 십일조를 관리하는 직원이 30명이나 된다고 한다.

　콜게이트사는 비참한 현실 가운데서도 희망을 잃어버리지 않았던 한 소년에 의해서 탄생되었다. 불행한 환경을 딛고 일어선 어린 소년의 집념과 비전이 세계를 움직일만한 힘 있는 회사를 만든 것이다. 이처럼 비전은 인생의 가장 큰 자산이요, 무기다. 비전을 갖는 것만큼 위대한 일은 없다. 학생들에게 필요한 것은 콜게이트와 같은 비전이다. 교사에게 가장 큰 과제는 학생들에게 비전을 심어 주는 것이다. 비전은 세상의 어떤 것보다 더 가치 있는 재산이다. 실로 비전이 없으면 망한다(잠 29:18)!

■ **제6원리** : 헌신의 원리

바울은 온 힘을 다해 교인들을 돌봤다. 그는 교인을 위해서라면 즐거운 마음으로 자기 목숨까지 내어줄 정도였다(2:8). 그것이 진정한 양육자이다! 대부분 양육에 실패한 이유는 전적으로 헌신하지 않기 때문이다. 바울처럼 자기 목숨을 내어줄 정도로 죽기를 각오하면 반드시 성공한다. 이런 원리는 양육의 문제에만 국한된 것이 아니다. 나는 교회의 모든 사역이 그렇다고 본다. 그런 관점에서 나는 늘 뼈아픈 마음으로 자기반성을 하고 있다. 성도들을 돌아보는 데 정말 목숨을 바칠 정도로 헌신적으로 돌보지 못했기 때문이다. 물론 구호는 화려해서 한 영혼을 위해서라면 죽겠다는 것이 나의 기본적인 방침이다. 하지만 돌아보면 얼마나 이기적이었으며, 얼마나 자기중심적이었는지 형언할 길이 없다. 그래서 나의 사역을 돌아보면 부끄러울 뿐이다. 반목회에서도 열매가 보이지 않는 것은 예수님처럼 죽으려고 하지 않았기 때문이다.

바울이 어린 성도들을 위해 목숨을 아끼지 않고 내어 주려고 하는 정신이 바로 기독교의 기본 정신이다. 그것이 밀알 정신이다! 남을 위해서 밀알처럼 썩어 없어지면 반드시 열매가 있을 것이라는 것을 믿고 죽기를 각오하고 사역하는 정신을 말한다. 죽어야 산다! 이 말은 언제 들어도 새롭고 도전적이다. 교사가 정말 학생을 위해서 죽기를 각오한다면 좀 부족한 면이 있어도 반드시 열매를 거둘 것이다. 그것이 성경의 원리이다.

전주 예수병원에서 있었던 감동적인 이야기를 소개하려고 한다. 한 번은 병원에 허름한 차림의 한 사람이 찾아와서 안과 과장 면담을 신청했다. 그 사람은 자신을 김제 지역에 있는 어느 시골 교회의 집사로 소개하면서 병원에서 안구가 급하게 필요하다는 소문을 듣고 찾아왔다고 했다. 그의 사정인 즉, 시골에서 교회당을 건축하는 중에 폭풍으로 지붕이 날아가 버렸다. 하지만 교회 재정으로는 더 이상 감당할 수 없는 형편이었다. 그런 상황에서 날마다 잠을 못 이루면서 교회당 건축을 마무리할 궁리를 했으나 아무런 대책이 없었다. 지붕 없는 교회당을 두고 자신만 번듯한 지붕 밑에서 편하게 잠을 잘 수 없었던 것이다. 그러다가 예수 병원에서 안구가 필요하다는 소문을 들었다.

하지만 눈을 빼어 판다는 것은 보통 일이 아니었다. 그는 며칠 동안 잠 한숨 못 이루면서 고민했다. 그러다가 주님을 위해서 평생 한 쪽 눈 없이 살기로 다짐했다. 그런 중대한 결심을 하고 병원을 찾아왔다는 이야기였다. 그는 이야기를 마치면서 눈물을 글썽이며 자기 눈을 사달라고 사정했다. 이야기를 듣고 난 과장은 교회당 건축을 마무리하기 위해서 자기 눈을 빼어 팔겠다는 결심한 눈물겨운 이야기를 병원장에게 보고했다. 그렇게 해서 온 병원에 주님 사랑의 이야기가 퍼져나갔고, 나중에 모든 직원들이 헌금을 해서 교회당 건축을 마쳤다고 한다. 주님을 위해서 눈이라도 빼어주기로 작정한 한 집사의 헌신이 교회를 살렸다. 그의 이야기는 많은 사람에게 주님을 위한 진정한 헌신이 무엇인지 가르쳐 주는 산 교훈이 되었다.

성경에서도 그렇게 주님을 위해서 헌신한 일꾼이 많이 있다. 예를 들면, 빌립보 교회에는 자기 목숨을 아끼지 않고 교회를 섬겼던 에바브로 디도가 있었다. 그는 그리스도와 성도를 위해서 전적으로 자기를 헌신했다. 바울은 그가 그리스도를 위해서 죽기에 이르러도 자기 목숨을 돌아보지 않고 섬기는 일을 그치지 않았다고 증언했다. 그런 신실한 일꾼들이 있었기 때문에 빌립보 교회가 든든히 서지 않았을까?

영국의 어떤 교회에서 선교 집회가 열렸다. 말씀을 듣고 난 후에 교인들이 마음에 우러나는 대로 헌금을 드렸다. 참석한 모든 사람들이 성의껏 헌금을 드렸다. 그런데 헌금 쟁반을 돌리던 위원들이 한 청년 앞에서 잠시 머뭇거렸다. 그 청년이 주머니를 뒤적거리며 헌금을 찾고 있었기 때문이었다. 그런데 청년이 갑자기 자세를 가다듬고는 이렇게 말했다. "쟁반을 밑으로 내려 주십시오." 그러고 나서 그는 다시 말했다. "저는 제 몸을 선교를 위해서 바치겠습니다." 만약 교회학교에 그리스도를 위해서 자기 몸을 돌보지 않고 전적으로 헌신할 수 있는 교사 몇 명만 있다면 부흥의 불길은 순식간에 번질 것이다.

■ **제7원리 : 영적 전투의 원리**

바울은 교인에게 사탄의 대적이 얼마나 집요하고 무서운 것인지 깨우쳐 주었다. 그는 교인들이 영적 전투의 현장에 서 있음을 가르쳤다. "우리가 육체에 있어 육체대로 싸우지 아니하노니, 우리의 싸우는 병기는 육체에 속한 것이 아니요, 오직 하나님 앞에서 견고한 진을 파하는 강력이라. 모든 이론을 파하며 하나님을 아는 것을 대적하여 높아진 것을 다 파하고 모든 생각을 사로잡아 그리스도에게 복종케 하니"(고후 10:3~5).

사탄은 성도들을 넘어뜨리기 위해서 발악한다. 그래서 늘 그런 시험을 주의하라고 권면했다(3:4~5). 사탄은 "이 세상의 임금"(요 14:30)이요, "강한 자"(눅 11:21)이다. 계시록에는 강한 사탄의 힘을 이렇게 표현하고 있다. "보라 한 큰 붉은 용이 있어… 그 꼬리가 하늘의 별 삼분의 일을 끌어다가 땅에 던지더라"(계12:3~4). 한마디로 사탄은 자연 질서까지 파괴할만한 어마어마한 힘을 지녔다는 것이다. 거기에다 사탄은 사람들의 타고난 기질과 체질까지 정확하게 관찰하고 있다. 그래서 예수님이 광야에서 금식으로 인하여 굶주리실 때에 빵으로 유혹했다(눅 4:2). 또 사람들이 잠자고 있을 때 사탄은 가라지를 뿌리고 갔으며(마 13:25), 다윗의 경우처럼 잠깐 방심한 사이에 성적(性的)인 유혹의 씨를 뿌리기도 했다(삼상 11:2~3). 그렇게 사탄은 그리스도인을 유혹할 시기와 방법까지 정확하게 알고 있다.

사탄은 유혹자이며 절묘한 책략가다. 그는 하나님의 자녀를 함정에 빠뜨리려고 호시탐탐 기회를 찾고 있다. 공중의 권세를 잡은 사탄은 하나님의 자녀를 넘어뜨리기 위해서 우는 사자처럼 두루 찾아 돌아다니면서 삼킬 자를 찾고 있다는 말이다(벧전 5:8). 사탄은 지금 최후의 발악을 하고 있다! 그는 지금 자신이 최후의 결박을 받을 때가 얼마 남지 않았다는 것을 이미 알고 있기 때문이다(계 12:12). 발악하는 사탄을 물리칠 사람은 아무도 없다. 어린아이도 사탄의 유혹의 대상이다. 그러나 사탄이 강하지만 주님은 더 강하다! 교사들이 아이들에게 이것을 가르쳐야 한다. 주님은 이미 예고된 싸움에서 사탄과 맞서 싸워 승리하셨기 때문이다(창 3:15).

광야에서 주님과 싸우던 사탄은 패배한 모습으로 물러가고 말았다(눅 4:13). 주님으로부터 일격을 당한 사탄은 마치 척추가 부러진 것과 같이 힘을 잃고 피해갔다는 말이다. 더구나 주님은 십자가에서 최후의 승리를 선포하셨다(골 3:15). 사탄이 지금 아무리 발악해도 예수의 이름을 의지하는 자들은 결코 손대지 못한다. 십자가 위에서 바라보면 그는 이미 종이사자에 불과하다! 교사들은 이런 영적 승리의 비밀을 아이들에게 철저히 가르쳐야 한다. 아무리 나이가 어려도 예수의 이름만 의지하면 승리할 수 있기 때문이다.

이솝우화 중 네 마리의 황소에 대한 이야기는 사탄의 전략이 어떠함을 잘 보여 준다. 어느 들판에 네 마리의 황소가 한가롭게 뛰놀고 있었다. 황소는 풀을 뜯을 때나 잠을 잘 때도 늘 함께 할 정도로 친했다. 위험이 닥치면 서로 힘을 합쳐 위기를 극복했다. 그런데 한 마리의 사자가 황소들을 호시탐탐 노렸다. 하지만 네 마리의 사자를 한꺼번에 상대하기는 힘에 겨웠다.

어느 날 사자는 약간 뒤처져 풀을 뜯고 있는 황소에게 다가가서 이렇게 속삭였다. "다른 소들이 네 흉을 보더라." 사자는 다른 소들에게도 차례로 거짓말을 했다. 그때부터 네 마리의 황소는 서로를 불신하기 시작했다. 황소들은 서로 다른 세 친구가 자신을 따돌린다고 생각했다. 결국 황소들은 뿔뿔이 흩어졌고, 사자는 네 마리의 황소를 잡아먹을 수 있었다. 이처럼 사탄은 개개인에게 무관심과 무반응 그리고 불신을 불러 일으켜서 공동체의 결속을 해치려는 전략을 갖고 있다. 뿐만 아니라 다양한 방법을 동원해서 하나님의 자녀들을 무너뜨리려고 한다.

말씀은 사탄을 물리치는 무기

그러면 사탄의 대적을 어떻게 물리칠 수 있을까? 교사들은 그 치열한 영적 전투의 현장에 서있는 학생들에게 무엇을 가르쳐야 할까? 영적 전투에서 승리하려면 가장 우선적으로 말씀을 사랑하고, 말씀으로 무장하는 법을 가르쳐야 한다. 그것이 영적 전투에서 승리하는 비결이다. 하나님의 말씀 외에 사탄을 물리칠 수 있는 어떤 무기도 없다. 그래서 유태인들은 아이들이 어렸을 때부터 하나님의 말씀을 사랑하는 훈련을 쌓기 위해서 성경에 꿀을 발라 놓는다고 한다. 그러면 아이는 달콤한 꿀을 빨아먹는 재미에 늘 성경을 가까이 하게 된다는 것이다.

아마 시편 기자가 말씀의 맛이 꿀 송이보다 더 달다(시 119:103)고 했던 것은 그런 교육법에서 터득한 교훈인 듯하다. 하나님의 말씀을 사랑하는 백성은 망하지 않는다. 그렇기 때문에 유태인들은 지극히 적은 땅에 살면서도 노벨상을 세계에서 가장 많이 탄 민족이 되지 않았는가! 어려서부터 하나님의 말씀을 사랑하는 정신을 심어주는 것이 가정과 교회와 나라를 살리는 길이요, 영적 전투에서 승리하는 길이다.

그런데 말씀을 사랑하는 정신과 태도는 하루아침에 이루어지지 않는다는 것이 문제다. 그러기에 교사는 학생들에게 구체적으로 지도해야 한다. 물론 요즘같이 바쁘고 분주한 상황에서 교사나 학생들이 매일 말씀을 따라 사는 것은 쉬운 일이 아니다. 유치부부터 시작해서 유·초등부, 중·고등부 할 것 없이 거의 집에 앉아있을 시간이 없을 정도이기 때문이다. 대부분의 학생들이 과외나 각종 학원 등에 시달리면서 조용히 하나님을 만날 시간이 없다. 그들은 매일 우리 시대의 문화의 유혹에 시달리고 있다.

조금 시간이 지난 이야기긴 하지만 전국의 컴퓨터를 강타한 일명 '체르노빌(CIH) 바이러스' 소동으로 많은 피해를 입은 적이 있었다. 그때 한 전문가의 추정에 의하면, 그 피해액이 어림잡아 일천억 정도라고 하니 도저히 믿어지지 않을 정도이다. 컴퓨터 바이러스 세균은 은연중에 사람의 정서와 영혼을 오염시키는 문화적 병폐와 같다. 산업혁명 이후 20세기에 이르기까지 과학과 기술의 급속한 발달은 인간의 복지에 크게 기여하게 되었고, 그 활동 영역은 점점 확대되어 마침내 지구촌을 벗어나는 쾌거를 이룰 정도가 되었다.

하지만 세기 말까지 이루어진 첨단 과학 기술과 문화는 현대인의 정서와 영혼을 해치는 병폐가 되고 말았다. 소위 과학기술의 산

물인 인터넷 공간은 포르노의 천국이 되어 청소년의 정서와 영혼을 파괴하고 있지 않은가! 바이러스는 한 번 퍼뜨려지면 예방 외에는 막을 길이 없다. 누구든지 그것을 대비하지 않으면 살아남지 못한다! 마찬가지로 우리의 정서와 영혼을 갉아먹는 '문화 세균'을 차단하는 길은 미리 예방하는 길뿐이다. 그러기에 우리는 항상 좋은 책을 읽거나 음악을 들음으로써 건전한 정서를 함양하고, 올바른 인격 수양에 힘쓰며, 건전한 신앙으로 무장해서 영적 건강을 유지해야 한다. 그것이 끊임없이 도전해 오는 타락한 문화의 바이러스 세균을 차단하는 길이다.

이런 상황 가운데서도 교사는 학생에게 주님과 교제하는 기쁨을 가르치고, 훈련시켜서 든든한 영적 군사가 되게 해야 한다. 그래서 교사의 철저한 지도가 필요한 것이다. 주일마다 점검하고, 전화로 확인하기도 하고, 이메일로 격려하는 등 모든 방식을 동원한다면 충분히 지도할 수 있으리라고 본다. 문제는 교사가 자신이 얼마나 어린 영혼에 대한 관심이 있느냐에 달려 있다.

■ 중학생(14~16세)의 특성 ■

신체적인 면

1. 성장이 빠르다.
2. 소녀들은 소년보다 성장이 빠르다.
3. 몸이 내적으로 많은 변화를 겪고 있다.
4. 새로운 환경에 적응하는 데 행동에 거북한 면이 있다.
5. 피곤한 기간과 엇갈려 무한한 활력이 있다.

정신적인 면

1. 날카로운 기억력을 가지고 있다.
2. 모험과 발견에 흥미를 느낀다.
3. 실제로 생각할 수 있는 능력이 있다.
4. 권위에 대해 질문을 던진다.
5. 충동적인 판단을 내린다.
6. 활발한 상상력을 가지고 있다.
7. 강한 유머 정신을 가지고 있다.

사회적인 면

1. 어른이 되고 싶어 한다.
2. 어른으로부터 독립되기를 바란다.
3. 집단에 소속되기를 원한다.
4. 충성심이 강하다.
5. 자아의식이 있다.
6. 영웅적인 인물이 되고 싶어 한다.
7. 성적인 관심에 눈이 뜨인다.

감정적인 면
1. 자기가 오해를 받고 있다고 느낀다.
2. 감정 상태가 유동적이다.
3. 자기감정을 조절하지 못한다.
4. 강렬한 감정을 갖고 있다.

영적인 면
1. 실제적인 종교를 원한다.
2. 복음 메시지를 듣기에 충분하다.
3. 예배에 대한 비전이 있다.
4. 여러 종교에 관심을 갖고 있다.
5. 이상적인 것을 추구한다.
6. 봉사하기를 좋아한다.

- 소더홀름, 클라이드 네레모어

제5장

반목회와 훈련

반목회에 있어서 훈련 사역에 대한 이론적 기초를 좀 더 확고히 하기 위해서 주님께서 말씀하신 지상명령에 대해서 살펴보고자 한다. 마태는 지상명령(마 28:19~20)을 기록하면서 네 개의 서로 다른 동사를 사용했다. 지금까지 많은 사람들은 "가서"라는 말을 명령형으로 번역하고 그 말에 초점을 맞춰 왔다. 그들은 지리적인 경계를 넘어서 "가는" 것을 지상명령에서 가장 우세한 요소로 간주했고, 제자를 삼는 일은 이차적인 의미로 생각해 왔다. 물론 "가는" 것은 사회적, 문화적, 지역적인 경계를 넘어가야 한다는 말로 지상명령을 수행하는 중요한 수단을 나타내는 단어임에 틀림없다. 그러나 헬라어 문맥을 분석해 보면 네 동사 중에서 "제자를 삼으라"는 한 단어만이 명령형이고, 나머지는 그 동사를 수식해 주는 동사라는 것을 알 수 있다. 이것은 지상명령을 말씀하신 주님의 의도가 "제자를 삼으라"는 단어에 초점이 맞춰져 있음을 입증해 준다.

1. 제자를 삼으라

마태가 빈번히 사용했던 명령형 구절을 검토해 보면 "가다"라는 말이 그 문맥의 핵심이 아니라는 것이 뚜렷하다. 이런 견해를 지지해 주는 주장으로 아돌프 샤터(Adolf Schatter)의 연구는 상당한 근거가 있음을 보인다. 그는 마태의 저작 형식의 특징을 다음과 같이 말했다. "하나의 사건에 두 가지 행동이 연결되어 있을 때마다 준비적인 행동을 표현하는 과거 분사형을 주 행동의 동사의 앞에 둔다. 이런 문장 구성이 마태 복음서에서는 보편적인 것이므로 이것을 마태의 저작 형식의 한 특징이라고 볼 수 있다." 이러한 샤터의 결론은 마태가 지상명령에서 "가다"라는 말보다 "제자를 삼으라"는 말에 그 초점을 두었다는 것을 입증해 준다. 물론 세례를 주는 것과 가르치는 것도 제자가 만들어지는 방법을 실행하는 보조적인 동사로 목적을 수행하는 데 도움이 되는 수단이기는 하지만 그 자체가 목적은 아니다.

그럼에도 불구하고 가는 것이나, 가르치는 것이나, 세례를 주는 것의 가치를 약화시켜서는 안 된다. 그것을 통해서 제자를 삼는 일이 이루어지기 때문이다. 이런 사실을 감안한다면 지상명령의 본문을 다음과 같이 번역할 수 있을 것이다. "그러므로 너희는 가서

(가면서) 아버지와 아들과 성령의 이름으로 세례를 주고(주면서) 내가 너희에게 분부한 모든 것을 가르치므로(가르치면서) 모든 민족으로 제자를 삼으라." 이 번역에 의하면 지상명령의 핵심이요, 주님의 마지막 부탁의 핵심은 제자를 삼는 것이다. 그렇다면 교회는 제자를 삼는 일을 가장 중요한 의무요, 사명으로 삼아야 한다.

반목회의 최종 목표, 제자를 삼는 일

그러므로 교사가 학생을 훈련시켜 그리스도의 제자로 삼는 일은 반목회의 최종 목표라고 할 수 있다. 교사의 궁극적인 목표가 학생에게 성경 지식을 전달하는 것이 아니라 그리스도의 제자로 삼는 것이 되어야 한다는 말이다. 물론 교사가 학생에게 성경을 잘 가르치는 일은 반목회의 성패를 가늠할만한 중요한 일임에 틀림없다. 그렇기 때문에 교사는 학생에게 성경을 잘 가르칠 수 있도록 끊임없이 연구하고 잘 준비해야 한다. 그날 가르칠 본문을 철저히 숙지한 후 눈물의 기도로 말씀을 적셔 학생의 가슴에 호소해야 한다. 실로 기도와 성령이 아니고는 학생의 삶을 변화시킬 수 없다.

일전에 한 친구로부터 이런 이야기를 들었다. 말로만 듣다가 한밤중에 피씨방에 갔더니 담배 연기 자욱한 곳에서 청소년들이 밤을 새우면서 게임에 열중하고 각종 음란 사이트까지 뒤적이고 있더라는 것이다. 청소년들은 비단 피씨방에서만이 아니라 집에서도 얼마든지 음란 사이트를 들락거리면서 즐길 수 있다. 통계에 의하면 청소년들이 인터넷을 통해 쉽게 접속할 수 있는 음란 사이트가 무려 11만 5천 4백 곳이나 된다고 한다. 더구나 각 가정에 설치된 컴퓨터에 대당 3개월에 35회 정도 그런 음란 사이트에 접속한 것이 조사되었고, 저녁 식사시간을 전후해서 가장 많이 접속된다는 것이다. 한 전문가는 이를 가리켜서 맞벌이 부모가 들어오기 전 시간대를 이용해서 청소년들이 음란 사이트를 즐기고 있는 것이라고 분석했다.

훈련은 하루아침에 되지 않는다!

청소년이 이런 환경 가운데 있는 실정인데 교회 예배에 참석하고 있으니 그들이 믿음으로 잘 자라고 있다고 생각하면 큰 오산이다. 어떤 경우에 그들은 찬양집회에서 몇 시간이고 눈물을 흘리며 회개하기도 하지만 그 시간이 지나면 이성 친구와 만나 똑같은 잘못을 범하고 갈등에 빠져 고민하기도 한다. 또 교회에서 임원으로 봉사하는 학생이 음란 사이트에 중독되다시피 해서 고민하는 경우도 있다. 심지어 열심히 교회에 출석하고 믿음이 좋은 것으로 인정받고 있던 여고생이 몇 개월 동안 유부남과 관계를 맺고 고민하고 있는 상담 편지를 읽은 적도 있다. 이것이 지금 우리가 처해 있는 교육 현장이다.

이런 상황에 있는 학생에게 교사가 성경 지식 몇 가지 전해 주는 식의 교육으로 어떻게 그들을 그리스도의 제자로 변화시키겠는가! 학생이 교회학교에서 교사를 만나는 시간은 일주일에 한두 시간에 불과하다. 그렇기 때문에 교사가 강력한 영성으로 그들의 가슴에 호소해야 한다. 그들을 뜨겁게 사랑하지 않으면 어떤 열매도 거둘 수 없다. 교사가 그런 불같은 사랑에 기초해서 그들의 고민을 들어 줘야 한다. 상처를 싸매 주어 그리스도의 인격을 닮도록 훈련시켜야 한다. 물론 그런 일이 하루아침에 되는 것은 아니다. 그래서 교사에게 필요한 것은 학생을 사랑하는 마음인 것이다. 사랑의 기초가 없으면 오랫동안 인내할 수 없기 때문이다. 사랑으로 열매를 맺기까지 기다리고 사랑으로 돌봐야 한다. 만약 교사가 가슴이 터지도록 진한 사랑으로 대하면 학생은 반드시 변할 것이다. 오늘날 문화의 유희에 빠져 있는 학생을 구해 내는 방법은 가슴에서 우러나오는 진실한 사랑뿐이다.

교사가 학생을 사랑하기 위해서라면 모든 것을 버릴 각오가 있어야 한다. 주님이 세상을 사랑해서 죽었고 제자들도 예수님을 사랑함으로 죽었다. 제자들을 생각하면 도무지 희망이 없는 사람들이었지 않는가! 그들은 서로 잘난 척 했고, 자기만 살겠다고 도망친 사람들이며, 다투기를 좋아하고, 잠자기를 즐기는 사람들이었다. 그들이야말로 세속 문화에 물들어 세상과 주님을 적당히 섬긴 사람들이었다. 그럼에도 불구하고 성령으로 변화되고 난 후에 그들이 어떻게 변화되었는가! 제자들은 성령의 능력을 받고 난 후에 온 세상을 변화시켰고, 세상이 감당할 수 없는 위대한 사람들이 되었다. 그리스도의 제자는 어떤 방법론으로 되는 것이 아니다. 반목회의 훈련 사역에 있어서 성령을 의지하지 않으면 100퍼센트 실패다! 강력한 훈련의 도구는 성령이시다!

<u>본래의 제자상은?</u>

성령은 심령을 변화시킨다. 교사가 전적으로 성령을 의지하고 학생을 훈련시켜 가르치면 그들이 그리스도의 제자로 헌신할 것이다. 물론 여기에는 시간과 노력과 눈물의 기도와 땀이 필요하다. 그리스도의 제자는 태어나는 것이 아니라 훈련으로 만들어진다. 그렇게 학생을 훈련시켜서 주님으로부터 받은 바 구원의 은혜를 또 다른 친구에게 전하는 제자가 되도록 하는 것이 교사의 사명이다. 주님의 유언을 보면 주님께서 원하시는 참된 제자상은 전도하는 사람이었다는 것이 분명하다.

그런데 주님의 제자를 자처하면서도 그리스도를 증거하는 일에 너무나 인색한 사람을 많이 봤다. 소위, 제자 훈련에 뛰어난 기량을 발휘하지만 전도에는 관심을 갖지 못하는 사람이 많이 있다는 말이다. 제자로 훈련받는다는 말은 성경 지식을 쌓아 가는 것이 아니라 주님께서 부탁하신 본래의 제자가 되는 것이다. 원래 주님께서 제자들에게 부탁하신 가장 중대한 사명은 영혼을 구원하는 것이었다. 그런데 세월이 지나면서 주님의 본래의 사명을 잃어버리게 되었다. 예를 들자면, 대장장이의 이야기가 그런 경우이다.

어떤 대장장이가 여행을 하게 되었다. 그는 여행을 떠나기 전에 조수를 불러다가 일을 맡겼다. 그는 조수에게 말굽(편자) 모형을 하나 주고서 똑같은 모양으로 100개를 만들어 놓으라는 명령을 하고 떠났다. 그리고 나서 주인이 여행에서 돌아와 보니 조수는 주인의 명령대로 말굽을 100개를 만들어 놓았다. 그런데 주인은 자신이 만들라는 크기가 아닌 엉뚱한 크기의 말굽을 만들어 놓은 것을 발견했다. 주인은 맡긴 말굽과 똑같이 만들라고 했는데 어찌된 것이냐고 추궁했다. 조수는 주인이 남겨두고 간 말굽을 보고 만든 것이 아니라 바로 전에 만든 말굽을 모형 삼아 만든 것이었다. 그 다음에는 또 그 전에 만든 것을 모형 삼아 만들고…. 그런 일이 반복되고 100개째 되는 말굽이 만들어졌을 때에는 주인이 의도했던 것과는 전혀 다른 것이 만들어졌던 것이다.

오늘날 교회에도 이와 비슷한 일이 일어나고 있는 듯하다. 하지만 후대의 사람들은 주님께서 본래 의도했던 대로 제자의 길을 간 것이 아니라, 이미 전도의 명령을 잃어버린 사람들을 바라보면서 제자의 길을 갔다. 그러다 보니 그 본래적인 사명을 잃어버린 것이다. 주님의 유언은 두말할 것도 없이 전도였다.

주님이 원하시는 제자상은 전도하는 사람이다. 그러기에 우리에게 전도보다 더 긴박하고 중대한 명령은 없다. 누구든지 예수님을 자신 있게 증거할 수 있다면 그 사람이 바로 진정한 제자이다. 교사의 사명은 그런 제자를 훈련시켜 파송하는 것이다. 학생들로 하여금 친구들에게 자신 있게 그리스도를 소개하도록 끊임없이 가르치라! 그들에게 얻든지 못 얻든지 그리스도를 전하게 하라! 아마 학생들 주변에 복음을 한 번도 들어보지 못한 친구들이 셀 수 없이 많을 것이다.

나는 지난 몇 년 동안 전주대학교에서 기독교 기초과목을 가르치면서 실제적인 기독교인은 5~10퍼센트 정도밖에 안 된다는 것을 발견했다. 그들은 대부분 교회, 혹은 기독교에 대한 지식은 갖고 있었지만 예수 그리스도에 대해서는 전혀 알지 못하고 있었다.

그런 상황에서 한 해에 수많은 예산을 들여가면서 수천 명의 청년들에게 그리스도를 소개하는 대학 당국의 비전이 귀하다고 생각한다. 물론 그들에게 당장 복음의 열매는 기대할 수 없다. 하지만 그들이 복음을 받아들이거나 거절하는 것은 전적으로 하나님의 몫이라고 본다. 혹은 그들이 지금 결단하거나 미래에 그리스도를 영접하는 것도 전적으로 성령의 몫이다. 다만 우리는 모든 수단을 동원해서 그리스도의 복음을 전해야 한다. 만약 우리가 그리스도를 소개하지 않으면 우리 주변에 살면서 한 번도 복음을 들어보지 못한 사람들에 대한 책임을 누가 질 것인가?

나치 독일에서 히틀러에 반대하며 투쟁을 벌이다가 8년간이나 옥고를 치른 마틴 니묄러 목사의 이야기는 위의 질문에 정확한 답을 준다. 전쟁이 끝난 후에 니묄러 목사는 전쟁에 대한 자신의 죄를 고백하는 책을 쓴 적이 있다. 니묄러 목사가 책을 쓰게 된 동기는 다음과 같다. 어느 날 모든 사람이 죽어서 심판을 받는 꿈을 꾸었다. 많은 사람이 심판을 받기 위해 한 줄로 늘어서 있었다. 그런데 니묄러 목사 자신도 그 가운데 있었다. 니묄러 목사는 자기 차례를 기다리고 있는데 갑자기 자기 뒤에서 조용하게 탄식하며 울부짖는 소리가 들려왔다. "아무도 나에게 복음을 전해 준 사람이 없었습니다. 아무도 나에게 복음을 전해 준 사람이 없었습니다. 그래서 믿지 못했습니다." 니묄러 목사는 깜짝 놀라서 뒤를 돌아보고 깜짝 놀랐다. 그 소리를 지른 사람은 다름 아닌 아돌프 히틀러였다. 니묄러 목사는 정신이 아찔할 정도로 충격을 받았다. 그를 미워하고 그의 통치에 반대하여 투쟁은 했지만, 그를 위해서 기도하며 사랑하고 전도했던 적은 한 번도 없었기 때문이었다.

그런 생각을 하다 보니까 니뮐러 목사의 마음속에 또 다른 생각이 들었다. 전쟁의 책임은 히틀러에게만 있는 것이 아니라 목사이면서도 그를 전도하지 못한 바로 자기 자신의 책임이라는 생각이었다. 그런데 니뮐러 목사는 이 꿈을 한 번만 꾼 것이 아니라 매일 밤에 걸쳐 무려 일곱 번씩이나 동일한 꿈을 꾸었다. 그러다가 마지막 날에 다음과 같은 하나님의 음성을 들었다. "니뮐러야, 네가 8년 동안 히틀러를 향하여 손가락질하고 비판하며 저항만 했지, 그동안 한 번이라도 복음을 전하려고 노력한 적이 있느냐? 그도 하나님의 형상을 닮은 너와 한 형제임을 알지 못했느냐? 어찌하여 복음으로 사랑하지 못했느냐?" 니뮐러 목사는 이 음성을 듣고 히틀러가 저질렀던 전쟁의 책임이 자신에게도 있음을 고백하며 통곡하며 쓴 책이 바로 『전쟁 책임 고백서』이다.

교사의 권위는 예수님의 권위에서

이제는 지상명령의 근거가 어디에 있는지 문맥을 살펴보자. 지상명령의 문맥은 제자들의 행동(17절)과 예수님의 행동(18절) 그리고 지상명령의 내용(19~20절)으로 구분할 수 있다. 여기에서 제자들의 행동을 보면 부활하신 예수님을 경배하는 자도 있었지만 오히려 의심하는 자도 있었다. 그래서 예수님은 제자들에게 말씀하시기를 하늘과 땅의 모든 권세를 부여받은 사명을 밝히면서 지상명령을 하셨다. "그러므로 너희는 가서"라는 문구에서 "그러므로"라는 접속사는 제자 삼는 사역이 예수님께 주어진 권위와 불가피하게 연결된 것이라는 사실을 보여준다. 또한 "그러므로"라는 말로 시작된 예수님의 지상명령의 내용은 그 근거가 어디에 있는지 분명하게 밝혀 준다.

나는 기본적으로 칼 바르트(Karl Barth)의 신학 사상에는 동의하지 않는다. 하지만 이 구절을 주석하는 그의 입장은 지상명령을 이해하는 데 깊은 통찰력을 제공해준다는 점에서 그의 주석을 한 구절 소개하고자 한다. 그는 "그러므로"에 대해서 다음과 같이 주석했다. "이 단어는 제자들에 의한 명령 수행이 저들 자신의 의지나 활동의 우월성이나 힘에 의해 결정되지 않을 것이며, 또한 저들의 결함 때문에 위험에 내던져지는 일도 없을 것이라는 사실을 말해 주는 말이다. 19절의 배후에는 명령자이신 예수께서 있기 때문이다." 그러므로 지상명령의 근거는 성부이신 하나님께서 부여받은 예수님의 권세에 있다고 할 수 있다.

예수님께 부여된 이 권세는 하늘에 있는 것이나 땅위에 있는 것이나 모든 피조물에 대한 하나님의 지배권을 의미한다. 복음서 저자들은 그 권위가 부활 이전에 이미 주어졌다고 한다(마 11:2, 요 3:35, 13:3, 17:2, 마 7:29, 9:6). 예수님의 사역에서 사람들이 놀란 것은 그분의 권위 때문이었다. 더구나 예수님은 서기관들과는 달리 권세 있는 것처럼 가르치셨다. 주님은 바람과 파도를 다스렸으며(눅 8:24~25), 악한 영들을 쫓아내셨고(막 1:27), 죄사함의 권세도 주장하셨다(막 2:10). 그런 권위를 가지고 사역하신 후에 부활하셨고 하늘과 땅의 권세가 자신에게 있음을 말씀하신 것이다. 그런 권위를 가지신 예수님께서 지상명령의 배후에 계신다. 따라서 지상명령을 수행함에 있어서 제자를 삼는 일은 반드시 예수님의 권위에 근거를 두고 이루어져야 한다. 반목회에서 학생을 그리스도의 제자로 훈련시킬 때 그 권위는 교사 자신에게서 나오는 것이 아니고 하늘과 땅의 권세를 가지신 예수님으로부터 나온다는 말이다.

어느 날 휘트필드가 설교하고 있을 때 한 노인이 졸고 있었다. 뿐만 아니라 청중 가운데 몇 사람이 졸고 있었다. 휘트필드는 그렇게 졸고 있는 청중을 향하여 더욱 큰 소리로 설교하면서 이렇게 말했다. "나는 나 자신의 이름으로 말하러 온 것이 아닙니다. 나 자신의 이름으로 말하러 온 것이라면 여러분이 팔꿈치에 기대어 잠이 들거나 고개를 숙여 졸아도 상관없습니다. 하지만 나는 내 이름으로 여기에 온 것이 아닙니다. 내가 여러분 앞에서 설교한 것은 만군의 주 여호와의 이름으로 온 것입니다. 그렇기 때문에 여러분은 내 말을 경청하지 않으면 안 됩니다." 그 말을 듣자 노인은 놀라서 눈을 번쩍 떴고 졸고 있던 여러 사람들이 즉시 눈을 뜨고 설교를 경청했다. 설교자의 권위는 하나님이 주신다. 그는 여호와의 이름으로 말씀을 선포하는 사람이다. 반목회에서도 교사의 권위는 전적으로 하나님으로부터 나온다. 교사는 예수님의 권위를 위임받아 학생들을 가르치고 훈련시키는 사람이다.

2. 예수님의 훈련 원리

예수님은 사역을 시작하시면서 가장 우선적으로 12명의 제자들을 선택하셨다. 이는 장차 예수님께서 의도하신 바 하나님의 나라를 확장해 나갈 일꾼을 훈련시켜서 파송하기 위함이었다. 예수님께는 하나님 나라를 이루어 가기 위해서 하나님 마음에 맞는 일꾼을 세우는 일보다 중요한 일은 없었다. 그런 이유 때문에 예수님은 일꾼들을 뽑기 전에 밤을 새워 기도하시면서 하나님께 지혜를 구한 것이다(눅 6:12). 제자들을 부르신 주님은 3년 동안 그들과 동행하시면서 하나님 나라의 비밀과 능력을 보여주시고, 또 친히 사랑과 돌봄으로 인격적인 훈련을 시행하셨다. 그야말로 해리슨(E. F. Harrison)의 말대로 예수님의 훈련 사역은 "그의 죽음과 부활 이전의 가장 중요한 사역"이었다.

예수님의 훈련 사역의 목적은 하나님 나라의 구체적인 복음 전략으로 일꾼을 키우는 것이었다. 다시 말하면 하나님 나라의 건설을 더 효율적이고 역동적으로 수행하기 위하여 소수의 사람을 부르셔서 그들을 훈련시키신 것이다. 예수님은 하나님 나라의 복음 전략으로 제자들을 선택해서 훈련하는 방법을 사용하셨으나 많은 사람은 이 방법을 간과해왔다. 그러나 예수님은 복음 전파를 통한 하나님 나라의 확장이라는 분명한 목적과 비전을 갖고 그의 후계자를 세우는 데 3년을 헌신하셨다. 그러므로 교사들은 반목회에 있어서 예수님의 훈련 사역을 염두에 두면서 이 훈련의 중요성을 깊이 인식해야 한다.

그러면 예수님께서 3년 동안 제자들을 훈련하실 때 어떤 방법으로 훈련하셨는지 살펴보자. 막 3장 13~15절에는 주님께서 제자들을 부르신 이유와 또 제자들을 훈련시키신 방법이 나타나 있다. "또 산에 오르사 자기의 원하는 자들을 부르시니 나아온지라. 이에 열둘을 세우셨으니 이는 자기와 함께 있게 하시고 또 보내사 전도도 하며, 귀신을 내어쫓는 권세도 있게 하려 하심이러라." 이 구절을 자세히 살펴보면 주님의 훈련 원리를 발견할 수 있다.

■ **제1원리** : <u>인격적인 관계를 형성했다.</u>

예수님은 하나님 나라의 왕으로 오셔서 제자들을 부르셨으나 그들을 훈련하실 때에는 왕의 권위로 하지 않으셨다. 오히려 그들과 인격적인 관계를 형성시켜 그들을 자신의 삶으로 동화시키셨다. "자기와 함께 있게 했다"는 말이 바로 인격적인 관계가 형성되었다는 것을 의미한다. 세계를 복음으로 정복하기 위한 원대한 비전을 가졌지만 선생과 그 제자들이 먼저 인격적인 관계가 형성되어 있지 않다면 어떻게 그 일이 가능했겠는가? 친밀하고도 일체감을 이루는 인격적인 관계 속에서 그들은 세계 정복의 비전을 키워 나갈 수 있었던 것이다. 바로 이 일을 위해서 예수님은 그 제자들을 부르셔서 3년 동안 함께 거하셨다.

학생들을 훈련시키는 데 있어서 교사와 인격적인 관계를 형성하는 일은 그 어떤 일보다도 앞서야 한다. 만약 인격적인 신뢰가 형성되지 않으면 모든 교육과 훈련은 그 결실을 맺을 수 없다. 나는 훈련의 사역에서뿐만 아니라 설교 사역에 있어서도 이런 원리가 적용된다고 본다. 지도자와의 신뢰를 상실하면 가르침이 아무리 화려해도 열매를 기대할 수 없다. 그러기에 목회자와 성도들, 혹은 교사와 학생들 간에 인간적인 신뢰를 잃어버리지 않도록 각별히 신경을 쓰고, 또 상호 노력해야 한다. 마음 문이 닫혀 있으면 아무리 좋은 설교도 감동을 줄 수 없고, 불신의 장벽이 있으면 아무리 훌륭한 가르침도 받아들일 리 없다.

보통 목회자나 성도들 혹은 교사와 학생 사이의 인격적인 신뢰 관계에 금이 가기 시작한 이유는 근본적으로 마귀가 주는 마음 때문이다. 요한은 가룟 유다가 예수님과의 관계가 깨어지기 시작한 것이 그 마음에 마귀가 들어갔기 때문이었다고 증언한다(요 13:2). 그러기에 상호 신뢰 관계를 유지하기 위해서는 사탄이 틈타지 못하도록 끊임없이 기도해야 한다. 반목회에서 학생들이 목회자나 교사를 위해서 기도하는 것은 사탄을 물리치는 강력한 수단이 되기도 하지만, 또 한편으로는 중보의 기도가 상호 신뢰를 위한 기초석이 되기도 한다. 그렇기 때문에 교사는 늘 학생에게 지도자를 위한 기도를 쉬지 말 것을 의도적으로 가르쳐야 한다. 심지어 나이가 어린 훈련생에게까지도 항상 지도자를 위해서 기도하도록 가르칠 때 상호 신뢰의 관계가 형성될 뿐 아니라 불신을 조작하는 사탄의 유혹을 물리칠 수 있을 것이다.

불신의 동기를 차단하라!

하지만 불신의 관계가 형성되는 실제적인 이유는, 물론 다른 많은 이유들이 있겠지만, 두 가지가 있다고 본다. 하나는 지도자로부터 인정의 욕구가 충족되지 않을 때 학생들에게 불신의 싹이 자라기 시작한다는 것이다. 사람은 누구든지 인정받고 싶은 욕망으로 가득 차 있다. 그렇기 때문에 젖을 빠는 아이들에게도 칭찬을 하면 금방 알아차리고 활짝 웃어댄다. 그러나 누군가가 인상을 찌푸리고 공격적인 자세를 취하게 되면 그것을 본 아이들이 비록 말을 하지 못해도 곧 두려워서 울고 만다. 교사가 학생을 훈련할 때 늘 칭찬하면서 그들을 인정해주는 것이 중요한 것은 이런 이유 때문이다. 누군가를 칭찬하는데 인색하면 처음에는 그 마음에 차가운 얼음 같은 것이 생겨나지만, 나중에는 그것이 커져서 상호 마음의 벽을 쌓게 된다. 그렇게 되면 결국 불신의 관계가 이루어져 치명적인 관계에 이르는 수가 많이 있다.

목회 현장에는 이런 문제 때문에 어려움을 겪는 경우가 종종 있다. 때로는 목회자에게 가장 잘 협력하고 도와주던 분들이 어느 사이에 변해서 목회자를 대적하기도 하고, 반대하는 세력의 앞잡이가 되는 경우를 들어봤다. 그런데 그런 경우의 대부분은 자신을 인정해주던 깊이와 정도가 식어질 때 서운한 마음이 들어서 그렇다는 것이다. 그러다가 나중에는 불신의 씨에 싹이 자라나 마침내 어제의 협력자가 오늘의 대적자가 된 경우가 많다고 한다. 그것은 아이들도 마찬가지다. 자기를 인정해주지 않으면 금방 마음의 문을 닫고 만다. 그렇기 때문에 인정하거나 칭찬하는 일에 인색하게 되면 좋은 훈련의 열매를 기대하기 힘들다. 어른이나 아이들을 막론하고 누구든지 자신이 인정받지 못하여 소외감을 느끼게 되면 나중에는 상호 불신의 관계에까지 이르게 된다.

또 하나는 불신의 동기가 제공될 때 불신 관계가 형성된다. 이는 전적으로 지도자의 몫이라고 본다. 다시 말하면 지도자가 본을 보이지 않을 때 불신의 싹이 트게 된다는 말이다. 그래서 교사들은 모든 면에 있어서 본을 끼쳐야 한다. 목회자의 최고의 벽은 바로 여기에 있다. 사실 설교하는 것은 그렇게 어렵지 않다. 왜냐하면 신학을 수년씩 공부하고, 공예배 시간에 설교하는 것이 일 년이면 5백여 차례가 넘기 때문에 어지간하면 설교하는 일에 많은 기술과 기량을 발휘할 수 있다고 본다. 그러나 아름답고 화려한 설교가 중요한 것이 아니라 그 설교대로 사는 것이 중요하다. 그래서 설교가 어렵다는 것이다. 목회자의 설교를 듣고, 또 그 행동을 주목하고 있는 수많은 귀와 눈이 있기 때문에 설교한 대로 살지 않으면 그 설교는 실패작이 되고 만다.

물론 하나님 앞에서 완벽한 사람은 없다. 하지만 목회자는 모든 면에서 본을 끼치도록 힘써야 한다. 마찬가지로 교사가 학생에게 본을 끼치지 못하면 아무리 훈련해도 열매를 맺을 수 없다. 이미 그 마음에 불신의 싹이 움트고 있기 때문이다. 그러기에 교사와 학생에게 불신의 동기를 제공해서는 안 된다. 이처럼 인격적인 관계는 상호 기도를 통해서, 또 학생들을 인정해줌과 불신의 동기를 미리 차단함으로써 형성된다. 그렇게 될 때 예수님이 제자들을 훈련시킨 방법에 어느 정도 접근하게 되는 동시에 교사는 반목회의 훈련 사역에 열매를 기대할 수 있을 것이다.

■ **제2원리** : 생활 방식을 훈련했다.

"자기와 함께 있게"(막 3:14) 했다는 말은 인격적인 관계 형성을 보여줄 뿐만 아니라, 생활 방식에 대한 훈련이 있었음을 보여준다. 예수님은 열둘을 불러서 자신의 제자가 되게 하시고, 함께 있으면서 삶을 통하여 그들에게 본을 보여 주셨다(요 13:15). 주님은 제자들에게 지상명령을 주시기 전에 그들과 3년을 함께 지내셨다. 주님이 제자들을 불러서 3년 동안 "자기와 함께 있게" 하신 의도는 그들이 자신의 다양한 사역과 삶의 형태를 목격함으로써 자신과 같이 되도록 하기 위함이었다. 누가복음 6장 40절에는 주님의 그러한 의도가 잘 암시되어 있다. "제자가 그 선생보다 높지 못하나 무릇 온전케 된 자는 그 선생과 같으리라." 이는 제자들이 충분히 가르침을 받고 훈련을 받게 되면 자신과 같이 되리라는 의미다.

학생들의 자리에 서라!
그러한 주님의 의도에 부응하여 제자들은 3년 동안 주님과 동행하면서 전도, 상담, 설교 그리고 가르침 등 다양한 형태의 사역을 배웠다. 또한 그들은 실제적인 상황 가운데서 주님으로부터 제자도의 비밀을 배워 나갔다. 주님은 애당초 제자들을 자기와 같이 만들어 세상으로 파송하기 위해서 가르치기 전에 미리 행동하셨다. 뿐만 아니라 가르치신 그대로 실천하셨다. 이렇게 주님은 제자들에게 생활 방식에 대한 훈련을 행하심에 있어서 친히 본을 보이시는 것을 가장 으뜸이 되는 방식으로 채용하셨다. 교육과 훈련에 있어서 본을 끼치는 것보다 더 강력한 방식은 없다! 교육이나 훈련은 말로 되는 것이 아니기 때문이다.

    주님의 본은 자신을 제자들의 삶의 위치로 구체화시킴으로써 제자들의 자리까지 이르렀다. 이는 주님이 훈련자로서 자기 스스로 다리를 놓아 그 간격에 놓인 온갖 장애물을 건너서 피훈련자인 제자들의 수준에까지 머물러 선 것을 의미한다. 이것이 주님의 성육화된 훈련방식이다. 주님은 사람을 구원하기 위해서 친히 사람의 옷을 입으셨다. 타락하여 멸망의 길에 선 인생을 구원하기 위해서 하나님이 영광의 자리를 멀리하고 사람의 자리에 서신 것이다. 이 성육화된 구원 계획이 아니었으면 인간의 구원 계획은 성공할 수 없었을런지도 모른다. 하나님이 사람의 자리에 서지 않았더라면 어떻게 하나님을 바라보며 어떻게 그분을 신뢰할 수 있었을까? 다행히 하나님은 위엄과 권능의 자리를 포기하고 사람의 자리에 서서 사람들과 같이 슬픔과 고통을 짊어지셨다. 심지어 사람들처럼 울고, 웃고, 배고프고, 고통을 겪으면서 고난의 길을 가셨다. 그러기에 사람들은 그 주님 앞에 나갈 수 있게 되었고, 또 그분으로 인하여 하나님의 보좌 앞에 담대히 나갈 수 있게 된 것이다.

    주님의 훈련도 이런 이치이다. 주님이 친히 제자들의 삶의 자리로 파고 들어가서 그들과 같이 됨으로써 그들을 훈련시키신 것이다. 선생이 제자들을 훈련시키기 위해서 그들의 삶속에 직접 뛰어들어가서 같이 울고, 웃으며, 기뻐하셨다. 뿐만 아니라, 그런 삶 가운데서 그들에게 본을 보여 줌으로써 자신의 인격과 소명에 이를 수 있도록 이끄는 것이 주님의 훈련 방식이었다. 이런 훈련 방식에 의해서 제자들은 선생의 소명에 동참하게 되었다. 제자들은 주님으로부터 부여받은 소명을 가지고 세상에 파고 들어가서 하나님 나라의 복음을 전했다.

시대의 사표가 되라!

본을 끼치는 문제를 앞서 몇 번이나 강조했다. 그럼에도 불구하고 반목회에 있어서 교사가 학생의 본을 보이는 일은 아무리 강조해도 지나침이 없을 정도로 중요하고 또 중요하다고 생각한다. 그런 점에서 여기에서 한 번 더 본을 보이는 문제에 대해서 언급하려고 한다. 반목회에서 교사들은 왜 본을 보여야 하는가? 물론 지금까지 언급한대로 예수님이 그런 방법을 사용하셨기 때문이라는 것은 반론의 여지가 없다. 모든 교사들은 예수님처럼 학생을 훈련시키는 데 있어서 본을 보이는 데 앞장서고, 또 최선을 다해야 한다. 그것이 반목회의 성패를 좌우하는 관건이 될 수 있기 때문이다.

그렇지만 내가 보기에 교사가 학생에게 본을 끼침으로써 반목회 훈련을 감당해야 할 또 다른 이유가 있다고 본다. 학생은 지금 진정으로 따라야 할 선생이나 모델이 없는 시대를 살고 있다. 그래서 어떤 사람들은 우리 시대는 진정한 사표가 없는 시대라고 한다. 한 일간지에 의하면, 서울의 한 학교에서 교사가 상상치 못할 말을 서

습없이 함으로써 학부형들에게 고소당한 일이 있었다고 한다. 고소당한 교사는 학생들에게 음란 비디오를 가지고 오라고 했으며, 심지어 "원조교제는 미풍양속"이라고 했다고 한다. 보도의 진실성이 의심이 갈 정도로 심각한 현상이다. 물론 그런 단편적인 현상으로 모든 교사를 부정적인 눈으로 볼 필요는 없다. 열악한 현실 가운데서도 자신에 충실하며 땀 흘려 제자들을 가르치는 신실한 교사들이 얼마든지 많이 있기 때문이다.

하지만 현직 교사가 그런 망언을 학생들에게 서슴없이 하는 현실이라면 너무나 심각한 일이 아닌가 싶다. 하기야 그런 일이 어찌 교사에게만 한정된 일이겠는가? 우리 사회 지도층인사들의 비리와 부정부패는 이미 그 수위를 넘어서고 있지 않은가? 그렇다고 종교 지도자들은 거룩한 종교의 세계(?)에서 다른 길을 걷고 있는가? 어떻게 생각하면 도무지 희망이 보이지 않을 정도다. 그런 가운데서 자라나는 아이들이 무엇을 보며 무엇을 배우겠는가? 이제라도 하나님 앞에서 정직과 진실로 살아가려고 자기를 희생하며 결단하는 소수의 남은 자들이 교회를 지키고 하나님의 뜻을 이루어 가야 한다. 또 그들이 일어서서 미래의 싹인 아이들에게 희망을 심어주고 선도해야 한다. 그런 점에서 이름도 없고 빛도 없이 하나님을 위해서 수고하며 땀을 흘리는 교회학교 교사들이 결단하고 일어서야 한다. 교사들이 소수의 남은 자들이 되어야 한다는 말이다.

교사들은 말과 행동이 일치하는 교사, 아이들의 모델이 되는 교사가 되어야 한다. 그런 작은 변화가 아이들을 살리며, 교회를 변화시키며, 우리 사회를 살리는 길이 될 것이다. 솔직하게 내가 어려서 보았던 교회의 지도자들은 여러 면에 있어서 큰 본이 되는 분들이었던 같다. 그들의 외적인 삶은 거룩함이 드러난 듯했고, 내적으로도 정직과 진실의 삶이었던 것 같다. 그러나 나이가 들고 자라나면서 진정으로 본받고 싶은 지도자나 선생을 찾지 못했던 것을 늘 아쉬움으로 간직해 왔다. 소위 삶과 사상에 있어서 한 개인에게 영향을 끼칠만한 진정한 선생을 찾을 수 없었다는 말이다. 참 안타까운 일이 아닐 수 없다.

물론 주변에는 아직도 존경할만한 신실한 분도 있고, 이름이 드러나지 않았지만 진실하게 그리스도의 인격을 닮은 분이 있는 것도 사실이다. 하지만 대체로 후진들의 모델이 될 만한 스승이 없는 실정이다. 그러기 때문에 이제는 교회학교에서 반목회를 담당하는 교사라도 새롭게 결단하고 일어서서 아이를 참 그리스도인으로 훈련시켜 나가야 한다. 학생의 가슴에 교회학교 교사들이 진정한 모델로 자리 잡을 수 있도록 본을 끼쳐야 한다. 그러나 이 일은 쉬운 일이 아니다. 적어도 자기희생이 필요하며, 전적인 헌신이 요구되는 일이다. 하지만 무엇보다도 절실한 것은 아이들을 가슴에 끌어안고 기도하는 일이다.

■ **제3원리 : 실습을 통해서 훈련했다.**

"또 보내사 전도도 하며." 이것은 비단 전도하는 일만이 아니라 삶의 여러 영역에 이르기까지 이루어진 구체적인 실습을 위한 전략을 말한다. 예수님은 실습에 앞서 제자들을 단계적으로 훈련하셨다. 이는 먼저 자신의 삶으로 모범을 보여 주신 것과, 또 여러 교훈을 들려주신 것(눅 9:23)을 의미한다. 제자들에게 있어서 예수님의 말씀을 듣고 그 사역을 보는 것은 실습을 위한 기초 단계였다.

이처럼 예수님은 자신의 말씀과 사역을 보는 것과 듣는 것을 기초로 해서 제자들을 하나님 나라의 일꾼으로 무장시키고 난 후에 그들을 파송함으로써 실습 훈련까지 행하셨다(마 10:1~42). 이때 파송 받은 제자들은 사역을 마치고 난 후에 다시 모여 자신들이 행한 것을 낱낱이 보고했다(막 6:30). 이것을 보면 예수님의 실습 훈련에는 반드시 점검이 따랐다는 것이 그 특징이다. 예수님은 스스로 모범을 보이셨고 실습을 위해서 과제를 부여하고 또 점검하는 교육 방법으로 제자들을 훈련시키신 것이다.

예수님이 제자들을 그런 방식으로 철저히 가르치고 훈련했음에도 불구하고 제자들은 위기의 순간에 모두 떠나고 말았다. 물론 예수님은 제자들을 철저하게 훈련시키면서도 모두 자신을 배반할 것을 미리 아셨다(마 26:34, 막 14:30, 눅 22:34). 예수님은 제자들이 배반할 것을 알고 있었지만 제자들에게 많은 것을 투자하고 나서 그들이 온전한 일꾼이 되기를 기다리셨다. 예수님은 제자들을 훈련시킬 때 그들로부터 곧 열매를 거두려고 하신 것이 아니었다. 비록 예수님이 제자들을 가르치고 또 파송시켜서 실습시켰을지라도 그들에게는 마지막 훈련 단계가 남아 있었기 때문이었다. 주님은 제자들이 당신을 배반해서 도망갈지라도 나중에 그들이 마지막 단계의 성령학교에 입학해서 다시 한 번 훈련받으면 헌신된 일꾼이 될 것을 아셨다.

교회학교에서 한 영혼을 그리스도의 제자로 만들기 위해서는 구체적이고 지속적인 실습 훈련이 절실하다. 사실 예수님의 실습 훈련에 비하면 오늘날 교회학교 교육 현장의 실습 훈련은 빈약하기 그지없다. 대부분의 교회학교 교육이 학생을 가르치는 일로 끝나고 만다. 그렇다고 교사가 학생을 가르치는 것이 학교 교육이나 다른 교육 기관의 시스템에 비해 앞서 있는 것도 아니다. 앞서 언급한 바 있지만, 많은 교회의 교회학교 현장은 너무나 열악하다. 그러나 주님의 방법으로 훈련을 시켜나가면 얼마든지 교육 효과를 누릴 수 있다. 훈련의 기초는 먼저 듣고 보는 것이다. 그러니까 교사가 학생에게 실습 훈련을 시키는 일에 앞서 생각해야 것은 정확하고 분명하게 가르치는 일이다. 실습 훈련이란 가르침을 적용하는 일이기 때문이다.

절실한 교사들의 교육 훈련 시스템

학교에서 교사 연수는 흔히 있는 일이지만, 최근에 현직 교사 한 분이 방학 중에 연수를 받으러 떠나는 모습을 보면서 교회학교 교사 교육에 대해서 많은 것을 생각하게 되었다. 학교 교육을 생각해 보자. 교사가 되기 위해서 후보생들은 모든 교직 과목을 이수한다. 또 자기 전공과목을 연구한 후에 나중에는 자격증까지 취득하고 교육 현장에 뛰어들어도 학생들을 바르게 가르치는 일은 여간 힘들지 않다. 그렇기 때문에 학교에서는 끊임없는 교사들에 대해서 교육 훈련과 연수 등의 기회를 통해서 재교육이 이루어지고 있다.

그런데 교회학교 교육은 교사들이 훈련받는 것은 고사하고 재

교육은 상상도 못할 일이다. 물론 일부 교회에서 교사 대학이나 교사 세미나를 통해서 교사 교육 기회를 가진 것은 다행한 일이지만 대부분의 교회들을 보면 교사 훈련이나 재교육은 전무한 상태다. 그렇기 때문에 학생들을 바로 훈련시켜 일꾼으로 세우려고 하면 먼저 교사들을 훈련시켜야 한다. 이 일은 작은 교회나 큰 교회를 막론하고 교회학교 학생들이 있는 교회라면 반드시 필요한 일이다. 한 영혼이 천하보다 귀하다. 하지만 각 교회가 개교회적으로 그런 일들을 감당하기에는 너무나 많은 제약과 어려움이 따른다.

그래서 나는, 만약 교사 훈련을 위해서 개교회에서 재교육 훈련 프로그램을 실시한다면 그보다 좋은 것이 없고, 그렇지 못할 경우에는 각 노회나 교육 기관에서 지속적인 프로그램을 가질 것을 제안하고 싶다. 각 교단이나 교파별로 여름성경학교 때 교사 훈련을 위한 좋은 교육 프로그램을 실시한 것처럼 그런 유사한 프로그램을 계속적으로 개설해서 교사들을 재훈련 시킨다면 상당한 효과를 거둘 수 있을 것으로 보인다. 학생들을 훈련시키기 전에 먼저 교사가 훈련받아야 한다. 교사가 변화되지 않고는 학생은 변화되지 않는다! 교사들에게 참신한 교육 프로그램과 전문성이 있는 훈련방식 그리고 뜨거운 영성을 공급해 줄만한 프로그램이 절실하다. 내가 교사 훈련을 담당하면서 여러 교회의 훈련 과정을 참고로 세웠던 '교사 훈련원'에 관한 자료를 부록에 첨부하고자 한다. 각 교회에서 상황에 맞게 참고하기를 바란다.

3. 성령학교

훈련 사역의 마지막 과정을 가리켜서 '성령학교'라고 부르고 싶다. 누구든지 진정한 일꾼이 되려면 성령학교에 입학해야 한다. 대부분 교사는 학생을 여기까지 안내하지 못함으로써 교육에 실패하고 만다. 실습 훈련에 있어서 교사의 과제는 현장 파송과 점검 등 많은 과제가 있다. 교사들은 학생들이 가르침을 받는 대로 사는지 만날 때마다 점검할 필요가 있다. 학생들은 점검하지 않으면 대부분의 가르침을 잊고 만다. 나는 교회학교 학생이나 청소년을 만날 때마다 성경을 거의 모르고 있는 것을 보고 깜짝 놀라곤 한다. 솔직하게 학생들은 성경을 거의 잊고 산다. 더구나 그들은 배워도 금방 잊어버린다! 더구나 요즈음 학생들이 텔레비전과 컴퓨터 화상에 익숙해 있기 때문에 단순한 가르침은 금방 잊고 만다. 그렇기 때문에 반복이나 점검 혹은 시청각 교육 등 다양한 교육 방법을 개발하지 않으면 그 결과를 기대할 수 없다. 그래서 교사들은 늘 학생들에게 과제를 부여하고, 성경 구절을 암송하게 하고, 때로는 전도의 모범을 보이고, 봉사 활동을 하는 등 강도 높은 훈련을 시킬 필요가 있다.

성령으로 무장하라

그런 모든 훈련 과정에도 불구하고, 학생들이 마지막 단계의 성령학교에 입학하지 않으면 십자가 앞에서 도망쳐버린 제자들과 같은 격이 되고 말 것이다. 성령학교는 학생들을 '온전한 자'(제자)로 변화시켜 주는 마지막 단계이다. 아무리 훈련받아도 성령의 능력을 체험하지 않고는 참된 일꾼이 될 수 없다. 교회학교 학생이나 청소년도 은혜를 받으면 놀랍게 변화된다. 물론 그들은 받은 은혜의 불이 쉽게 꺼지는 경향도 있다.

그러나 어릴 때 그런 영적인 체험을 갖는 것은 매우 중요한 의미가 있다고 본다. 그러기에 교사들은 훈련 사역에 있어서 오직 성령을 의지해야 한다. 먼저 교사들이 성령학교에 입학해서 성령을 체험하라! 그리고 나서 학생들에게 그들 안에 거하신 성령을 확신케 해주며, 기도의 체험을 할 수 있도록 도와주어라! 뜨거운 찬양을 준비하라! 학생들은 영감 있는 찬양에 쉽게 마음을 열기 때문이다. 또 학생들의 감성을 자극할 만한 도전적인 메시지로 결단하도록 이끌되 오직 성령을 의지하라! 훈련 사역의 열매는 성령학교에서만 맺을 수 있다!

그러면 여기에서 성령에 대한 기본적인 이해를 위해서 그 사역을 잠깐 언급해야겠다. 성령은 창조 사역으로부터 시작해서 구약과 신약에 이르러 그 사역이 확연하게 성경에 나타나 있다. 성령의 사역을 통해서 성육신이 가능했고, 오순절에는 그 절정을 이루었다. 구약에서는 특정한 사람에게만 역사하던 성령이 오순절 사건 이후에는 예수 그리스도를 믿는 사람에게 임하는 축복을 주셨다. 주를 믿음으로 임하신 성령은 영원히 떠나지 아니하시고 우리 안에 거하신다. 그렇게 우리 안에 역사하시면서 성령은 윤리적 통찰력의 근원이 되시기도 하며(삼하 23:2, 단4:8~9), 순결하게 하는 원동력이 되기도 한다(사 63:10). 때로는 사사들의 영웅적 자질을 갖게 하는데도 역사하시며(삿 13:25), 전쟁에서 승리하는 원천이 되기도 하신다(신 34:9).

신약에서 성령 사역의 절정은 타락한 인간의 죄를 깨우쳐서 하나님 앞에 자복하게 함으로써 그 자녀가 되게 해주는 것이다. 이는 성령의 역사가 없이는 누구도 그리스도를 구주로 믿고 성도가 될 수 없다는 말이다. 성령의 도우심 없이는 아무도 예수를 주라고 시인할 수 없다(고전 12:3). 성령께서는 지혜와 총명의 신이요, 지식의 신이다(사 11:12). 그렇기 때문에 성령은 하나님의 백성들에게 여러 가지 모양으로 일깨워 주시고 장래의 일까지 알게 해주신다(요 16:13). 물론 장래의 일을 알게 해주신다는 것은 성령의 일깨우심을 믿음으로 받는다는 말이다. 쉽게 말하면, 재림하실 주를 알고 있고 심판하실 주를 알 수 있는 것은 인간 자신의 능력에 의해서가 아닌 성령께서 장래 일을 알게 해 주심으로써 가능하다는 말이다.

성령은 성도를 떠나지 않고 위로해주며 친히 인도해주신다. 더구나 그리스도인들이 이 땅에서 사는 동안 하늘나라의 세계를 맛보면서 세상에 휩쓸리지 않도록 성령께서는 이 세상의 자연 질서에 대해 초월적인 선물을 주신다. 곧 성령의 각종 은사를 성도들에게 허락하신 것이다. 성령의 은사는 신앙에 유익을 주기 때문에 우리는 늘 그것을 사모해야 한다(고전 12:7). 하지만 은사는 구한다고 주시는 것이 아니라 아버지의 뜻대로 주시는 선물이다(고전 12:11). 한 번은 어느 기도원에서 한 지도자가 중·고등학생들에게 방언기도를 따라서 하도록 시키는 것을 보았다. 혀가 꼬부라진 소리로 계속 반복해서 기도를 하면서 그것이 방언이라고 했던 모양이다. 방언은 그렇게 만들어 가는 것이 아니다. 성령의 은사를 자의적인 필요나 요구에 의해서 사모하는 것은 바람직하지 않다. 신령한 은사를 많이 받은 것이 곧 신앙심의 척도인 양 오해해서도 안 된다. 그렇다고 성령의 은사를 경시해서도 안 된다. 성령의 은사는 교회를 섬기고, 그리스도를 증거하게 하며, 성도들이 믿음으로 세상을 승리하도록 돕기 위해서 주신 하나님의 선물이다.

이러한 성령의 사역들은 교사들이 전적으로 성령을 의지하지 않으면 어떤 사역의 열매도 기대할 수 없다는 것을 보여준다. 사람의 마음을 일깨워 주시는 분이 성령이시며, 사역의 능력을 주시는 분도 성령이시기 때문이다. 성령이 사역을 붙들어 주실 때 사역에 성공할 수 있다. 교사가 먼저 성령의 충만을 받아야 한다. 성령의 능력이 아니고는 영혼을 돌볼 수 없다. 힘들고 어려울 때 성령의 위로가 없으면 교사의 사역을 할 수 없다. 성령의 도움이 없이는 누구도 영혼을 돌볼 수 없다. 그러므로 교사는 반드시 성령학교에 입학하여 그 능력을 받아야 한다.

구약의 모세는 성령으로 무장한 지도자요, 교사였다. 그는 성령께서 심어 주신 뜨거운 구원의 일념으로 하나님 앞에 섰다. 성령께서는 모세에게 자기를 돌로 쳐 죽이려고 한 사람들까지 사랑할 수 있는 능력을 주셨다. 모세는 자기 백성을 구원할 수 있다면 자기 이름을 생명책에서 제해버리라고까지 할 정도로 백성을 사랑했다. 성령 충만하게 되면 그렇게 목숨을 아끼지 않는다. 신약의 바울도 모세와 같이 성령 충만하고 사람들의 영혼에 대한 불타는 마음과 열심을 가졌다. 그 역시 자기 동족이 구원받게 하기 위해서 생명책에서 자기 이름을 제해 버릴 각오를 갖고 있었다. 특정인에게만 성령을 주었던 구약과는 달리 신약에서는 바울뿐만 아니라 초대 교회의 사도들과 성도들이 성령으로 무장하여 목숨을 걸고 구원 사역을 이루어 나갔다. 이는 신약의 모든 성도들도 성령의 능력을 받으면 영혼 사랑에 불타게 되며, 사역을 능력 있게 감당할 수 있다는 것을 보여준다. 그러므로 교사들이 성령학교에 입학해서 성령으로 무장해야 할 이유가 여기에 있다. 성령의 능력을 힘입으면 분명 교회학교 사역이 달라질 것이다.

영혼을 위해서 울라

요즈음 많은 젊은이들이 교회를 떠나가고 있다는 것은 이미 잘 알려진 사실이다. 참으로 심각한 위기이다. 이것은 교회의 문제뿐만 아니라 나라의 장래가 걱정스러운 일이다. 솔직하게 청년들이나 학생들이 교회를 떠나면 어디로 가겠는가! 단란주점, 여관, 전화방, 만화방, 당구장, 오락실 등 음침하고 어두운 곳으로 가지 않겠는가! 이러한 사실이 뻔한 데도 교회학교 교사들은 교회를 떠나는 아이들을 더 이상 잡지 못하는 이유는 무엇일까? 자기 자녀들이나 가족이 아니기 때문인가, 아니면 교사의 직무를 유기하는 것인가? 떠나는 아이들을 보면서 교사들이 그들을 잡지 못한다면 이제는 그들을 위해서 우는 일만 남았다. 교사들이 울어야 한다. 학생들의 영혼을 위해서 목 놓아 울어야 한다. 그런 뜨거운 마음이 교사에게 있을 때 교회학교는 엄청난 변화가 있을 것이다. 프로그램을 개발해서 그들의 관심을 끄는 일도 중요하지만 이제는 아이들을 사랑하며, 그들의 영혼을 위해서 우는 교사가 절실하게 필요한 시대다.

미국의 남북 전쟁 당시 링컨의 눈물은 역사에 길이 남을 만한 유명한 일화이다. 전쟁이 끝나갈 무렵 남부군은 링컨에게 항복하겠다는 통보를 보내왔다. 그때 링컨은 승리의 개선을 거절하고 남부군의 지도자인 제퍼슨 데이비스의 집으로 찾아 들어갔다. 링컨이 집으로 들어간 지 한 시간이 지났을 때 한 사관이 집안을 들여다보았다. 그때 링컨은 몸을 구부린 채 자기 팔 위에 머리를 수그리고 심하게 떨며 울고 있었다. 그는 조국의 결합을 위해서 울었고, 영원히 돌아오지 못할 남북의 60만의 청년을 위하여 울었다. 링컨의 조국애와 백성을 향한 뜨거운 사랑과 눈물이 파괴된 나라를 하나로 결합시킨 것이다. 그것이 바로 눈물의 위력이다.

다윗은 아들 압살롬으로부터 공격을 받고 맨발로 도망친 적이 있다(시 3:1~8, 삼하 15:30). 그 뒤에는 백성들이 머리를 가리고 울면서 따라갔다. 다윗은 궁정을 버리고 통곡하면서 도망했다. 그러나 다윗은 그런 절박한 상황에서 통곡하되 그냥 울지만은 않았다. 그는 고통의 때에 주저앉아 좌절하지 않았다. 그는 고개를 들고 하나님을 바라봤다. 그의 시선을 하나님께 두고 기도하기 시작한 것이다. 그는 옷깃에 흐르는 눈물을 감추면서 계속해서 기도했다. 그렇게 울면서 기도할 때 하나님은 그의 기도에 정확하게 응답해 주셨다. 그가 다시 왕위를 회복한 것이다.

그런데 다윗이 그렇게 기도하던 곳이 예루살렘의 감람산 겟세마네 기슭이었다. 다윗이 그곳을 지나면서 통곡하면서 기도한 것이다. 마치 감람산 겟세마네 동산에서 예수님께서 통곡과 눈물로 기도하신 것처럼(히 5:7) 다윗이 눈물과 통곡으로 기도했다. 다윗이나 예수님은 그곳에서 통곡하면서 기도했다. 눈물의 사람이었다. 눈물은 가장 깨끗하고 아름다운 인간의 언어다. 눈물은 마음을 움직이는 힘이 있다. 더구나 눈물은 하나님과 통하는 영혼의 언어다. 그렇기 때문에 하나님은 눈물을 귀히 보시는 것이다.

눈물에 약한 하나님

하나님께서 제일로 약하신 것이 바로 눈물이다. 성경에서 하나님의 마음이 감동된 때, 뜻을 돌이키신 때가 몇 번 있다. 바로 자기 백성들의 눈에서 눈물이 보일 때였다. 예를 들어, 히스기야가 통곡하면서 기도할 때 곧 죽는다던 사람이 15년이나 사는 기적이 일어났다(사 38:3). 베드로도 통곡하면서 회개할 때(마 26:75) 성령을 주셔서 위대한 지도자가 되게 했다. 한나 역시 통곡하면서 기도할 때 위대한 지도자 사무엘을 선물로 받았다(삼상 1:10). 모세가 백성을 위해서 눈물로 기도할 때 하나님께서 그 뜻을 돌이켜 주셨다. 눈물의 위력이 얼마나 큰지 모른다. 학생을 위해서 눈물을 뿌리며 하나님께 아뢰라! 그렇게 하면 반드시 기적이 일어난다. 하나님은 눈물 흘리는 사람을 외면하지 않으신다. 눈물로 간구하면 절대 헛되지 않는다.

19세기 초에 스코틀랜드에서 뛰어난 영성으로 목회 했던 로버트 맥체인 목사의 눈물에 얽힌 이야기가 있다. 어느날 맥체인 목사가 시무하는 교회에 한 여행객이 찾아왔다. 그는 맥체인 목사가 설교할 때 영적인 힘이 터져 나오는 부흥의 장면을 목격했다. 수많은 사람들이 그의 설교를 듣고 하나님 나라를 체험하는 놀라운 광경을 보면서 맥체인 목사의 능력 있는 설교의 비밀이 무엇인지 무척 궁금했다. 집회가 끝나자 여행객은 교회의 각 곳을 둘러보다가 맥체인 목사의 서재에 이르렀다. 거기에서 사찰은 맥체인 목사의 책상을 가리키면서 "한번 앉아보시지요"라고 권했다. 여행객은 머뭇거리다가 조심스럽게 앉았다.

책상 위에는 한 권의 성경책이 펼쳐져 있었는데 자세히 보니 온통 눈물에 젖어 있었다. 사찰은 여행객을 바라보면서 이렇게 말했다. "목사님은 늘 그 성경책에다 얼굴을 묻고 울면서 보시지요. 설교하기 전에는 언제는 그렇게 하신 답니다." 눈물로 말씀을 준비했던 맥체인 목사의 설교는 폭탄보다 더 큰 힘이 있었다. 맥체인이 강단에 서는 순간 청중은 눈물을 흘리며 회개할 정도였다니 그 영적인 파워가 얼마나 컸는지 짐작이 가고도 남는다. 그는 비록 29세의 젊은 나이에 하나님의 부르심을 받았지만 그가 끼친 영적인 영향력은 수십 년을 사역한 보통 사람 못지않을 정도로 지대했다.

교사가 흘리는 눈물에 비례하여 학생들은 그리스도의 사랑을 깨닫는 정도가 깊어질 것이다. 십자가 상에서 고통을 당하신 주님의 고난을 학생들에게 이야기하면서 교사가 눈물을 흘릴 때 학생들의 마음이 감동되지 않겠는가! 탕자처럼 돌아오지 않는 영혼 때문에 안타까워하면서 울어야 한다. 그렇게 교사가 흘린 눈물은 어린 영혼의 깊숙한 곳에 새겨질 것이다. 학생들의 심령을 변화시키는 것은 말이 아니라 행동이며, 설득이 아니라 눈물이다.

■ 고등부의 특성 ■

신체적인 면

1. 성장에서 어색한 점이 벗어진다.
2. 매력 있는 어른의 외모를 갖추게 된다.
3. 여전히 식욕이 왕성하다.
4. 육체적인 습관이 형성되고 있다.

정신적인 면

1. 사리를 판단하는 힘이 새로운 수준에 달하고 있다.
2. 토론과 논쟁을 좋아한다.
3. 창조적이고 이상적이다.
4. 더 나은 판단력을 가지고 있다.
5. 상상력은 이성과 판단력으로 조절된다.
6. 제안에 복종한다.
7. 독립을 추구한다.
8. 때로는 극단에 빠지기 쉽다.
9. 개인적인 차이점을 차별화 시켜 줄 것을 바란다.

사회적인 면

1. 독특하고 배타적인 그룹에 속해 있다.
2. 이성에 끌린다.
3. 자신의 특성이나 외모에 관심이 있다.
4. 사회적으로 인정받고자 한다.
5. 사회에서 자신의 위치를 발견하려고 애쓴다.
6. 다른 사람을 돕고자 하는 욕망을 점점 더 갖게 된다.

감정적인 면

1. 감정이 아직도 강렬하다.
2. 자기감정을 조절할 능력이 더 많다.
3. 우울할 수도 있다.
4. 안정감을 갖고 싶어 한다.
5. 스릴을 원한다.
6. 자신과 어른을 동일시하며, 어떤 영웅적인 인물을 우상화한다.

영적인 면

1. 신앙은 개인적이다.
2. 신앙은 행동하는 신앙이다.
3. 신앙은 감정적이다.
4. 신앙에 대한 의심이 늘어난다.
5. 비유와 경건한 분위기를 좋아한다.

- 소더홀름, 클라이드 네레모어

제6장

반목회와 심방

목회자는 의사, 상담자, 혹은 법률 변호사들이 가질 수 없는 독특한 기회를 하나 갖고 있다. 의사는 환자들이 병원을 방문해서 진료를 요구할 때까지는 어떤 치료 행위도 할 수 없다. 또한 상담자 역시 내담자의 요청이 있을 때에만 상담할 수 있다. 하지만 목회자는 어느 때든지 교인들을 심방할 수 있는 특권이 있다는 점에서 직업상 독특성을 갖고 있다. 그래서 목사는 누가 초대하지 않아도 어느 때나, 어디든지 교인들을 심방할 수 있다. 그것이 목회자의 특권이다. 내 경험에 의하면, 특별한 경우를 제외하고는, 대부분의 사람들은 목사가 심방하면 영광으로 알고 무척 좋아한다.

심지어 어떤 사람들은 오랫동안 심방을 받지 못하면 목회자로부터 자기가 무시당하고 있다고 느끼기도 한다. 언젠가 급한 일로 몇 주 동안 심방하는 일에 방심하였더니 교인들의 불만이 이만저만이 아니었다. 하기야 일반적으로 교인들이 목회자가 설교를 잘못한다는 불만은 거의 하지 않는다. 하지만 심방을 잘 안 한다는 불만은 종종 한다. 이는 목회에서 심방이 얼마나 중요한 위치를 차지하는지를 보여주는 단적인 예다. 그 정도로 심방은 목회자의 중요한 임무 중의 하나다.

1. 심방이란 무엇인가?

물론 그런 중요한 임무를 위임받은 목회자와 반목회를 감당하는 교사는 엄격한 차이가 있다. 하지만 위탁받은 영혼을 돌보는 사역자라는 측면에서 반목회를 감당하는 교사의 심방은 장년목회의 심방과 다를 것이 없다고 본다. 따라서 교사도 학생의 영적인 상태를 점검하고 돌보기 위해서 언제든지 심방해야 할 임무를 부여받은 것이다. 어떻게 보면 요즈음 같이 폐쇄적이고, 또 바쁘고 분주한 시대에 교사가 학생의 집을 심방한다는 일은 참으로 어려운 일임에 틀림없다. 그럼에도 불구하고 반목회의 특성상 반드시 집이 아니라도 얼마든지 심방할 수 있다. 특별한 경우에는 교사들이 집으로 찾아가서 학생이나 그들의 부모를 만날 수도 있지만 그렇지 않을 경우에는 교회, 학교, 공원, 독서실, 음식점 등 어떤 공간이라도 개인적인 만남의 장소로 활용할 수 있다. 문제는 교사들이 시간을 내어 찾아가는 것이다.

방문하여 영적으로 도와주는 일

원래 심방의 신학적이고 본질적인 근거는 하나님께서 그의 백성을 찾아오셔서 십자가에서 죽으신 구속 사건에 둔다. 그래서 심방이란 목회자가 연약한 이웃과 믿음 없는 교인들을 찾아가서 그의 사랑과 구속을 나눠주는 것을 말한다. 어떻게 보면 심방은 목회자의 사랑의 표현이다. 왜냐하면 성도들을 마음에 두고 그들을 돌보기 위해서 직접 찾아가는 것이기 때문이다.

잠언 27장 23절에서는 "네 양떼의 형편을 부지런히 살피며 네 소떼에 마음을 두라"고 했고, 예레미야는 다음과 같이 말했다. "그러므로 이스라엘 하나님 나 여호와가 내 백성을 기르는 목자에게 이같이 말하노라. 너희가 내 양무리를 흩으며 그것을 몰아내고 돌아보지 아니하였도다. 보라 내가 너희의 악행을 인하여 너희에게 보응하리라 여호와의 말이니라"(렘 23:2). 여기에서 '돌아보다'는 말은 원어상으로 '방문하다'는 의미를 가졌다.

그러면 목자들이 양떼를 방문해서 무엇 하는가? 구약에서 방문한다는 의미는 종종 다시 은혜를 베푼다는 의미로 쓰여질 때가 있다(창 50:24~25, 출 4:31, 룻 1:6 등). 따라서 심방은 하나님의 마음으로 학생들을 방문해서 복을 빌어주고 은혜를 베푸는 것을 의미한다. 더구나 주님께서도 양떼를 찾아가서 돌봐주셨고 필요한 것들을 채워 주셨다. 심지어 병중에 있거나 옥중에 있을 때 찾아보지 않은 사람들에게 심판을 선고할 정도였으니 심방은 중대한 목회적 사역이라고 볼 수 있다.

그런 점에서 교사의 심방은 하나님의 마음으로 학생을 찾아가서 그리스도의 사랑을 나누어줌으로써 학생을 돕는 것을 의미한다. 어떤 사람은 전화로 통화하는 것조차도 심방의 범주에 포함시키지만 엄밀한 의미에서 전화 통화를 심방으로 분류하는 것은 심방의 본질과 성격에서 벗어나는 듯하다. 통신상의 대화를 통해서 감정을 주고받으며 깊은 인격적인 대화를 나눈다는 것은 어렵다고 본다. 대화란 상호 목소리를 듣거나 표정의 변화를 보면서 이루어지는 인격적인 나눔이기 때문이다.

물론 안부를 묻거나 학생의 상황을 파악하는 데는 통신 시설처럼 유익한 것은 없다. 그렇기 때문에 컴퓨터 대화방이나 이메일, 핸드폰, 메신저 등 모든 통신 수단을 동원해서 학생을 관리하는 데 활용해야 한다. 편지를 통해서 자기 분야에서 정상을 차지한 사람도 있으니 통신 수단이 사람을 관리하는 데 큰 역할을 하는 것은 부인할 수 없다. 언젠가 자동차 세일즈 왕으로 선발된 사람이 지상에 인터뷰 한 것을 읽은 적이 있다. 그 사람의 수첩에는 1만 2천 명의 고객 명단이 들어 있고, 매주 1천 5백 통 이상의 편지를 자필로 써 보낸다고 한다. 보통 사람 같으면 상상할 수 없는 양의 편지이지만, 그것이 통신 수단의 위력이다.

지금도 많은 호응을 얻고 있는 이슬비 전도 편지나 새가족 통신 공부 등은 직접 찾아가서 만나지 않아도 편지를 통해서 새가족을 관리하는 좋은 프로그램이라고 본다. 반목회도 그런 프로그램을 잘 활용하면 좋은 열매를 맺을 수 있을 것이다. 그러나 전화나 편지에 의한 수단보다는 서로 얼굴을 맞대고 눈과 눈을 마주치고 얼굴 표정을 보면서 이야기한다면 더없이 큰 열매를 맺을 수 있다고 본다. 반목회의 효율성을 높이려하면 학생들을 찾아가서 만나야 한다.

예수님의 목양 방식

그렇게 찾아가서 성도들을 만나 대화하면서 문제를 해결하거나, 격려하고, 기도하는 방법이 바로 예수님의 목양 방식이요, 사도들이 세운 목회 방법이었다. 예수님께서는 수많은 사람들을 찾아가서 직접 만나셨고, 당신의 말씀을 듣고 싶어 하는 사람들의 집을 자주 방문하셨다. "예수께서 모든 성과 촌에 두루 다니사 저희 회당에서 가르치시며 천국 복음을 전파하시며 모든 병과 모든 약한 것을 고치시니라"(마 9:35). 이것은 넓게는 봉사와 섬김의 사역이라고 할 수 있지만, 좁은 의미로는 심방 사역이라고 할 수 있다.

복음서에는 예수님의 심방을 통해서 수많은 사람들이 문제 해결을 받았다고 증언한다. 예를 들면, 니고데모(요 3:1~9), 사마리아 여인(요 4:1~42), 백부장(마 8:5~10), 아들이 병든 왕의 신하(요 4:47~50), 나인성 과부(눅 7:11), 서기관(마 18:19~20), 가나안 여인(마 15:21~28), 귀신 들린 자의 부모(마 17:14~21), 젊은 부자 관리(마 19:16~22), 음행하던 여인(요 8:2~11) 등은 예수님과의 대화를 통해서 어려운 문제가 해결된 경우다. 또 사람들을 직접 만남으로써 인격적인 대인 관계를 이루어 치유의 사역까지 이르는 경우도 많았다. 문둥병자(마 8:2~4), 바디매오(막 10:46~52), 날 때부터 소경(요 9:1하), 한 편 손 마른 사람(마 12:9~14), 38년 된 병자(요 5:5~9) 등.

주님은 부자나 가난한 자, 혹은 학식이 있는 자나 무식한 자를 막론하고 그를 필요로 하거나, 그의 말을 듣고자 하는 자들의 집을 자주 방문하셨다. 이때 전혀 다른 배경이나 환경에 있는 사람들까지 찾아가서 만나셨다. 심지어 각기 다른 사상과 견해를 가진 사람까지도 거침없이 만났다. 주님은 그들의 삶의 깊숙한 곳까지 파고 들어가서 그들의 영혼을 돌보시어 회개와 신앙의 결단에 이르도록 도와 주셨다.

바울 역시 심방을 중시하고 수시로 성도들을 방문했다. 그는 안디옥 부근에 있는 많은 사람들에게 복음을 전파한 후 이렇게 말했다. "수일 후에 바나바더러 말하되 우리가 주의 말씀을 전한 각 성으로 다시 가서 형제들이 어떠한가 방문하자 하니"(행 15:36). 또 그는 에베소에서의 자신의 사역을 회상하면서 이렇게 간증했다. "내가 항상 너희 가운데서 어떻게 행한 것을 너희도 아는 바니, 곧 모든 겸손과 눈물이며 유대인의 간계를 인하여 당한 시험을 참고 주를 섬긴 것과, 유익한 것은 무엇이든지 공중 앞에서나 각 집에서나 꺼림이 없이 너희에게 전하여 가르쳤다"고 했다(행 20:18~20). 초대 교회의 사도들 역시 각 가정에서 인격적인 만남을 통해서 말씀을 가르쳤다. "저희가 날마다 성전에 있든지 집에 있든지 예수는 그리스도라 가르치기와 전도하기를 쉬지 아니하니라"(행 5:42). 결국 예수님이나 바울 혹은 초대 교회의 사도들은 각 성도들을 찾아가서 인격적인 대화를 통해 말씀을 가르치거나 격려해 주었다.

지속적인 관심과 사랑의 표현

물론 교사가 목회자처럼 심방한다는 것은 어려운 일임에 틀림없다. 그럼에도 불구하고 반목회에서 심방이 성공의 지름길이라고 확신한다. 심방은 일주일에 한 번 만나서 얻을 수 없는 많은 것을 얻을 수 있는 기회가 되기 때문이다. 더구나 학생들은 교사가 자기에게 관심이 있는지 형식적으로 대하는지 누구보다도 잘 파악하고 있다. 그러기에 교사가 조그마한 관심만 보여줘도 그들은 모인다. 실상 학생들은 사랑에 목말라 있기 때문이다. 교사가 학생을 심방한다는 것은 학생에 대한 최상의 관심을 보이고 있다는 무언의 대화다. 학생은 교사의 관심 여하에 따라서 교육의 결과가 판이하게 달라진다.

딸아이가 초등학교 6학년 때 이런 이야기를 하는 것을 들었다. 요즈음 들어서 선생님이 자기를 대하는 태도가 달라졌다는 것이다. 그런데 문제는 그 다음 말이다. "손을 들어도 쳐다보지도 않고 시켜주지도 않으니 공부도 하기 싫고 학교에 갈 재미도 없어요." 그 정도로 선생님의 작은 관심이 학생에게 중요한 영향을 끼친다. 하물며 학생을 찾아가 그들의 고충과 애로사항을 들어준다면 얼마나 큰 교육 효과가 있겠는가? 솔직하게 학교에서 학생은 교사에게 마음의 문을 좀처럼 열지 않는다. 늘 사무적이고 행정적인 대화와 만남이 지배적이다. 하지만 교회에서라도 교사들이 지속적인 관심과 따뜻한 사랑으로 학생들을 만나 대화를 주고받는다면 그들을 충분히 하나님의 사람으로 만들 수 있다.

통계에 의하면 중·고등학생의 60퍼센트는 부모의 공부하라는 말 때문에 스트레스를 받고 있다고 한다. 그러니까 학생들이 공부 때문에 학교와 가정에서 이중, 삼중으로 스트레스에 시달리고 있는 실정이다. 그런 상황에서 교회학교 교사들이 학생들을 정기적으로 만나서 그들을 격려하고 위로한다면 교회가 그들의 쉼터요, 안식처가 되지 않겠는가! 문제는 교사들의 지속적인 관심과 사랑이다. 그래서 학생들을 한 번 만난 것으로 만족하지 말고 지속적으로 만나야 한다. 누구든지 그렇게 지속적으로 만나다보면 마음 문을 열게 되어 있다.

어떤 사람이 세일즈맨을 대상으로 이런 통계를 냈다. 세일즈맨 중에서 48퍼센트는 한 번 방문 후 포기하고, 25퍼센트는 두 번 방문 후 포기하며, 단지 12퍼센트만이 줄기차게 방문하는데 그들이 전체 사업의 80퍼센트를 해내고 있다는 것이다. 이는 세일즈맨이 일정한 목표를 정하고 줄기차게 방문하면 반드시 그에 따른 보상이 있다는 것을 보여 준다. 세일즈의 성공은 얼마나 많은 사람들을 만나느냐, 혹은 얼마나 끈기를 가지고 줄기차게 방문하느냐에 달려 있다.

물론 반목회가 물질을 추구한다거나 자기의 명예를 위한 것이 아니라는 점에서 세일즈와 비교할 수 있는 차원의 것은 아니다. 그럼에도 불구하고 심방 사역은 원리적인 면에 있어서 어느 정도 세일즈의 원리를 적용할 수 있으리라고 본다. 마치 자기의 목표를 이루고 말겠다는 의지를 갖고 줄기차게 방문하는 세일즈맨처럼 영혼 사랑의 목표를 갖고 끊임없이 학생을 만나고, 찾아가면서 섬기는 교사는 반드시 성공한다. 문제는 교사가 학생의 영혼을 책임지려는 마음이다. 그야말로 최선을 다해 봉사하고자 하는 정신력이 필요하다.

최선을 다하라

길거리에 앉아 찌그러진 깡통을 부여잡고 자기를 한탄하며 살던 거지 폴 마이어가 30대의 나이에 백만장자가 된 감동적인 이야기이다. 어느 날 폴 마이어가 길가에서 깡통을 차고앉아 있는데 그 앞으로 고급 승용차 한 대가 지나갔다. 그 순간 마이어의 깡통이 승용차의 바퀴에 깔려 찌그러지고 말았다. "똑같은 인간으로 태어나서 누구는 고급 승용차를 타고 누구는 깡통을 차고 있으니…" 그런 생각을 하니 마이어의 마음속에 말할 수 없는 분노가 치밀어 올라왔다.

그래서 엎드려 기도하면서 결심했다. "나도 한 번 일을 시작해야겠다. 지금은 돈이 없으니 우선 세일즈맨이 되면 물건을 팔 수 있을 거야. 그렇지, 나도 할 수 있어!" 그렇게 해서 마이어는 거지에서 세일즈맨으로 탈바꿈했다. 그는 날마다 열심을 다해 일하다가 하나의 아이디어를 얻었다. "이왕 물건을 팔려면 업체의 사장들에게 팔아보자." 이런 생각을 하고 길거리에 다시 앉았다. 길거리에 앉아 있을 때 터득한 사람을 평가하는 특유의 안목으로 고급 승용차의 번호를 적어서 조사했다. 그렇게 해서 주소를 파악하고 인근 지역의 사장급 사람들을 모두 자기의 고객으로 만들었다.

그런데 어떤 회사의 사장 한 사람이 바쁘다는 핑계로 그를 만나주지 않았다. 그래서 마이어는 야고보서 1장 5절을 펴놓고 기도했다. "주님, 저는 이 책이 하나님의 말씀인 줄 믿습니다. 지혜가 부족하면 주님께 지혜를 구하라 하신 말씀을 믿고 구하오니 저에게 지혜를 주십시오. 지금 저를 거절하는 사장을 만날 수 있는 기회를 허락해 주십시오." 그러고 나서 그 사장에게 편지를 썼다. "사장님, 저는 날마다 하나님을 만나며 은혜와 사랑을 체험하고 있습니다. 그런데 사장님은 도무지 만날 수 없으니 사장님이 제가 믿는 하나님보다 더욱 높으신 분이시란 말입니까?" 마이어는 이 편지를 예쁜 선물 상자에 넣어 사장에게 보내어 호기심을 갖고 열어볼 수 있도록 유도했다. 사장은 뜻밖의 편지를 받고 큰 감명을 받았다. 그래서 마이어에게 연락을 취해 많은 물건을 사 주었다. 그 후에 마이어는 세일즈의 왕이 되었고 마침내 백만장자가 되었다. 그는 최선을 다했다! 교사도 학생의 영혼을 위해 최선을 다하면 반드시 길이 열린다.

2. 왜 심방인가?

반목회에서 심방은 교사들이 학생들과 애정을 나누며 그들을 알 수 있는 가장 좋은 기회다. 교사가 학생들과 개인적으로 만나 대화를 통해서 바른 인간적인 관계가 수립되면 아무리 간단한 한 마디의 가르침이라도 그들의 마음 깊이 새겨질 것이다. 그렇기 때문에 교사들은 될 수 있는 한 학생들을 자주 심방해야 한다. 섬김의 정신으로! 위에서 교사의 심방이 필요한 신학적이고, 성경적인 근거들에 대해서 간략하게 언급했다. 그러면 좀 더 구체적으로 교사가 영혼을 돌보는 방법으로써 심방이 필요한 이유에 대해서 몇 가지 생각해 보자.

성육신적인 사랑의 방법

심방은 자기희생을 요한다. 시간과 노력, 때로는 돈까지 투자되는 일이기 때문이다. 그러기에 심방은 교사가 학생을 사랑하고 있다는 증거다. 그런 점에서 어떤 사람은 심방은 성육신적인 사랑의 표현이라고 했다. "말씀이 육신이 되어 우리 가운데 찾아오신 것처럼 심방은 성육신적이다." 우리 교회에 지체 장애자 가정이 있다.

물론 그 가정에는 자녀도 있고, 부모와 친척이 있다. 하지만 그들은 경제적으로 자립할만한 형편이 되지 못한다. 주변에서 아무도 그들을 돌보지 않기 때문이다. 따라서 교회에서는 그들에게 매월 얼마씩 도움을 주고 있다. 그 부부는 자기에게 물질적인 도움을 주는 것보다 더 큰 기쁨을 주는 것은 가끔 이루어지는 목사의 심방이라고 했다. 심방의 기능이 바로 이것이다.

영광의 하나님께서 친히 우리에게 찾아오신 것은 우리를 향한 사랑의 확증이다(롬 5:8). 목회자가 어려움에 처한 양을 찾아가는 것도 성육신적인 사랑의 표현이다. 심방은 주님의 사랑으로 찾아가는 것이다. 학생들은 자기의 문제를 스스로 말하지 않는다. 그러기에 교사가 찾아가서 그들이 직면한 문제를 끌어내야 한다. 그들의 이야기를 들어주고, 고민을 나누고, 이해하려고 애쓰는 모습을 보여주면 교사가 보내는 사랑을 느끼게 될 것이다. 그렇게 해서 그들을 구체적으로 돕는 것이야말로 그들의 영을 살리는 길이다. 교사의 심방은 성육신적인 사랑의 방법이다.

닫힌 마음을 여는 열쇠

교사가 학생에 대해서 알 수 있는 길은 심방 외에 다른 방법이 없다. 어른들도 마찬가지이지만, 청소년이나 유·초등부 학생의 경우에 교사가 교회에서 만나도 그들의 마음을 읽어낼 도리가 없다. 교회학교 수업 기간 내내 대부분의 학생이 꽉 다문 입술과 틀에 박힌 형식적인 표현 외에 교사와 어떤 인격적인 대화가 이루어지지 않는 것이 오늘날의 교육 현실이다. 그렇기 때문에 교사가 학생을 직접 만나서 인격적인 대화를 하기 전까지 속사정을 알 도리가 없다. 그들은 교사가 개인적으로 접근하기 전에는 모든 감정을 감춘다. 그래서 교사가 형식적인 관계와 침묵을 깨뜨리는 가장 좋은 수단이 바로 심방이다. 곧 닫힌 마음을 여는 열쇠가 바로 심방이다.

아무리 굳게 다문 입술도 개인적으로 만나서 대화하면 쉽게 열린다. 닫힌 마음은 인격적인 대화를 통해서 열 수 있다. 그런 대화를 통해서 교사는 갈등과 절망 가운데 있는 학생에게 희망을 심어 줄 수 있다. 심방을 통해서 교사가 학생의 영적인 상태를 점검하게 되면 적절한 시기에 그들을 도와줄 수 있다. 교사는 학생들이 영적인 침체에서 벗어나도록 도움을 주어야 한다. 교사는 지속적인 심방으로 가정이나 학교에서 소외된 학생들이 위기를 당하기 전에 도와줄 기회를 찾아야 한다.

교사와 학생 사이의 인간적인 접촉은 상호 사랑의 깊이를 더해 주며, 그 심령에 말씀의 내용을 굳게 심어주는 방편이 될 수 있다. 학생들과 상호 애정을 나누고 신뢰 관계를 유지하기 위해서 지속적인 만남을 가져야 한다. 그런 애정의 기반이야말로 말씀이 자라는 터전이 된다. 교사와 학생 사이의 인간관계가 바로 되지 못하면 말씀을 받아들일 리 없다. 학생들과 인격적인 관계를 수립할 때 비로소 말씀이 능력을 발휘할 수 있다.

기도 제목 찾기

  학생들을 교회학교에서 한 번 만나서는 그들의 가정환경이나 개인적인 상황을 알 수 없다. 그러나 교사가 학생들과 개인적으로 만나 이야기를 나누다보면 가정환경을 자연스럽게 파악할 수 있다. 주님께서 말씀하신 것처럼(요 10:1~6), 반목회에서 목자가 양을 알고, 양이 목자를 알아야 바르게 목양을 할 수 있다. 교사가 학생들의 상태를 정확하게 파악하지 않고는 바른 목회를 할 수 없다. 어떤 교회에서는 부교역자가 부임하자마자 몇 주 이내에 구역원들의 이름과 가족의 이름까지 외우는 테스트를 한다고 한다. 그렇게 해서라도 목자가 양을 알려고 애쓰는 정신이야말로 목양의 귀감이 아닐까 싶다. 연초에 어느 교회의 교사 집회를 인도한 적이 있었다. 그때 교사들을 일으켜 세워서 학생들의 이름을 대어보라고 했더니 거침없이 말했다. 그러나 학생들의 부모가 누구인지, 어느 학교에 다니는지에 대해서 물었더니 말하는 사람이 거의 없었다.
  특히 교사들은 자기에게 맡겨진 학생들이 수백 명이 되는 것도 아니고, 불과 십여 명 혹은 그 이상이나 이하인데 학생에 관한 정보를 정확하게 알아야 한다. 그렇게 정확한 정보를 가질 때 관리도 쉬워지고 구체적으로 중보의 기도를 할 수 있다. 심방이 주는 영적인 유익은 기도 제목을 찾을 수 있다는 점이다. 그래서 할 수 있으면 학생들을 개인적으로 만나야 한다. 학생들을 개인적으로 만나지 않으면 그들의 기도 제목을 알 수 없다. 하지만 교사가 학생을 심방하고 만난 후에는 그들을 위해서 무엇을 기도해야할 지 금방 알 수 있다. 이미 중보 기도에 대해서 언급했지만, 학생을 위한 교사의 중보 기도는 영혼을 살릴 수 있는 강력한 힘이 된다. 교사는 더욱 구체적으로 학생을 위해 기도함으로써 그 영혼을 굳게 세워 줄 수 있다.

인격적인 교제를 위해

교사가 학생과 개인적인 만남이 없이 이루어지는 반목회는 생명력이 없다. 예수님도 군중에게 설교하시는 일과 함께 개인적으로 만나는 시간을 많이 가지셨다. 주님은 사람들이 몰려드는 대중적인 장소를 피하시고 자기의 도움이 필요한 곳으로 언제든지 찾아가셨다. 그렇게 개인적으로 만날 때 그들에게 심령의 변화가 일어났다. 오늘날 교회 교육의 현실은 학생과 교사 사이에 인격적인 교제를 나눌 시간이 없는 실정이다. 학생들이 너무나 바쁘기 때문이다. 더구나 도시화 현상 때문에 이기주의와 개인주의가 팽배한 사회에 살고 있는 것도 학생들과 만나기 힘든 이유 중의 하나다. 또한 정보 통신의 발달로 직접 만나지 않아도 얼마든지 의사소통이 가능하기 때문에 심방이 어려운 실정이다.

그럼에도 불구하고 교사는 학생들과 인격적인 관계를 형성하는 일에 최선을 다해야 한다. 눈과 눈을 마주치며 만나는 일이 없이는 인격적인 교제를 갖기 힘들다. 편지나 이메일, 전화 등으로 학생들을 간접 심방할 수 있으나 그것으로 진정한 인격적인 교제를 나누기는 힘들다. 그래서 직접 만나야 한다. 인격적인 교제가 없으면

한 교회에서 말씀을 듣고 은혜를 받는 것조차도 어렵다. 그렇기 때문에 반목회에서 가장 우선적인 일은 교사와 학생 사이의 인격적인 교제가 선행되어야 바른 교육이 이루어질 수 있다. 교사와 대화가 단절되거나 신뢰 관계가 형성되지 않고서는 어떤 교육의 효과도 기대할 수 없다.

교사는 학생에게 성경 지식만을 전하는 사람이 아니다. 반목회에서 교사의 역할은 학생들을 인격적으로 변화시켜서 그리스도께로 인도하는 것이다. 그렇기 때문에 어떤 경로를 통해서라도 학생들과 만나서 삶에 얽힌 이야기를 들으면서 인격적으로 깊은 신뢰 관계가 형성되어야 한다. 그렇게 신뢰 관계가 형성되면 말씀을 받아들이기도 쉽다. 교사는 학생들을 영적으로 돌보며 그들의 영혼을 책임지는 목자이다. 그래서 학생들의 영적인 성장과 도움이 되는 일이라면 모든 수단을 동원해야 한다.

■ 인격적인 의사소통이 주는 여덟 가지 효과 ■

1. 지식을 더하게 된다.

"입이 선한 자가 남의 학식을 더하게"(잠 16:21) 한다고 했다. 여기에서 지식을 더하게 한다는 말은 사람을 설득할 수 있게 된다는 말이다. 서로 대화를 주고받다 보면 학생에 대한 정보(지식)가 더해갈 뿐 아니라 영적 지식이 더해 간다.

2. 교육한다.

"의인의 입술은 여러 사람을 교육하나"(잠 10:21). 교사가 학생들을 영적 양식으로 잘 먹여 가르치면 인격과 신앙이 성숙해진다.

3. 지속된다.

"진실한 입술은 영원히 보존되거니와 거짓 혀는 눈깜짝일 동안만 있을 뿐이니라"(잠 12:19). 거짓된 말은 일시적이지만 진실된 말과 정직한 가르침은 오래 지속된다.

4. 치료가 된다.

"혹은 칼로 찌름같이 함부로 말하거니와 지혜로운 자의 혀는 양약 같으니라"(잠 12:18). "선한 말은 꿀송이 같아서 마음에 달고 뼈에 양약이 되느니라"(잠 16:24). 교사들의 말 한마디로 학생은 마음의 상처가 치료될 수 있다.

5 반감을 깨뜨린다.

"부드러운 혀는 뼈를 꺾느니라"(잠 25:15) "유순한 대답은 분노를 쉬게 하여도"(잠 15:1). 성급하게 말하거나 강하게 내뿜는 말은 효과가 거의 없다. 하지만 유순한 대답은 모든 상황을 바꿔주며 좀 더 높은 수준의 대화로 이끌어 줄 것이다.

6. 확실한 반응을 할 수 있다.

"너로 진리의 확실한 말씀을 깨닫게 하며 또 너를 보내는 자에게 진리의 말씀으로 화답하게 하려 함이 아니냐"(잠 22:21). 학생은 인격적인 의사소통이 가능한 교사로부터 현명한 가르침을 받는다.

7. 환난에서 보호받는다.

"입과 혀를 지키는 자는 그 영혼을 보전하느니라"(잠 21:23). 말을 지키면 학생에게 복이 된다. 하지만 입을 지키지 못하면 환난과 고난이 따른다.

8. 생명을 가져온다.

"의인의 입은 생명의 샘이라"(잠 10:11). 교사가 지혜와 교훈으로 가득 찬 말을 할 때 학생들에게 생명의 샘이 공급된다.

- 필립 메이

고객을 관리하듯이

어느 날 인근 주변의 한 약국에서 예쁜 봉투에 담긴 편지 한 통이 왔다. 개봉해보니 아들의 생일 축하 편지였다. 약을 조제하면서 주었던 정보를 컴퓨터에 보관하더니 그 정보를 이용해서 축하 편지를 보낸 것이다. 그뿐만 아니라 딸아이의 안경을 구입한 가게에서 딸의 초등학교 졸업식 날 축하 카드가 날아왔다. 이처럼 각 업체나 금융기관 그리고 가게 등에서도 주어진 정보를 동원해서 고객을 관리하고 최상의 서비스를 제공하는 것이 현실이다. 하물며 교회학교에서 학생들을 관리하는 데 최선을 다해야 하지 않겠는가! 학생들을 관리하려면 우선 그들의 신앙 상태, 가정환경, 생활의 내용, 가정의 분위기, 성격 등 모든 것을 자세히 파악해야 한다. 그들이 어떻게 생활하며, 어떤 고민을 하고 있으며, 어떻게 살아가는지 알게 될 때 그들을 위해서 기도하게 된다. 그런 정보를 자세하게 알고 있을 때 그들과 함께 즐거워하며, 함께 우는 자(롬 12:5)로서 주님이 원하시는 반목회를 감당할 수 있을 것이다.

학생에 대한 교사의 관심과 사랑은 그들이 결석했을 때 교사의 심방을 통해서 직접 만나거나 전화로 연락함으로써 입증된다. 학생들이 결석했을 때 교사는 일방적인 견해와 선입견으로 인하여 방치함으로써 학생들을 놓치는 경우가 더러 있다. 그러나 교회에 결석하는 학생에 대해서 정확한 이유를 파악하지 않으면 그들을 영적으로 바로 지도할 수 없다. 또한 새로운 학생들을 관리하는 데는 개인적으로 만나는 것보다 더 큰 효과는 없다. 일단 교회에 새가족이 나오면 가능하면 빠른 시일 내에 만나야 한다. 그때 처음 나온 학생이 교회는 학교와는 무엇인가 다른 곳이라는 인상을 깊이 심어줄 수 있도록 최대한의 사랑과 관심을 쏟아 부어야 한다.

처음 이사해 왔거나, 혹은 친구의 전도를 받아 왔거나 처음 교회에 나온 학생들은 누구나 자칫하면 소외되기 쉽다. 그래서 새로운 학생들은 교회에 나와 앉아 있기는 하지만 적응하는 데는 상당한 시간이 걸린다. 그렇기 때문에 교사는 그들의 진정한 친구요, 안내자가 되어야 한다. 그들을 위한 환영의 시간을 따로 가지면서 한 사람이 얼마나 귀한지를 모든 학생들에게 심어줘야 한다. 형식적인 환영이나 소개가 아니라 마음이 담긴 진실한 환영이 필요하다. 더구나 교사가 새로운 학생들에게 곧바로 편지를 보내거나, 간단한 기념품을 준비해서 전해 주면 그보다 더 좋은 효과는 없을 것이다.

영적 성장을 돕기 위해

심방을 통해서 교사가 학생들의 영적 성장을 돕는 일은 가장 기본적인 일이다. 일반적으로 영적인 문제가 있을 때 사후 처리로 심방하는 경우가 허다한데 미리 예방하는 일이 더 중요하다. 물론 반목회에서는 학생들이 영적인 문제를 제기하지 않는 경우가 더 많을 것이다. 하지만 실제로는 그렇지 않다. 학생의 영적 상황은 장년과 전혀 다를 바 없다. 그들도 동일하게 시험을 받게 되고 영적인 침체를 경험하기도 한다. 그렇기 때문에 교사가 언제나 그들의 영적 상태를 정확하게 파악하는 일이 중요하다.

앞서 언급한 것처럼 훈련과 양육을 통해서 학생들의 신앙 성장을 도울 수 있지만 심방하여 만남으로써 좀 더 심층적으로 도울 수 있다. 교사는 심방을 통해서 학생이 지금 영적으로 어느 단계에 와 있는지 분명하게 파악해야 한다. 학생들의 신앙은 유동적이며 분위기나 환경에 따라 바뀔 수 있기 때문이다. 수련회에서 은혜를 받고 열심을 낸 학생들도 어느 사이에 그 믿음이 식어져버린 경우가 허다하다. 그래서 교사는 학생들을 개인적으로 만나서 구원의 확신이 있는지 점검하고 말씀과 기도로 무장할 수 있도록 격려하고 도전을 주어야 한다.

위험을 막기 위해

한 번은 새벽 두 시 경에 잠에 푹 빠져 있는데 전화벨이 요란하게 울렸다. 잠결에 수화기를 들어보니 고등학생쯤 될법한 학생이 급한 목소리로 말했다. "목사님 저 좀 도와주세요!" "아니, 이 밤중에 누구세요?" "저는 ㅇㅇㅇ집사님 아들이에요." 그 말을 듣고 보니 그 학생이 누구인지 감이 잡혔다. "무슨 일인가? 왜 그러지?" "저희 아빠 좀 살려 주세요." 곧바로 옷을 갈아입고 그 집을 향해서 차를 몰았다. 한밤중의 심방인 셈이었다. 집에 도착해보니 그야말로 전쟁을 방불케 할 정도였다. 집안 살림이 깨어지고 곳곳에 핏자국이 있었다. ㅇㅇㅇ집사는 술에 만취되어 다리에 피를 흘리며 쓰러져 있고, 그 옆에서 아내는 흐느끼고 있었다. 전화한 학생은 기가 막힌 듯이 여기 저기 흩어져 있는 것들을 쓸어 모으고 있었다. 나는 그 모습을 보는 순간 "아차!" 하는 생각이 들었다. 온 집안 식구들이 사탄에게 실컷 얻어맞고 쓰러져 있다는 생각이 들었기 때문이었다. 미리 영적 진단을 했어야 했는데 전혀 무방비상태였던 것을 후회했다.

아들로부터 이야기를 들으니 저녁 늦게 싸움이 나서 몇 시간 동안 전쟁을 치르다가 피를 흘리는 사고까지 벌어졌다는 것이었다. 그런 보습을 보다 못해 나에게 전화를 했다고 말했다. 나는 즉시 그 성도를 내 연구실로 데리고 와서 잠을 재우고 난 뒤 새벽예배를 인도한 적이 있다. 그 일을 처리하면서 목회 현실은 양떼가 푸른 초장에서 기름진 꼴을 뜯어먹고 있는 한 폭의 그림과 같은 것이 아니라는 것을 깨닫게 되었다. 우리의 목장은 영적 전투다! 그러기에 양들은 적의 공격을 받아 쓰러지고 지쳐있으며, 눈물로 얼룩진 상처를 안고 고통 가운데 살아가는 양이 많다는 점을 알게 되었다. 그렇다면 그들을 적의 공격으로부터 어떻게 보호하며, 날마다 도전해오는 세속의 위험과 영적인 전투에서 승리하도록 어떻게 안내할 것인가? 그런 점에서 심방이 절대적으로 필요한 것이다. 미리 성도들의 가정 형편을 파악하고 영적인 진단을 적절하게 했더라면 그런 불상사는 없었을 텐데…. 심방의 효과가 바로 그것이다. 교사는 심방을 통해서 학생에 대한 영적인 진단을 하고 모든 상황을 철저히 파악해서 탈선의 위험을 방지하고 사고를 대비하는 효과가 있다.

3. 심방 지침

교사가 학생을 심방하는 것은 목회자의 심방과 다를 수 있다. 목회자는 특별한 경우를 제외하고는 대부분 가정을 방문해서 대화하고, 예배를 드리고, 상담하는 등 모든 여건이 잘 갖추어진다. 하지만 교사의 심방은 반드시 가정에서 이루어지는 것이 아니다. 설령 가정을 방문해도 목회자의 방문과는 큰 차이가 있을 것이다. 그렇기 때문에 교사의 심방은 가정 방문, 학교, 공원, 학원 근처, 음식점 등 찾아갈 수 있는 모든 곳에서 심방이 이루어진다. 그렇게 해서 학생들을 만날 때 기본적으로 지켜야 할 수칙이 있다.

■ **지침 1**: 기도로 준비하라.

심방은 교사가 하나님의 마음으로 학생을 방문하는 일이다. 그렇기 때문에 심방에서 가장 중요한 것은 성령의 역사이다. 성령의 역사가 아니면 영적인 열매를 기대할 수 없다. 학생의 마음은 교사의 설득력 있는 말로 열리는 것이 아니고 성령의 도우심이 있어야 한다. 성령이 마음을 변화시켜주시기 때문이다! 그러기에 학생을 만나기 위한 일체의 분위기와 환경까지 하나님께서 다스리도록 기도해야하며, 모든 대화 가운데 하나님의 임재가 드러나도록 미리 간구해야 한다.

■ **지침 2** : 경건을 잃지 말라.

교사가 학생을 만나는 것은 학교나 취미 등 학생의 관심을 파악하기 위한 것이 아니다. 물론 마음의 문을 열기 위해서 여러 가지 대화로 유도할 수는 있으나 궁극적인 심방의 목적은 학생을 주님께로 인도하는 것이다. 그렇기 때문에 학생을 만날 때 성적, 학교 상황, 개인적인 이야기 등으로 대화를 끌어가다가 영적인 이야기로 전환할 기회를 포착해야 한다. 교사는 심방 중에 학생의 영적 상태를 파악하고 도움을 주는 데 최상의 목적을 둬야 한다. 가능하면 성경적인 교훈을 주기도 하고, 영적인 경험담도 들려주면서 경건한 분위기를 유지해야 한다.

■ **지침 3** : 목적을 분명히 하라.

심방을 하는 목적은 앞서 언급한 대로 다양하다. 그런 심방 목적을 염두에 두면서도 그날 교사가 학생을 만나려고 하는 분명한 목적을 정하지 않으면 시간을 낭비하기 쉽다. 학생을 만날 때 한 번 만나서 모든 목적을 이룰 수 없다. 예를 들면, 학생의 개인적인 고민이나 진로, 이성 문제, 혹은 가정 문제 등을 파악하려고 했다면 그 이야기만 들어야 한다. 그날 심방의 목적을 분명히 해서 한

가지에 집중하지 않으면 결과적으로 정확한 정보를 파악할 수도 없고 학생도 혼란스러울 수 있다. 심방의 목적을 분명히 하고 될 수 있으면 한 가지에 집중하라.

■ **지침 4** : 분위기를 유도하라.

학생들을 만났을 때 딱딱하거나 형식적인 분위기로 흐르지 않도록 주의해야 한다. 또한 너무 지나친 형식을 갖추는 것도 주의해야 하며, 지나친 질문 공세도 부담을 줄 수 있다. 그런 점들을 유의하면서 칭찬하고, 격려하면서 자연스럽게 마음 문을 열도록 유도해야 한다. 그렇다고 교사로서 너무 가벼운 모습을 보여도 안 되고 자상함과 부드러움으로 영적인 지도자로서의 권위도 보여줘야 한다.

■ **지침 5** : 짧은 시간에 끝내라.

대부분의 학생이 시간에 쫓기고 있다. 학교 수업, 학원, 개인 과외 등으로 정신없이 보낸다. 초등학생이나 중·고등학생 할 것 없이 모두 바쁘게 생활한다. 그렇기 때문에 교사들이 만나서 분위기가 무르익어 간다고 시간을 오래 끄는 것은 금물이다. 될 수 있으면 짧은 시간에 만남을 끝내야 한다. 그들에게 다음에 또 만나고 싶은 여운을 남기고 적당한 선에서 대화를 마쳐야 한다.

■ **지침 6** : 약속에 철저하라.

학생들은 모든 면에서 매우 민감하다. 그들과 개인적으로 약속하면 반드시 지켜야 한다. 문제는 교사가 정확하게 약속 시간을 지키지 않을 때가 더 많다. 심방에서뿐만 아니라 교회에서도 예배 시간을 지키지 않는 교사들이 종종 있는 것은 교육에서 가장 치명적이다. 일단 약속했으면 시간을 철저히 지켜야 하고, 만약 불가피하게 늦었거나 지킬 수 없었다면 반드시 그 사유를 설명하고 사과해야 한다.

■ **지침 7** : 비밀을 지키라.

학생들이 교사에게 말하는 대부분의 말, 특히 개인적인 신상이나 가정환경, 혹은 이성의 문제나 진로 등은 심중에만 간직해야 한다. 학생으로부터 들은 이야기를 다른 교사에게 말하거나 사석에서 노출하는 것은 금물이다. 사람은 누구든지 자기만 알고 있는 비밀을 남에게 공개하고 싶은 유혹을 받는다. 지도자는 그런 유혹을 이겨내야 한다. 한 번 비밀이 새나간 것이 드러나면 다시는 신뢰받을 수 없게 된다. 교사는 어떤 일이 있어도 개인적으로 들은 비밀을 절대 지켜줘야 한다.

■ **지침 8** : 가능하면 많이 들어주라.

학생을 만났을 때 교사는 할 수 있으면 들어주는 시간을 많이 확보해야 한다. 자기의 고민을 누구에겐가 말하는 것만으로도 해결책이 될 수 있기 때문이다. 학생을 만나서 설득하거나 설교를 더 많이 하려는 유혹을 버려야 한다. 다만 학생이 스스로 대답하고 말할 수 있도록 유도하면서 영적인 조언과 기도로 마치면 된다. 사실 학생들은 자신의 말을 할 기회를 잃고 산다고 해도 과언이 아니다. 심지어 사춘기에 있는 학생들은 부모나 교사의 말은 잔소리로 생각하고 쉽게 짜증을 부리는 것이 오늘의 현실이다. 될 수 있으면 들어주고 그들을 이해하려고 노력할 때 그들의 친구가 될 것이다.

학생들로부터 이야기를 들을 때 다음과 같은 점을 주의해서 듣는 교사가 되어 보라.

1. 학생이 말하고 있을 대 학생을 쳐다본다.
2. 학생이 무엇을 말하고 있는지 분명히 하기 위해서 종종 그에게 질문을 한다.
3. 학생의 감정에 관한 질문을 함으로써 관심을 보여준다.
4. 학생이 말하는 것을 가끔 반복해 준다.
5. 학생에게 말을 재촉하지 않는다.
6. 진지하게 듣고 있는 자세를 취하라.
7. 머리를 끄덕이거나 미소를 짓는 등 계속해서 반응을 보이라.
8. 세심한 주의를 기울이다.

9. 학생의 말을 가로채지 않는다.
10. 학생의 말이 끝날 때까지 그 주제를 계속 들으라.

■ **지침 9** : 웃음을 잃지 말라.

미국 의학계에서 중대한 학술 발표를 한 적이 있다. 그것은 뇌 속에 사람에게 웃음을 유발시키는 '웃음보'가 있다는 것이다. 그동안 학자들은 웃음이 뇌의 자극을 통해서 나오는 것이라고 생각했는데 뇌 속에 웃음을 유발하는 웃음보가 있다는 것이 처음으로 보고된 것이어서 의학계에서는 빅뉴스거리였다. 옛말에 '웃는 얼굴에 침 뱉으랴'는 말이 있을 정도로 웃음에는 사람의 마음을 바꾸어 주는 보이지 않는 힘이 있다. 말할 때나 인사할 때에도 늘 웃음을 잃지 않고 싱글벙글한 사람은 언제 봐도 기분이 좋은 사람이다. 교사의 얼굴에 웃음을 잃지 않으면 학생들이 쉽게 접근한다. 하지만 얼굴에 웃음도 없고 어두운 그림자만 깔려있으면 학생들이 접근할 수 없다. 먼저 미소를 짓고 활짝 웃는 모습으로 학생들을 대하라!

■ **지침 10** : 가능하면 선물을 준비하라.

학생들은 감수성이 예민하기 때문에 작은 선물 하나에도 마음의 감동을 받는다. 그렇기 때문에 가능하면 학생을 만날 때는 간단한 선물이나 카드 등을 준비해서 전해주면 사랑을 느낄 것이다. 특히 생일이나 축하할 일 등이 있을 때는 개인적으로 만나서 마음을 전하면 가장 효과적이다. 선물을 준비할 때에는 선물 그 자체보다 그 안에 담긴 마음이 중요하다. 학생들이 오랫동안 간직할 수 있는 기념품이나 소책자 등을 선물하면 최상의 심방 효과를 거둘 수 있다.

■ **지침 11** : 기도로 끝내라.

학생과 개인적으로 만나는 것은 영적인 교사와 학생의 신분으로 만나는 것이다. 교사는 학생에게 언제나 영적인 지도자로 서야 한다. 학생을 위해서 모든 면에서 모범을 보여줘야 할 뿐 아니라 짧은 기도를 통해서 하나님께 그 영혼을 맡기는 간구를 드려야 한다. 그렇게 함으로써 학생들은 하나님의 사랑을 느끼며 교사의 영적 관심을 파악할 수 있게 된다. 그러기에 대화를 마치고 헤어질 때는 기도로 끝내야 한다.

■ **지침 12** : 심방 일지를 기록하라.

교사가 학생을 심방하여 만나는 것은 개인적인 만남이 아니라 공적인 것이다. 따라서 심방할 때 그 상황을 간략하게 기록해서 자료로 남기는 것이 좋다. 그렇게 해서 파악된 자료는 할 수 있으면 다음해에 새로운 교사에게 전달하면 학생 지도에 많은 도움이 될 것이다. 그런 자료는 직접 만났을 때뿐만 아니라 전화 심방의 상황까지도 지도에 필요한 정보가 있다면 기록해 놓음으로써 효과적으로 지도할 수 있을 것이다.

■ **지침 13** : 함께 먹으라.

심방 중에 학생과 함께 먹는 시간을 가지면 교사의 사랑을 체험하게 된다. 물론 교사는 최소한의 물질을 투자할 각오를 해야 한다. 기본적인 먹는 욕구가 충족되면 더 이상 말하지 않아도 상호 통하는 바가 있을 것이다. 그렇다고 먹고 즐기는 것이 심방의 목적은 아니다. 하지만 학생들과 함께 먹는 시간을 갖는 것은 심방의 효과를 더해준다.

■ **지침 14** : 결과는 하나님께 맡기라.

심방은 주님의 이름으로 만나는 것이다. 주의 사랑이 아니고는 학생들을 만날 이유가 없다. 교사는 하나님의 마음으로 학생을 만나 영적인 성장을 도와주는 사람이다. 그렇다고 심방하여 만난다고 해서 학생들이 갖고 있는 문제가 다 해결되는 것은 아니다. 더구나 심방을 통해서 학생들이 단번에 영적으로 성장하는 것도 아니다. 그럼에도 불구하고 교사는 최선을 다해서 학생들을 영적으로 돌보고 그 후의 결과는 하나님께 맡겨야 한다. 심방의 결과가 기대에 미치지 못한다거나 심방 후에도 여전히 교회 출석이 안 되는 수도 있다. 그러나 교사는 인내하면서 모든 결과를 하나님께 맡기고 기도해야 한다.

■ 영아 · 유치부 심방 지침 ■

1. 방문하기 전에 미리 부모에게 알려라.
2. 부모를 위한 교회 팸플릿이나 주보 및 교육 자료를 준비하라.
3. 아이를 위해서 생일 카드나 조그마한 선물을 준비한다.
4. 필요한 정보들, 곧 생일, 주소, 부모의 이름, 직업, 신앙 여부 등을 기록하라.
5. 아이를 안아주고 어루만져 주라.
6. 영아 · 유치부의 목적을 잘 설명하고 아이와 부모를 위해 기도하겠다고 약속하라.
7. 엄마의 이야기를 잘 들으라.
8. 아이를 칭찬하고 단점이나 결점을 들춰내지 말라.
9. 엄마와 지속적으로 연락하여 불신자일 경우 복음을 전할 기회로 삼으라.
10. 심방의 결과를 지도 교역자 및 부장에게 보고하라.
11. 심방 후에도 반드시 그 부모와 아이를 위해서 구체적으로 기도하는 일을 잊지 말라.

제7장 반목회의 모델 - 예수님의 섬김 목회

지금까지 반목회의 다양한 양상을 여러 가지 관점에서 이야기했다. 이제는 성경에서 예수님을 비롯한 여러 사람의 목회 유형을 살펴보면서 반목회의 모델을 찾아보려고 한다. 물론 교사의 모델은 예수님이시요, 반목화의 모델 역시 예수님의 목회에서 찾아야한다는 것은 말할 나위도 없다. 하지만 예수님 외에 다른 유형의 목회 양식을 비교 검토하면서 다양한 반목회의 모델을 찾아보려고 한다.

1. 목회의 스타팅 포인트

　예수님은 섬김뿐만 아니라 목회의 다양한 모델을 제시해줄 수 있는 분이다. 하지만 여기에서는 마가복음에 나타난 예수님의 섬김의 모습을 보면서 섬김 목회의 모델을 찾아보려고 한다. 마가복음에서 예수님이 최초로 등장하는 곳은 요단 강에서 세례를 받으시는 장면이다(막 1:9, 15). 예수님은 본격적인 목회가 시작되기 전에 세례를 받으셨다. 그런데 세례 후에 곧 바로 일어난 사건을 주목해 볼 필요가 있다.

　성령 체험

　요단 강에서 세례를 받으시고 물에서 나오실 때 바로 성령이 비둘기같이 예수님께 임하셨다. 예수님은 목회를 시작하기 전에 성령을 체험하신 것이다. 성령에 관해서는 앞서 언급한 바 있지만, 예수님의 목회에 있어서 성령이 차지하는 비중을 생각할 때 아무리 강조해도 지나침이 없다고 본다. 성령의 능력이 아니고는 반목회를 감당할 수 없다. 사역의 원동력이 성령이시고, 능력의 근원도 성령이시다. 그런 점에서 반목회의 스타팅 포인트는 교사의 성령 체험에 있다고 할 수 있다. 여기에서 성령을 체험한다는 말은 믿는 자들이 다시 성령을 받아야한다는 의미가 아니라 성령의 능력을 힘입는 은혜의 체험을 의미한다. 성령은 예수 그리스도를 주로 고백하는 순간에 내주하기 시작한다. 그렇게 해서 한 번 임재하신 성령은 다시 떠나는 법이 없다. 주님께서 이렇게 약속하셨다! "내가 아버지께 구하겠으니 그가 또 다른 보혜사를 너희에게 주사 영원토록 너희와 함께 있게 하시리니"(요 14:16).

교사는 이미 성령을 받은 자이다. 그렇기 때문에 교사의 성령 체험은 이미 성령의 내주하심을 경험한 사람으로서 성령의 능력을 힘입는 은혜 체험을 의미한다. 물론 성령의 능력은 어떤 표적으로 임하는 수가 있다. 예를 들면, 미국의 부흥 운동가 찰스 피니의 경우가 그렇다. 그는 강력한 성령의 능력을 받은 증거를 여러 차례 언급한 바 있다. 피니는 그런 표적을 성령 세례라고 한다. "나는 돌아서서 불 옆에 자리 잡게 되었을 때 성령의 강력한 세례를 받게 되었다. 성령은 나의 몸과 영혼을 관통하는 듯한 느낌으로 내게 임하셨다. 그것은 꼭 온몸이 전기에 감전되어 관통되는 듯한 느낌이었다. 사실상 그것은 파도치는 듯한, 곧 사랑이 막힘없이 나의 속으로 흘러들어 오는 듯한 인상이었다. 그 체험을 이것 외에 다른 방법으로는 도저히 설명할 길이 없었다. 나는 기쁨과 사랑에 충만하여 감격의 눈물까지 흘렸다. 자세히 알 수는 없지만 분명히 말할 수 있는 것은 문자 그대로 내 가슴속에서 말로 설명할 수 없는 그 무엇인가가 스스로 용솟음쳐 나오는 대로 외쳤다."

그런데 피니의 표현대로 이런 체험을 성령 세례라고 하면 다음과 같은 난점이 생긴다. 과연 이런 체험이 예수 그리스도를 믿는 모든 사람에게 따르는 보편적인 체험이 될 수 있는가? 그렇지 않다. 예수 그리스도를 처음 고백하는 순간이나 믿은 후 어느 순간을 막론하고 그런 체험은 보편적인 것이 아니다. 그런 체험은 특별한 경우에 따르는 은혜의 체험이기에 그것을 성령 세례라고 표현하면 많은 혼선이 따르게 될 것이다. 더구나 성령 세례에 관한 여러 입장이 난무하기 때문에 용어 선택에 주의를 기울여야 하리라고 본다. 따라서 예수를 믿은 후에 따르는 강력한 성령 체험은 '성령 세례'라는 용어보다는 성령의 능력을 힘입는 '은혜의 체험'이라고 말하는 것이 더 나을 듯하다. 그런 측면에서 교사들이 반목회의 스타팅 포인트로써 성령 체험은 내주하신 성령의 능력을 힘입는 은혜의 체험을 의미하는 말이다.

은혜 체험의 비결

그렇다면 그런 은혜의 체험이 정말 가능한 것일까? 물론 피니의 경우는 특별한 경우임에 틀림없다. 누구나 그런 체험을 통해서 은혜를 받고 사역에 임했으면 좋겠는데 실제로는 그렇지 못하다. 그러면 어떻게 하면 은혜의 체험을 할 수 있을까? 물론 은혜의 체험이라고 해서 어떤 표적을 기대하는 것은 아니다. 하지만 어떤 형태로든지 교사는 풍성한 은혜를 체험해야 반목회를 감당할 수 있다. 은혜를 체험하지 못한 교사는 심령이 메말라서 생명을 살리지 못한다. 그런 은혜를 체험하는 비결로써 두 가지를 말하고 싶다. 하나는 기도요, 또 하나는 믿음이다. 누가에 의하면, 예수님의 경우 섬김의 목회 현장에 들어가시기 전에 준비하신 것은 기도였다. 주님은 기도로 섬김의 목회를 준비하심으로써 성령의 기름 부음을 받으셨다. 곧 기도를 통해서 깊은 은혜를 체험했다는 말이다.

뿐만 아니라 주님은 사역을 확신시켜 주는 하늘의 음성을 듣고 섬김의 목회를 시작하셨다. "하늘로서 소리가 나기를 너는 내 사랑하는 아들이라 내가 너를 기뻐하노라"(막 1:11). 이 음성은 주님의 소명과 사역에 대한 확신을 심어주는 하나님의 음성이었다. 즉 예수님은 하늘의 음성을 통해서 자신이 하나님의 아들로서 소명에 대한 확고한 믿음과 그 사역을 하나님께서 기뻐하신다는 믿음을 갖게 되었다. 이로써 예수님은 '기도와 믿음'이라는 든든한 기초석을 세워서 섬김의 목회를 이루셨다. 기도와 믿음이 은혜의 비결이다! 기도에 대해서는 여러 차례 말했기 때문에 더 이상 언급하지 않으려고 한다. 다만 은혜 체험의 비결로써 믿음에 대해 몇 가지 언급하고 이 주제를 넘어가기로 하자. 은혜를 체험하기 위한 믿음은 세 가지 측면에서 생각할 수 있다.

첫째는 하나님께서 자신을 반목회를 위해서 '또 다른 목회자'로 부르셨다는 확고한 믿음이다. 교사는 하나님이 세우신 소명자이다. 그렇기 때문에 일하기 싫다고 그 직무를 벗어버리거나, 마음에 맞지 않는다고 버리거나, 게으름을 피울 성격이 못된다. 다른 직분도 마찬가지이지만, '또 다른 목회자'로 부름 받은 교사야말로 신적인 소명을 부여받은 거룩한 직분자이다. 죽어 가는 영혼을 살리기 위해서! 그런 믿음만 가지고 반목회를 시작하면 어떤 표적이 나타나지 않는다 해도 그 심령에 불이 활활 타오를 수밖에 없다. 그래서 그런 믿음이야말로 은혜 체험의 비결이라는 말이다.

둘째는 자신의 반목회를 하나님께서 기뻐하신다는 불타는 믿음이다. 교사의 사역은 어떤 경우에도 하나님께서 기뻐하신다. 그 일이 천하보다 귀히 여기는 영혼을 살리는 일이기에 그렇다. 하나님은 죽어 가는 영혼을 살리기 위해서 외아들을 보내셨다. 그러기에 영혼을 살리는 일이야말로 어떤 일보다도 더 귀하고 소중한 일이다. 그 일이야말로 하나님께서 가장 기뻐하신다. 교사가 자신의 반목회를 하나님께서 기뻐하신다는 믿음을 갖게 되면 아무리 어려운 일을 만나도 흔들리거나 좌절하지 않는다. "내가 너를 기뻐하노라!" 이 음성을 듣는 교사는 기쁨으로 사역을 감당케 되니 그것이 바로 은혜의 체험이 아닌가!

셋째는 반목회의 열매를 맺게 해주실 것을 확신하는 믿음이다. 사역의 열매는 하나님의 손에 달려 있다. 그런 믿음으로 하나님을 바라보면서 일하면 모든 결과는 하나님께서 책임지신다. 바울도 "나는 심었고 아볼로는 물을 주었으되 오직 하나님은 자라나게 하셨나니"(고전 3:6)라고 했다. 스펄전은 강단에 올라가는 마지막 발걸음을 내디디면서도 주께서 말씀에 함께 해주실 것을 믿고 기도했다. 그런 믿음이 스펄전의 설교가 능력 있게 되는 비결이 되었다. 공과를 가르칠 때나 심방을 할 때 등 어느 때를 막론하고 하나님께서 열매를 맺게 해주실 것을 확신하는 믿음이야 말로 성령이 역사하는 지름길이다.

그렇다고 모든 경우에 다 이런 믿음을 조건으로 해서 은혜를 주신 것은 아니다. 예수님께 나온 사람들이 전혀 믿음이 없는 경우에도 일방적인 은혜를 베풀어 주셨다. 예를 들면, 1970년 노벨 문학상을 수상한 소련의 솔제니친(A. I. Solzhenitsyn)이 체험한 은혜이다. 그는 감옥에서 십자가의 은혜를 체험했다. 그것도 일방적인 은혜로! 그는 스탈린을 비난했다는 이유로 강제 수용소에 갇히게 되었다. 수용소에서 갇혀 지내던 솔제니친은 너무나 크게 낙심하여 자신이 조만간 죽게 될지도 모른다는 사실조차 무관심할 정도에 이르렀다. 그는 모든 것을 포기하고 있었다! 그러던 어느 날 작업 중의 휴식 시간에 밖에서 작업 공구를 손보고 있는데 낯선 사람이 그의 곁에 와 앉았다. 물론 그 사람은 그날 처음 만났고, 또 그 후에도 다시는 보지 못했다. 그런데 그 낯선 사람이 솔제니친 옆에 앉아서 막대기로 땅 위에다 십자가를 그려 보여 주었다. 그때 솔제니친은 한참동안 뚫어지게 십자가를 내려다보다가 이렇게 말했다. "이제 깨달았습니다. 이 십자가 속에 인간의 자유가 있다는 것을!"

십자가는 솔제니친에게 삶의 희망을 주었다. 그는 십자가의 은혜를 체험함으로 제2의 인생을 살게 되었다. 그는 일방적으로 베푸신 십자가의 은혜를 체험한 경우이다. 십자가는 인간에게 죄로부터 자유를 주고, 모든 고통과 근심으로부터 해방을 준다. 그러기에 어떤 사람도 십자가의 은혜를 체험하지 못하면 참 자유와 해방을 누릴 수 없다. 십자가를 체험하지 못한 삶은 불안과 고통이요, 십자가 없는 사역은 근심과 염려뿐이다! 교사들도 사역의 활력을 되찾으려면 십자가를 체험해야 한다. 십자가에 대한 강한 확신이 들 때까지 기도하라! 그러면 십자가를 생각만 해도 눈물이 나고 사역의 중심에 십자가를 세우게 될 것이다. 그런 은혜를 체험하면 반목회를 자신의 능력이나 경험에 의존하지 않고 십자가의 능력으로 감당하게 될 것이다. 그것이 바로 십자가의 은혜라고 본다.

목회 현장에서 체험한 은혜

내가 체험한 은혜를 소개하려고 한다. 전북 운일암 반일암 근처에 있는 기도원에서 청년 집회를 인도하느라고 한 주를 보낸 적이 있다. 둘째 날 새벽 시간에 기도 겸 산책을 위해 등산로를 따라 올라갔다. 산 위로 올라 갈수록 물소리, 새소리, 바람 소리만 요란할 뿐 깊은 산 속에 어떤 인적도 없었다. 한 시간 가량을 기도하면서 산길을 걷는데 갑자기 하늘에서 터져 나오는 듯한 강한 음성이 가슴을 내리치는 것이 아닌가! "내가 너와 함께 하리라!" 물론 그 음성은 마음으로부터 들려오는 소리였다. 그때 내가 기도하고 있었던 기도 제목은 앞으로 어떻게 목회비전을 성취할 수 있으며, 또 어떻게 더욱 능력 있는 목회를 이룰 수 있느냐는 것이었다.

그런데 갑자기 들려오는 마음의 소리를 듣고 나는 그 자리에 서서 감사를 외치면서 회개하기 시작했다. 그때까지만 해도 나는 말로는 주님의 은혜를 외쳐댔지만 실상은 지금까지 목회의 모든 공적이 나의 노력과 열정, 그리고 남다른 비전으로부터 나온 줄 알고 있었다. 그래서 나는 서서 이렇게 기도했다. "하나님 저는 그것도 모르고 제가 열심히 하기만 하면 무엇인가 이룰 수 있다고 생각하고 있었군요. 주님 저의 교만함을 용서해 주십시오!" 그날 새벽에 나는 가슴을 치는 회개와 주님이 함께 하심에 대한 감격과 눈물로 기도하면서 산에서 내려왔다.

또 이런 은혜도 있었다. 어느 날 새벽 예배를 인도하고 난 후에 강단에 엎드려 기도하고 있는데 왠지 좀처럼 기도가 집중되지 않았다. 기도하고 싶은데 기도의 문이 열리지 않을 때처럼 괴로운 일이 어디 있으랴! 사실 그때 탄식하며 불러대는 것이 "주여! 주여!"였다. 물론 "주여!"라고 외친다고 해서 누구나 기도의 문이 막혀있다는 것은 결코 아니다. 하지만 그날 아침에 나는 기도할 수 없어서 답답한 마음으로 주님을 부르고 있는데 일순간에 선명하게 그려진 한 장면이 눈앞에 나타났다. 얼굴은 선명하지 않았지만 가시면류관을 쓴 이마와 두 눈, 그리고 그 눈에서 주르르 흐르는 눈물은 너무나 뚜렷했다.

나는 순간적으로 보았던 그 뚜렷한 장면에 분명한 하나님의 뜻이 담겨 있을 것이라는 생각 때문에 온 종일 그 장면에 집중했다. 하나님은 나에게 무엇을 말씀하시려는 것일까…. 그날 어느 교회의 집회를 마치고 저녁 늦게 집으로 돌아왔다. 나는 여전히 풀리지 않는 그림의 비밀을 생각하면서 잠자리에 들었다. 그런데 다음날 새벽에 여호수아서를 묵상하면서 해답의 실마리를 찾게 되었다. 성전을 섬기는 레위인들에게 주어진 보상은 화목 제물이요, 또 하나님이었다. 여기에서 그들의 기업은 다른 물질에 있는 것이 아니라 오직 하나님이라는 사실을 묵상하며 기도하는 중에 회개할 것들이 쏟아져 나왔다.

교회를 섬기고 주님의 일을 하면서 은근히 보상을 바라는 삯군의 심보, 하나님은 뒷전에 두고 오로지 사람들의 인정을 받고자 하는 얄팍한 근성, 예수님을 섬기는 마음으로 충성한 것이 아니라 오로지 나의 영달을 위해서 땀 흘려 일했던 추잡한 욕망, 교회를 등에 입고 성공의 면류관을 쓰고 으스대는 더러운 마음 등. 그제야 지금까지 가졌던 금식과 기도가 예수님을 위한 것이 아니라 바로 나 자신을 위한 것임을 느끼고 회개하기 시작했다. 나의 기업은 사람의 위로나 수(數)가 아니라 오직 하나님이다. 그날 아침에 보았던 예수님의 눈물은 한심한 나를 보시고 흘리신 통곡과 고통의 눈물이었다고 생각한다. 얼마나 한심했으면 그 슬픔의 눈물을 직접 보이셨으랴!

 은혜 체험은 신비한 환상을 보거나 불덩어리가 임하는 식이 아니다. 그것은 말씀에 대한 깨달음이요, 주님을 새롭게 발견하는 것이다. 어떤 경우에는 자신이 죄인임을 발견하고 통회하거나 기도하고 싶은 강한 마음이 솟구쳐 일어나는 것이 은혜다. 또 어떤 때는 주의 풍성한 사랑을 깨닫고 눈물 흘리며 하나님께 나아가는 것이 바로 은혜의 체험이다. 그런 은혜는 전혀 예측하지 못한 경우에 일방적으로 주시는 경우도 있지만 간절히 사모하는 심령 위에 부어주신다. 그러기에 은혜를 더욱 사모하라!

기도와 믿음의 두 축을 세우라

 그렇게 은혜를 사모하는 것은 믿음과 기도로 주의 은혜를 구하는 것을 의미한다. 기독교는 믿음의 종교다. 믿음으로 시작해서 믿음으로 마치는 종교다. 그러기 때문에 믿음이 없으면 아무 것도 이룰 수 없다. 하지만 믿음만 있으면 산을 옮길만한 기적의 역사도 이룰 수 있다. 믿음은 바라는 것의 실상이요, 보지 못하는 것의 증거다(히 11:1). 성경에는 많은 사람이 믿음으로 살다가 놀라운 은혜를 받았다. 스데반은 믿음으로 하늘의 영광을 바라보는 은혜를 체험했고, 바울도 옥중에서도 믿음으로 찬송하고 기도하다가 옥문이 열리는 은혜를 받았다. 노아도 죄악이 난무한 가운데서 믿음으로 살았기 때문에 의인의 칭호를 얻는 은혜를 받았고, 아브라함 역시 믿음으로 독자 이삭을 바침으로 믿음의 사람이 되는 큰 은혜를 받았다. 교사들도 이렇게 믿음으로 행하면 은혜를 체험한다!

스코틀랜드에 가면 지붕이 없는 감옥이 있다. 그곳은 지형적으로 비바람이 그칠 날이 거의 없는 곳이다. 특히 겨울이 되면 눈이 섞인 비바람이 그치지 않는다. 그런 험한 날씨에 지붕 없는 감옥에서 수많은 언약도가 신앙을 지키기 위해서 얼어 죽었다. 그 감옥의 한 벽에 이런 글이 적혀 있다. "태양이 빛나지 않을 때도 나는 태양이 존재함을 믿습니다! 내가 느낄 수 없을지라도 나는 사랑을 믿습니다! 비록 그분이 지금은 침묵하고 계시더라도 나는 하나님이 계심을 믿습니다." 언약도는 믿음이 있었기에 죽어가면서도 흔들림이 없었다. 하나님의 나라는 이런 믿음을 소유한 사람에게 주시는 은혜요 축복이다.

허드슨 테일러가 임종을 앞두고 몸이 극도로 쇠약해지자 절친한 친구에게 이렇게 편지를 썼다. "사랑하는 친구여! 나는 지금 몸이 너무 쇠약해서 걸을 수가 없을 지경이 되었다네. 더구나 나는 성경을 읽을 수도 없고 심지어 기도도 못하고 있다네. 단지 내가 지금 할 수 있는 일이라고는 하나님의 팔에 안긴 어린아이와 같이 누워 있는 것이라네. 그리고 그 어린아이가 하나님을 믿듯이 나도 그렇게 하나님을 믿고 있을 뿐이라네." 테일러는 육체적인 고통과 쇠약함에 빠졌을 때 아무런 동요 없이 하나님을 향한 믿음을 지켰다. 하나님은 바로 이런 믿음을 요구하신다. 아무리 어려움에 빠져도 믿음을 지키면 하나님은 영적인 능력을 주신다.

기도(회개)와 믿음은 예수님께서 섬김의 목회 현장에서 백성에게 가장 먼저 촉구하신 두 축이었다. "가라사대 때가 찼고 하나님 나라가 가까웠으니 회개하고 복음을 믿으라"(막 1:15). 이는 하나님 나라의 백성은 기도와 믿음의 두 축이 없이는 어떤 은혜도 체험할 수 없다는 것을 의미한다. 교사가 기도와 믿음의 두 축만 든든히 세우면 반목회는 반드시 은혜와 능력이 나타날 것이다.

2. 영혼 구원의 전주곡

예수님께서 제자들을 부르신 후에 맨 처음 들어가신 곳이 가버나움이었다(막 1:21). 가버나움은 예수님의 활동의 중심지였으며, 그곳에서 종종 이적을 행하셨다(마 8:5~13, 마 8:14~15, 마 9:1~8, 마 8:16~17, 막 1:21~28, 요 4:46~54). 그곳은 또한 예수님께서 여러 차례 가르치신 곳이기도 하다. 그런데 그 도시에 무서운 심판을 예고하셨다(마 11:23~24). 이것은 가버나움이 죄악의 도성이요, 다른 도시보다 더욱 절박한 구원의 메시지가 요청되는 도시였다는 것을 암시한다. 그런 죄악의 도성이 바로 예수님의 활동의 주 무대요, 섬김의 목회 현장이었다. 예수님은 죄인을 구원하고자 하는 뜨거운 마음 때문에 가장 먼저 죄악의 도성인 가버나움을 활동 무대요, 섬김의 목회 현장으로 택하신 듯하다. 그곳에는 아직도 복음을 알지 못해서 죽어 가는 심령들이 많았다.

치밀한 구원 계획

그렇다면 오늘날 반목회의 현장은 믿음과 기도의 두 축 위에 영혼 구원의 뜨거운 마음의 벽돌을 한 장씩 쌓아갈 때 진정한 섬김의 목장이 될 것이다. 교사들을 반목회의 현장으로 파송하신 이유는 뚜렷하다. 그것은 가버나움에서 죽어 가는 심령들을 향해서 복음을 전하신 예수님처럼 영혼을 구원하기 위함이다. 예수님의 삶은 그 자체가 섬김의 삶이었지만 섬김은 영혼 구원의 전주곡과 같다. 다시 말하면, 가버나움에서 안식일에 가르치시고 귀신들린 사람에게 꾸짖어 귀신을 쫓아내시고, 그리고 병든 많은 사람을 고치신 일 등으로 섬기신 것은 모두 죄인을 구원하시고자 하는 예비 단계라는 말이다. 그런 일련의 섬김의 활동은 그 기적에 참여하는 모든 심령에게 하나님 나라가 도래했음을 알려 주시는 표적이요, 그들을 왕국의 백성으로 입성시키려는 치밀한 구원 계획이다. 주님은 섬김의 출발선에서 시작하여 영혼 구원의 골인 지점에 이르는 목회 현장에서 땀 흘려 사역하셨다.

따라서 반목회 현장에 선 교사는 먼저 섬김의 종이 되어야 한다. 학생의 마음에 감동을 줄 수 있는 무기 중 하나는 그들을 위한 섬김의 정신이다. 가르치는 동안 학생의 믿음이 자라고 성숙하는 해야 하는데 단순한 지식 전달로는 그 열매를 기대할 수 없다. 교사는 말씀을 학생의 가슴에 호소해야 하며 그들을 섬기는 본을 보여 줘야 한다. 여기에서 주님의 정신, 곧 섬김의 정신이 요청된다. 자기를 죽이는 데까지 내어주는 섬김의 정신이 아니고는 그런 일을 감당하기 힘들기 때문이다. 주님의 섬김이 없으면 반목회의 열매도 맺을 수 없다.

섬김의 영성으로

그러면 섬김이란 무엇을 의미하는가? 예수님의 생애를 돌아보면 그분의 섬김은 종으로서의 섬김이었다(눅 22:17, 막10:45). 여기에서 말하는 섬김이라는 말은 '디아코니아(diakonia)'라는 말이다. 원래 이것은 '식탁을 봉사하는 사람'을 의미한다. 원래 집사(deacon)란 말도 여기에서 나왔다. 그러므로 집사를 비롯한 교사와 목사는 식탁 봉사자의 정신으로 섬기는 사람들이다. 섬김이 바로 목양의 본질이다! 그런데 재미있는 것은 교사가 학생들을 대할 때 마지못해서 의무감으로 서 있는지, 진정한 섬김의 자세를 갖고 서 있는지 학생들이 더 잘 안다. 벌써 중학생만 되도 눈치가 너무나 빠르다. 그렇기 때문에 교사들이 학생들의 영혼을 섬기고 사랑하는 자세로 서지 않으면 교육의 효과는 전혀 기대할 수 없다. 교사는 진정으로 그들을 위한 섬김의 목회자로서 서야 한다.

또 하나, 성경에서 섬김의 의미를 잘 표현해 주는 말은 베드로전서 5장 5절에 있는 "옷 입으라"는 단어다. 이 단어는 앞치마를 매는 것처럼 하인의 제복을 입는다는 의미에서 '맨다'라는 뜻을 지닌다. 그것은 제복을 매어 입고 '일할 태세를 갖춘' 자세다. 여기에 관련된 감동적인 이야기가 있다. 어느 교회에 나이 많고 충성스럽게 봉사하던 여성도가 있었다. 그 부인은 많은 교인들이 모여서 식사를 할 때 늘 자원해서 상 차리는 것을 도와주었다. 하지만 부인은 관절염을 앓고 있었다. 그래서 발걸음을 옮길 때마다 고통스러웠다. 그럼에도 불구하고 부인은 한 번도 불평을 하거나 자기가 아프다고 남 섬기는 일을 등한시하는 법이 없었다. 그녀는 언제나 앞치마를 두르고 일할 채비를 갖추고 있었다. 자기의 몸이 불편함에도 남을 위해서 봉사하려는 자세가 바로 섬김이다.

남을 위해서 자기의 본연의 자리를 떠나서 가장 낮은 밑바닥으로 내려가는 것이 섬김이다. 비우면 깨져버릴 듯하고 죽으면 사라질 듯한데, 비울수록 가득 차고 죽을수록 강한 생명력이 역사한다. 하지만 섬기는 삶을 위해서 자기를 비우는 일은 쉬운 것이 아니다. 그것은 고통과 눈물이 수반되는 것이다. 자기를 떠나는 일은 고독과의 싸움이다. 하지만 그렇게 떠나면 신비한 영성의 세계를 경험할 수 있다.(영성에 대한 다양한 정의가 있겠지만, 나는 그것을 '하나님과 교통하는 속성'이라고 정의한다.) 그런 영성으로 남을 섬기는 것을 바로 '섬김의 영성'이라고 한다. 자기를 떠남으로써 섬김의 영성을 소유하게 되었던 한 사람을 소개하려고 한다.

헨리 나우웬이 『마음의 길』이란 책에서 소개한 사막의 교부 아스니우스의 체험이다. 아스니우스는 궁정학자로서 왕자들을 가르치던 가정교사였다. 하지만 그는 늘 자신의 부족함을 절감하고 있었다. 그래서 아스니우스는 매일 이렇게 기도했다. "주님, 나의 부족함을 당신께서 아오니 나를 구원하여 주소서." 어느 날 저녁 골방에서 그렇게 기도하던 중에 내면으로부터 들려오는 하나님의 음성을 들었다. "떠나라. 침묵하라. 그리고 기도하라!" 아스니우스는 그 응답에 순종하기로 결심했다. 즉시 로마 항구로 가서 몰래 배를 타고 알렉산드리아를 거쳐서 사막으로 들어갔다. 그는 사막 한가운데 엎드려서 이렇게 기도했다. "주님, 제가 당신의 말씀에 순종하여 세상을 떠나서 이곳까지 왔습니다."

하지만 아무리 기도해도 내면에서는 여전히 '떠나라'는 음성만이 쟁쟁하게 들려왔다. 아스니우스는 그 말의 의미를 알 수 없어서 고민하며 계속 기도했다. 그러다가 마침내 '떠나라'는 말이 자신의 내면으로부터 떠나라는 말임을 깨닫게 되었다. 그런 깨달음을 통해서 아스니우스는 그동안 집착해 있던 자신으로부터 떠나 깊은 고독을 체험했다. 그는 처절한 고독 속에서 말과 생각이 없는 침묵을 배웠다. 그때부터 그는 하나님과 교통하는 새로운 영성을 얻게 되어 신비의 세계를 체험하게 되었다.

진정한 영성은 자기를 떠남으로 얻을 수 있으며, 새로운 영적 세계는 오직 하나님만 바라보면서 그분께 사로잡힐 때 체험할 수 있다. 아스니우스는 그런 영성으로 남을 섬김으로써 섬김의 영성을 소유한 자가 되었다. 제자들은 자기의 모든 소유를 버리고 떠남으로써 주님과 교제하며 남을 섬겼다. 모세도 바로의 공주의 아들이 되는 것을 포기하고 애굽의 영화를 떠남으로써 얻은 영성으로 백성을 섬겼다. 바로 섬김의 영성으로!

영성의 근원

예수님은 이웃을 섬기기 위해서 영광의 자리를 떠나서 자기 몸을 죽기까지 내어 주셨다. 그런데 진정한 섬김으로 양을 위해서 자기 몸을 버리신 주님은 죽지 않고 살아나셨다. 이것이 바로 섬김의 비밀이다! 누구든지 자기를 비우지 않으면 남을 위해서 살 수 없고, 자기를 죽이지 않으면 남을 섬길 수 없다. 하나님의 자리를 비우고 인간으로 오시어 사람들을 섬기신 예수님의 삶과 사역이야말로 섬김의 영성의 진수였다. 예수님은 섬김의 영성으로 사역의 꽃을 활짝 피우셨다. 섬김의 영성은 반목회를 기름지게 하는 윤활유이다. 교사가 섬김의 영성을 갖고 반목회를 감당하면 학생들의 영혼은 풍성하게 살찔 것이다. 앞서 언급한 바 있지만, 휘트필드는 탁월한 영성으로 수많은 사람을 그리스도께로 인도했다. 그는 섬김의 영성으로 엄청난 부흥의 역사를 이루었다. 휘트필드의 영성의 근원이 무엇인지 소개하려고 한다.

첫째, 죄와의 싸움. 하나님과의 교통을 방해하는 가장 큰 장애는 죄라고 본다. 대부분의 뛰어난 영성을 소유했던 사람들을 보면 한결같이 죄와 피나는 투쟁을 벌인 사람들이었다. 마찬가지로 휘트필드 역시 어려서부터 죄의 문제로 괴로워하며 죄와 싸웠다. 휘트필드는 그러한 자신의 어린 시절에 대해서 "어린 시절의 범죄와 죄악은 셀 수 없어서 그것들은 내 머리털보다 더 많았다"고 고백했다. 그는 마치 다윗의 고백처럼 "나는 죄악 가운데서 태어났고, 본질적으로 선한 것이 내 마음 속에 없었다"고 말했다. 이것은 휘트필드가 청소년기에 죄의 문제와 싸우면서 한없는 갈등으로 번민했다는 것을 보여준다. 그는 마치 바울처럼 속 사람과 겉 사람의 전쟁을 겪으면서 청소년기를 보냈던 것이다. 휘트필드는 그러한 갈등을 극복하기 위해서 기도와 금식으로 수많은 날들을 보냈다.

휘트필드는 죽음을 몇 달 앞두고 자신의 어린 시절을 회상하면서 다음과 같이 고백했다. "내가 열여섯 살 때 일주일에 두 번씩 서

른여섯 시간 동안 금식했고, 하루에도 수차례씩 기도했으며, 매 주일 성례에 참여했으며, 사순절(Lent) 기간 동안에는 거의 죽음에 이를 정도로 금식하곤 했다. 그 기간 동안에 나는 하루에 일곱 번씩 드렸던 기도 외에도 하루에 세 번씩 공예배에 참석했다." 휘트필드가 이처럼 결사적으로 기도와 금식에 매달렸던 것은 죄를 청산하려는 몸부림이었다. 그는 어려서부터의 죄를 정리하고 하나님과 교통하고자 하는 마음이 누구보다 강렬했다. 그 영향은 청교도로부터 받은 듯하다. 그는 성결의 삶을 살았던 청교도 책을 읽고 도전을 받았으며, 일생 동안 죄와 싸우면서 하나님과 교통했다.

둘째, 말씀에 대한 경외심. 휘트필드는 말씀을 사랑한 사람이었다. 그는 늘 아침 다섯 시면 영어 성경과 헬라어 성경 그리고 헨리의 주석을 무릎에 펼쳐 놓고 말씀을 연구하기 시작했다. 휘트필드는 자신의 독특한 성경 연구 방법을 터득했는데, 먼저 영어 성경을 한 부분 읽은 후, 헬라어 단어와 시제를 적절히 연구해서 완전한 통찰력을 얻었고, 그러고 나서 헨리의 주석에 나타난 설명과 대조해보는 형식으로 연구했다. 여기에서 휘트필드가 터득한 독특한 연구 방법은 영어와 헬라어의 모든 절과 단어를 기도하면서 그 구절의 본질적인 의미가 그의 영혼에 와 닿을 때까지 즐거움으로 연구하는 것이었다. 이러한 독특하고도 집중적인 성경 연구를 통해서 휘트필드는 한 주일에 40시간 이상씩의 설교를 전혀 어려움 없이 감당했다. 그가 평생 동안 지식의 창고에 쌓인 무한한 보배를 폭포수처럼 쏟아 부은 것도 그런 성경 연구의 덕이었다.

휘트필드는 그렇게 말씀을 사랑하는 마음과 경외심으로 인하여 일생 동안 말씀 연구를 그치지 않음으로써 하나님과 깊은 교통을 가졌다. 참고로, 휘트필드는 주석 중에서 매튜 헨리 주석을 가장 소중하게 다루고 연구했다. 그는 새벽 다섯 시부터 여섯 시나 일곱 시까지 그 주석을 읽었고 때때로 오전과 오후에도 다시 읽었다. 그는 낙심될 때 위안의 수단으로써 헨리의 강해를 읽었고, 중요한 결정을 할 때도 성경 구절을 강해한 헨리를 통해서 하나님의 인도하심을 알게 되었다. 휘트필드는 "헨리 주석이 나의 신앙 인격 확립에 얼마나 귀한 수단이 되었는지!"라고 감탄했고, 또 어떤 때는 "헨리 주석을 놓고 기도하며 읽을 때면 내 시간이 얼마나 달콤하게 지나갔던지!"라고 고백할 정도였다.

셋째, 하나님을 만나려는 간절함. 휘트필드는 하나님을 만나려고 죽음을 무릅쓰고 몸부림을 쳤던 사람이다. 그는 인간의 영혼 속에 거하시는 하나님의 생명을 추구하고자 결사적으로 노력했다. 그러다가 휘트필드는 6주 동안 간단한 빵과 차 외에는 아무것도 먹지 않겠다는 작정으로 금식하며(일반적으로 영국에서는 금식이라 해도 간단한 빵을 먹거나 차는 마신다) 피나는 노력을 하였다. 그는 간절한 기도와 부르짖음으로 하나님의 생명을 추구했지만 그에게 돌아온 것은 육체의 쇠진과 정신적인 고통뿐이었다. 휘트필드는 더 이상 일어날 수 없게 되었고, 계단은 기어 올라가야 할 형편이 되고 말았다. 결국 휘트필드의 상태를 진단한 의사는 침대에만 누워있어야 한다고 진단할 정도로 그 상태는 심각해졌고, 그는 의사의 처방대로 7주간을 침대에 누워 있었다. 참으로 목숨을 내건 필사적인 노력이었다.

휘트필드는 죽음을 무릅쓰고서라도 하나님의 생명을 추구하고 싶은 마지막 소망으로 침대에 누워있으면서도 모든 죄의 목록을 작성해서 밤낮으로 회개하였다. 마침내 휘트필드는 1735년 부활절 이후 일곱 번째 맞는 주간에 로마서 8:15~16을 통해서 놀라운 은혜를 체험했다. 사탄의 꼬임에 빠져서 늘 죄의식에 시달리던 휘트필드는 로마서의 말씀을 통해서 믿음으로 '양자의 영'(롬 8:15)을 받았고 하나님의 용서하시는 사랑을 체험했다. 그 후부터 휘트필드는 놀라운 영광과 말할 수 없는 기쁨으로 충만했고 새로운 피조물로서의 삶이 시작되었다. 그와 같이 하나님을 만났던 강력한 체험이 그로 하여금 일생 동안 하나님과의 교통이 가능하도록 했던 것으로 보인다.

넷째, 정기적인 기도 생활. 휘트필드는 '정기적인 기도의 시간'을 가졌다. 그는 하루에 세 차례씩 기도의 시간(아침, 점심, 저녁)을 가졌지만, 그의 기도는 결코 정해진 기도의 시간에만 제한되지 않았다. 휘트필드는 나중에 '은혜의 방식(The Method of Grace)'이라는 설교에서 자신이 하루에 아홉 시간씩 기도로 사역을 준비해 왔다는 사실을 고백할 정도로 탁월한 기도의 사람이었다. 휘트필드의 소명을 확인하기 위한 기도는 유명한 일화로 남아 있다. 사람들은 휘트필드의 열심과 뜨거운 복음의 열정 그리고 탁월한 웅변력 등을 보고 그가 목회의 길을 갈 것을 희망하면서 목사 안수를 받도록 권면했다. 하지만 휘트필드는, 이미 자신은 목사가 되기를 소원해 왔지만, 막상 주변 사람들로부터 목사 안수에 대한 강력한 요청을 듣고 보니 안수에 대한 두려움을 느끼게 되었다. 나중에 휘트필드는 당시의 상황을 회고하면서 자신은 하나님이 목사의 소명을 줄 때까지 땀을 비 오듯 흘리며 수천 번을 기도했다고 고백했다. 이처럼 수천 번의 기도를 통하여 확인된 불타는 소명감이 식어지지 않았던 것이 일생 동안 하나님과의 깊은 교통을 가능케 해준 요인이 된 것으로 보인다.

다섯째, 양서를 접함. 휘트필드는 책에 대한 열망이 다른 사람보다 강했다. 그는 '말씀과 기도'에 몰입하면서도 늘 독서하는 일에 집중했다. 그는 '은혜와 지식'에 있어서 동일하게 장성해지기를 원했을 뿐만 아니라 기독교 교리에 대한 더욱 깊은 이해를 위해서였다. 휘트필드가 읽었던 책들은 로오(Law)의 『경건한 삶에로의 진지한 부르심』, 박스터(Baxter)의 『회개하지 않는 자를 부르심』, 알레인(Allein)의 『회개하지 않는 죄인들에 대한 경고』, 제인웨이(Janeway)의 『생명』, 버키트(Burkitt)의 주석, 그밖에 고전과 청교도 서적을 집중적으로 읽었다.

책에 대한 사랑이 얼마나 컸는지 매튜 헨리 주석에 대한 일화가 있다. 그는 매튜 헨리 주석을 갖고 싶어 했다. 하지만 자신에게는 거금에 해당되는 7파운드짜리(당시 노동자가 15~16주 동안 일해서 벌 수 있었던 액수) 주석집을 살 수 없었다. 하지만 휘트필드는 그 소망을 포기할 수 없어서 주석서를 가브리엘 해리스로부터 외상으로 구입했다.(휘트필드는 일 년 후에 외상 값 7파운드를 해리스에게 보냈다.) 휘트필드는 그 주석집을 구입한 후 "여러 달 동안 그 책(버키트와 매튜 헨리 주석)을 연구하면서 거의 항상 무릎을 꿇고 기도해왔다"고 할 정도로 매튜 헨리 주석(Matthew Henry's Commentary)을 아꼈고, 그 후에 휘트필드에게 그것은 일생 동안 뗄 수 없는 동반자가 되었다. 그러한 책들을 통해서 그는 끊임없이 영적인 도전을 받고 하나님과 깊은 교통을 가졌던 것으로 보인다.

여섯째, 믿음의 동역자들과의 만남. 당시의 사회적, 종교적 상황은 점점 퇴락의 길로 접어들어 가고 있었다. 그러나 옥스퍼드 대학교에는 하나님의 열심으로 가득 찬 소수의 사람들이 차분히 자신들의 미래를 준비하고 있었다. 그들은 일명 옥스퍼드의 '홀리클럽(The Holy Club)'의 회원들이었다. '홀리클럽'은 웨슬리 형제를 비롯한 8~9명의 학생들이 자기 훈련의 방편으로써 '조기 기상', '철저한 시간 관리', '금식', '경건 훈련' 등에 주력하던 옥스퍼드의 모임이었다. 원래 그 모임은 1728년 당시 옥스퍼드 대학교의 학생이었던 찰스 웨슬리와 그의 친구 2명이 만들었는데, 그 다음 해 요한 웨슬리가 가담하여 후에는 대표직을 맡기도 했다. 이 모임은 홀리클럽이라는 명칭 외에도 성경 벌레들(Bible Moths), 성경쟁이들(Bible Bigots), 경건클럽(The Godly Club), 성례주의자들(Sacramentals), 계율주의자들(Methodists) 등으로 불려졌다.

그에게는 하나님을 간절히 사모하는 마음이 있었으나 동료들과 깊은 교제를 나눌 수 없다는 점에서 늘 외로움을 느끼고 있었다. 휘트필드는 다른 학생들과 신분이 다른 옷, 즉 근로 장학생이었기에 그 모임에 들어갈 수 없었다. 휘트필드는 이 모임에 가담하기를 일 년 동안 기다리고 갈망했다. 그러다가 정식 회원이 됨으로써 그는 영적인 새로운 전기를 갖게 되었다. 그 후 휘트필드는 '홀리클럽'의 회원들과 함께 활동하면서 많은 유익한 시간을 가졌다. 그 영향은 휘트필드에게 하나님과의 지속적인 교통을 가능하도록 했던 것으로 보인다.

일곱째. 철저한 자기관리. 휘트필드의 생활을 알려 주는 그의 일기(이 일기는 이 기간 동안에 쓴 것으로 출판되지 않았고 오랫동안 알려지지 않은 채로 대영 박물관에 보존되어 왔다)는 그가 무서울 정도로 철저하게 자신을 관리해 나갔다는 것을 보여준다. 구체적인 예로, 그의 일기에는 하루 동안 자신의 행동을 스스로 판단하는 근거로써 매일 밤마다 점검했던 목록들이 있다.

"나는 1. 개인기도 시간에 뜨겁게 기도했는가? 2. 정해진 기도의 시간을 지켰는가? 3. 모든 시간을 아꼈는가? 4. 모든 대화나 행동을 하기 전에 하나님의 영광을 추구했는가? 5. 어떤 기쁨 후에 즉시 감사했는가? 6. 하루의 일을 계획 가운데 진행했는가? 7. 모든 면에서 검소하고 침착했는가? 8. 무슨 일을 행할 때 열심히 혹은 힘 있게 했는가? 9. 말하고 행동하는 모든 면에서 온화하고 상냥하며 친절했는가? 10. 거만하거나, 허영을 일삼거나, 난잡하거나, 다른 사람을 시기하지 않았는가? 11. 먹고 마시는 데 점잖았는가?, 감사했는가? 잠자는 일을 절제했는가? 12. 윌리엄 로(William Law)의 법칙대로 감사하는 시간을 가졌는가? 13. 연구하는 데 최선을 다했는가? 14. 어떤 사람에게 불친절하게 말하지 않았는가? 15. 모든 죄를 고백했는가?"

휘트필드는 이러한 항목을 염두에 두고 매일 두 부분으로 나눠서 일기를 썼다. 한 페이지에는 그날의 매 시간마다 특별한 활동을 기록하면서 위의 각 항목을 근거로 해서 매 시간의 장점과 단점을 표함으로써 자기를 점검했다. 다음 페이지에는 그날에 있었던 일상적인 일을 기록했지만, 우선적으로 자신의 내적인 상태나 자기반성을 빠짐없이 기록했다. 이처럼 빈틈없이 철저한 휘트필드의 자기 관리 스타일은 그의 성경 연구나 기도 생활을 지속적이고 집중적으로 유지해 가는데 일익을 담당했다. 휘트필드는 옥스퍼드에서 근로 장학생으로서 뼈아픈 마음으로 쌓았던 훈련, 곧 일분일초도 낭비하는 법이 없을 만큼 자기 관리에 철저한 성품이나 일기를 통해서 매일 자신을 점검했던 빈틈없는 생활 습관을 보면 그의 엄청난 업적들은 당연한 귀결이었다. 그렇게 철저한 자기 관리와 훈련이 지속적인 하나님과의 교통을 가능하게 했던 것으로 보인다.

휘트필드가 그렇게 위대한 사역을 이루었던 요인은 그의 뛰어난 영성 때문이었다. 교사들이 반목회에서 영적 능력을 발휘하려면 그런 영성을 쌓아야 한다. 아이들의 영혼을 살리는 무기는 뜨거운 영성이다!

3. 섬김의 현장에서

주님의 섬김의 목회를 반목회의 모델로 삼고 주님처럼 목양하고 싶은 것이 우리의 소망이다. 주님은 어떤 자세와 태도로 목양하셨을까? 주님께서 섬김의 현장에서 보여 주신 목양의 정신은 무엇일까? 영혼 구원의 전주곡으로써 보여주신 주님의 섬김은 어떤 모습이었을까? 이런 문제들에 대해서 여러 가지 관점에서 그 해답을 찾아보자.

예수님께서 회당에서 권세 있는 말씀으로 가르치시고 귀신을 쫓아내셨다. 그러자 그 소문이 갈릴리 사방에 퍼져나갔다. 그런 소문이 퍼지고 "허다한 무리"(마 4:25)가 예수를 따라 나섰다. 그 후에 가는 곳마다 사람들이 모여들었다. 그런 소문에 대해서 예수님께서는 전혀 반응을 보이지 않으셨다는 것에 주목해 보자. "예수의 온 소문이 곧 온 갈릴리 사방에 퍼지더라. 회당에서 나와 곧 야고보와 요한과 함께 시몬과 안드레의 집에 들어가시니"(막 1:28~29). 주님의 관심은 자신의 명예를 드러내는 것이나 그 사역이 사람들로부터 인정받는 데 있지 않았다. 사람들을 섬기는 것이 주님의 최상의 관심이었다. 그렇게 해서 하늘 백성으로 택함 받은 영혼들을 찾아 아버지께로 인도하는 것이 최상의 관심이었다.

인기에 영합하지 않으시고

누가복음의 기사는 예수님의 이러한 태도를 더욱 명확하게 기록하고 있다. 해질 무렵까지 많은 병자들에게 일일이 안수해 주시자 그 다음 날 새벽부터 무리가 찾아와서 "자기들에게서 떠나지 못하게 만류"(눅 4:42)했다. 그러나 주님은 다음과 같이 말씀하셨다. "내가 다른 동네에서도 하나님 나라의 복음을 전하여야 하리니 나는 이 일로 보내심을 입었노라"(눅 4:43). 그리고 나서 "갈릴리 여러 회당에서 전도"(눅 4:44)의 일을 계속 하셨다. 그 후에 주님의 소문은 더욱 널리 퍼져 나갔다. 그러자 허다한 무리가 모여들었다. "예수의 소문이 더욱 퍼지매 허다한 무리가 말씀도 듣고 자기 병도 나음을 얻고자 하여 모여"(눅 5:15)들었다. 그때도 예수님은 조용히 물러가서 한적한 곳에서 기도하셨다(눅 5:16). 이런 기사들은 주님께서 보여주신 섬김의 목회에 대해서 다음과 같은 특징을 보여준다.

먼저, 주님은 군중의 인기에 영합하지 않으셨다. 사람은 누구나 다른 사람으로부터 인정받고 싶은 욕망이 있기 마련이다. 그러기에 사탄이 주님을 시험했던 것 중의 하나가 명예의 유혹이었다. 사탄은 굶주려 주리고 있던 주님께 천하만국을 보이고 그 모든 권세와 영광을 주겠다고 유혹했다. 하지만 주님은 그런 유혹을 단호하게 물리치셨다. 주님은 이미 그런 유혹을 물리치고 승리하셨기 때문에 사람들이 몰려들어 지도자로 삼으려는 명예의 유혹 앞에 당당하게 승리하셨다. 주님은 자기의 이름이 널리 퍼져나가 인기가 하늘을 치솟듯 올라가도 오직 사람들을 찾아가는 일에만 전념하셨다.

한 번은 연초에 교회학교 교사를 배정하는 데 학생들이 자기들이 원하는 교사를 배정해 달라고 집요하게 요구하고 나섰다. 한 청년 교사가 학생들의 인기를 독차지하고 있었던 모양이었다. 학생들의 간곡한 부탁에 못 이겨 할 수 없이 그 청년 교사를 배정했다. 교사를 임명하고 난 첫 주일에는 약 15명의 학생들이 몰려들었다. 그러다가 몇 달이 못 되어 학생들이 점점 떨어지더니 어떤 주일에는 한 명의 학생도 볼 수 없는 주일도 있었다. 한때 하늘을 치솟던 교사의 인기가 몇 달 못 가서 싸늘하게 식어버린 것을 보고 교육 정책의 실책을 절감한 적이 있다. 학생들의 인기가 치솟을 때 아예 다른 반이나, 다른 부서로 배치했더라면 하는 아쉬움이 두고두고 있었다. 인기는 늘 유동적이다. 더구나 그런 인기는 정신력을 흐리게 하는 병폐다. 자신의 사역이 사람들로부터 인정받기 시작할 때 그 인기와 명예의 유혹을 뿌리치지 못하면 결국 파멸에 이를 수 있다. 사람들로부터 인정받을 때 먼저 하나님께서 주신 사랑의 빚을 갚으라! 하나님께 영광을 돌리라!

영화 「타이타닉」의 주제가를 부른 세계적인 가수 셀린디온이 가수 활동을 하다가 어느 날 갑자기 중단을 선언했다. 그녀는 폭발적인 가창력과 맑은 음색을 지닌 세계 최고의 여가수로 불린다. 그렇게 인기 정상을 달리던 그녀가 돌연 부와 명예를 거절하고 가정으로 돌아간 데는 분명한 이유가 있었다. 캐나다 출신인 셀린디온이 가수가 된 것은 열두 살 때였다. 그녀는 자신의 노래가 담긴 테이프를 들고 한 음반회사를 찾았다. 그때 지금의 남편인 안젤린이

빚을 얻어 음반을 만들어 주었다. 그때부터 안젤린은 셀린디온의 매니저로서 혼신의 노력을 기울여 그녀를 키워나갔다. 가수 은퇴를 선언하면서 셀린디온은 기자 회견장에서 다음과 같이 말했다.

"남편이 지금 후두암에 걸려 투병중이다. 지금은 남편에게 내가 가장 필요한 시간이다. 남편 곁에서 병간호를 하는 일에 최선을 다하려 한다. 쇼 비즈니스가 결코 내 인생의 전부는 아니다. 이제 남편에게 진 사랑의 빚을 내가 갚을 차례다." 셀린디온은 남편에게 진 사랑의 빚을 갚기 위해 자신에게 주어진 부와 명예를 과감하게 포기한 것이다.

스펄전이 스무 살 때 가는 곳마다 셀 수 없는 인파가 모여들고 그 명성이 전국적으로 퍼져 나갈 때 오직 하나님께만 영광을 돌리려는 확고한 신앙으로 명예와 인기의 유혹을 물리쳤다. 그는 마음만 먹으면 얼마든지 성공의 물결에 휩쓸려 자신을 과신할 수도 있었다. 물론 스펄전도 그런 유혹 앞에 갈등하기도 했다. 자기도 모르는 사이에 명성이 전국적으로 퍼져 나갈 때 어떻게 행동해야 옳은 것인가를 고민했다. 그런 번민 가운데서 스펄전은 굳건한 믿음으로 자신의 명예를 찾지 않았고 세상의 유혹을 과감하게 물리쳤다. 그는 대중적인 인기가 상승되어 갈 때 자기의 영광보다는 하나님께 영광을 돌리는 일에 전력했다. 그는 영혼을 구원하는 일 외에 세상의 인기에 영합하지 않았다. 교사가 학생들로부터 인기를 얻게 될 때 하나님께 영광을 돌리라!

겸손으로 허리를 동이심

다음으로, 주님의 겸손을 생각할 수 있다. 수많은 사람들이 몰려와도 변함없는 마음으로 본연의 임무를 수행하신 주님의 섬김이야말로 겸손의 극치를 보여준다. 어떤 사람이 어거스틴에게 물었다. "신앙생활에서 첫째 되는 것은 무엇입니까?" 그러자 어거스틴은 "겸손이오"라고 대답했다. 그 사람이 다시 물었다. "그럼 둘째는?" "겸손이오." "그러면 세 번째는 무엇입니까?" 그때 어거스틴은 다시 말했다. "세 번째도 겸손이오"라고 대답했다. 주님은 마땅히 영광과 존귀를 받으셔야 한다. 그럼에도 불구하고 주께서는 영광의 자리를 버리고 낮은 자리에서 사람들을 섬기셨다.

주님은 어떤 경우에도 자기를 드러내시려고 하지 않으셨다. 또한 자기의 행적을 자랑하거나 공로를 인정받고자 하는 마음도 없었다. 사역의 소문이 퍼져나가고 사람들이 몰려와도 한 번도 자기의 공적을 이야기하거나 자랑한 적이 없었다. 오히려 몰려드는 군중을 피하여 한적한 곳에 가서 하나님과 교제하는 시간을 가지셨다. 주님은 사람들에게 인정을 받으면 받을수록 하나님께로 더 가까이 나갈지언정 사람들에게 둘러싸여 인정받고자 하지 않으셨다. 그렇게 하심으로써 주께서는 세상의 명예나 권세, 물질 그리고 인기 등을 버리고 오직 사람들을 아버지께로 인도하는 일에 전력하셨다.

주께서 겸손으로 허리를 동이시고 친히 섬김의 자리에 서실 때 영적인 능력이 나타났다. 겸손하게 낮아지면 실제로는 높아지는 것이 겸손의 비밀이다. 주님의 삶이 바로 그 모델이다. "그는 근본 하나님의 본체시나 하나님과 동등됨을 취할 것으로 여기지 아니하시고, 오히려 자기를 비어 종의 형체를 가져 사람들과 같이 되었고, 사람의 모양으로 나타나셨으매 자기를 낮추시고 죽기까지 복종하셨으니 곧 십자가에 죽으심이라. 이러므로 하나님이 그를 지극히 높여 모든 이름 위에 뛰어난 이름을 주사, 하늘에 있는 자들과 땅에 있는 자들로 모든 무릎을 꿇게 하시고, 모든 입으로 예수 그리스도를 주라 시인하여 하나님 아버지께 영광을 돌리게 하셨느니라"(빌 2:6~8). 주께서 십자가에 죽기까지 낮아지셨더니 하나님께서 그를 높여 주셨다.

5만 번 기도 응답으로 유명한 조지 뮬러는 죽기까지 낮아짐으로 놀라운 성공을 체험한 사람이다. 한 번은 어떤 사람이 뮬러에게 성공의 비결을 물었다. 그러자 뮬러는 "내가 철저하게 죽었던 날이 있었습니다"라고 말했다. 그는 머리를 바닥에 닿을 정도로 고개를 숙이고 계속해서 말했다. "그날은 조지 뮬러가 완전히 죽은 날이었습니다. 즉, 평판, 원망, 불평, 미움 등이 전부 죽게 되었고, 그것에 대해서 조금도 개의치 않게 되었습니다. 또한 이 세상과 그 칭찬이나 비난에도 완전히 죽었습니다. 또한 형제나 친구들의 칭찬이나 비난에도 완전히 죽었습니다. 그날 이후 저는 하나님께서 저에게 어떤 칭찬을 하실 지에 마음을 쓰는 사람으로 바뀌었습니다." 뮬러의 성공은 그가 완전히 죽고 변화된 날부터 시작되었다. 죽기까지 낮아지면 하나님이 높여 주신다!

낮아지면 높여 주신다

아이들에게 인기가 많은 일본의 세가(Sega)라는 회사는 오락 게임기를 만들어서 외국 아이들까지 사로잡고 있다고 한다. 그 회사가 전자 제품에 관한 한 세계무대에서 선두를 차지한 비결은 무엇일까? 당시 일본에서는 세가의 광고가 특히 주목을 받았다고 한다. 광고의 내용은 주변 경쟁사인 소니나 닌텐도의 제품보다 월등하게 인기가 떨어지고 있어서 실의에 빠져있는 회사의 현직 전무의 모습을 그대로 보여주는 것이었다. 원래 광고는 어떻게 해서든지 회사의 이미지를 부각시키거나 강점을 자랑하여 소비자의 눈길을 끄는 것을 목적으로 한다. 심지어 어떤 때는 과대 포장을 해서라도 상대방보다 우수하다는 것을 알리는 것이 대부분의 선전 광고이다. 그런데 세가는 자신의 약한 부분을 숨김없이 노출시켰다.

그런데 그 결과는 상상 밖이었다. 보통 사람들이 생각할 수 없으리만큼 상식선을 넘어서 자신의 약함을 적나라하게 노출시켰더니 제품이 엄청나게 팔려나갔다는 것이다. 예를 들자면 그 회사의 제품인 드림캐스트는 발매 첫날에 18만대가 팔려서 54억 엔의 매출을 올렸다고 한다. 더구나 그 광고에 등장했던 세가의 유가와 에이이치 전무는 일약 유명인사가 되었다. 일본에서는 당시 유가와 에이이치 전무의 팬클럽이 생겨났고, 아이들은 그 광고에 나왔던 말을 본 따서 유행어까지 만들어졌다. "힘내라 유가와 전무!"

바울은 사람들이 자신의 사도권을 인정하지 않고 메시지를 의심할 때 심각한 고민에 빠져 있었다. 그것은 우리 시대의 용어로 말하자면 교회에서 성도들이 목사를 의심하고 설교를 들으려고 하지 않았다는 말이다. 그런 상황에서 바울은 자신의 강점이나 사도직의 정당성을 주장하다가 나중에는 육체의 가시를 자랑하기 시작했다(고후 12:7). 바울이 보통사람 같았으면 끝까지 자신의 강점을 자랑하고 끝냈을 것이다. 그러나 바울은 자신의 약점을 있는 그대로 드러내 놓았다. 그 이유는 자기가 약할 때 온전해진다는 놀라운 영적 비밀을 알고 있었기 때문이었다.

성경과 역사는 자신의 약점에도 불구하고 세상이 감당할 수 없는 강한 힘을 발휘한 사람들이 많이 있음을 증거한다. 모세는 어눌했고, 예레미야는 소심했다. 베드로는 실수를 잘하고 변덕스러웠으며, 웨슬리는 왜소했다. 무디는 무식했고, 휘트필드는 천식에 시달렸다. 그러나 그들은 한결같이 강한 힘을 발휘한 사람들이었다. 그들은 자신의 약점을 있는 그대로 내놓고 겸손히 하나님을 바라본 사람들이었다. 하나님은 교만한 자는 대적하시고 겸손한 자에게 은혜를 베푸신다. "그러므로 하나님의 능하신 손 아래서 겸손하라 때가 되면 너희를 높이시리라"(벧전 5:6). 하나님이 쓰시는 사람은 겸손한 사람이다!

어떤 청년이 영국의 신학자 풀리처에게 물었다. "어떻게 하면 가장 유력한 전도자가 되겠습니까?" 그러자 풀리처는 이렇게 대답했다. "만일 그대가 영국에서 가장 보잘것없는 자라고 생각할 수 있다면 하나님은 반드시 그대를 들어 써 주실 것입니다." 낮아지면 높아진다! 주님은 그 명성과 사역이 아무리 널리 소문나도 변함없는 마음으로 조용히 영혼을 구하는 일에 전력을 다했다. 주님의 모든 관심은 오직 영혼을 구원하는 일에 있었다. 그래서 가난하고 헐벗은 사람을 찾아가셨고, 자기의 도움이 필요한 곳이면 때와 장소를 막론하고 찾아가셨다. 주님은 진정 "마음이 온유하고 겸손"(마 11:29)하신 분이시다.

저물어 해질 때까지

주님의 사역은 저물어 해질 때까지 이어졌다. 온 종일 가르치시고, 각종 병을 고쳐 주시고, 귀신을 쫓아내셨다. 마가복음 1장 35~39절에 의하면, 주님은 새벽에 일어나 한적한 곳에서 기도하신 후 곧바로 사역을 시작하셨다. 그러니까 새벽부터 저물어 해질 때까지 종일 전도와 치유 사역에 전력하셨다. 그렇게 바쁜 일정으로 인하여 어떤 때는 식사할 겨를도 없을 정도였다(막 6:31). 주님은 온 종일 쉴 틈도 없이 땀 흘려 일하셨다! 일이란 하나님이 인간에게 주신 가장 신성한 축복 중에 하나다. 그래서 땀 흘려 일하는 인간의 모습 속에서 참 행복을 노래하는 시인이 있었던가! 성공의 면류관은 언제나 듬직한 황소처럼 땀 흘려 일하는 사람이나 개미처럼 밤낮으로 일하는 사람에게 주어졌다. 우리 주변을 보면 땀 흘리지 않고 성공한 사람은 아무도 없다. 정말 일하지 않고 자기 인생을 창조적으로 살아간 사람은 찾아볼 수 없다.

땀 흘려 일하는 교사가 되어라! 내가 경험한 바로는 교회학교의 부흥의 도식은 이렇다. '하나님의 은혜 + 지도자의 비전 + 교사의 땀'. 결국 교회학교의 부흥과 성장은 하나님의 은혜가 임해야 하지만, 지도자의 비전과 이를 공유하고 전적으로 뛰어주는 교사의 땀이 없이는 도저히 불가능하다는 말이다. 그러기에 교회학교 부흥의 꿈을 성취하려면 교사가 지도자와 함께 성장 비전을 공유하면서 땀 흘려 뛰어야 한다. 전도와 심방을 위해서 뛰고, 기도와 양육을 위해서 뛰어야 한다. 지도자는 비전을 관리하고, 교사는 그 비전을 마음에 새기고 땀을 흘리면서 뛰어야 한다. 그렇게 땀 흘려 뛰는 교사가 있어야 교회학교가 변한다. 워렌 베니스는 『21세기의 창조자 뉴리더의 조건』이라는 책에서 미래의 지도자는 '꿈을 관리하되, 그 꿈을 전달하고 이해시켜야 한다'고 했다. 교사들이 지도자와 함께 비전을 공유하고 땀 흘려 뛰면 부흥의 은혜를 맛볼 것이다.

그렇다고 하나님은 땀 흘려 일만 하도록 요구하거나 강요하지 않으셨다. 사실 현대인은 일 때문에 자기를 상실해가고 있는 실정이다. 그래서 예수님께서는 일과 휴식의 관계에 대해서 분명한 입장을 말씀하셨다. 예수님은 전도여행을 마치고 돌아온 제자들에게 "너희는 따로 한적한 곳에 와서 잠깐 쉬어라"(막 6:31)고 말씀하셨다. 아마 주님께서 새벽부터 저녁까지 온 종일 땀 흘려 일하신 것을 보면 일의 긴박성을 의식하신 듯하다. 사탄의 세력이 어떻게 당신의 왕국을 공격하고 있으며, 당신은 머지않아 십자가를 져야 할 것을 미리 아셨기 때문이다. 그렇기에 주님은 누구보다도 긴박하고 바쁘게 사역을 진행하신 것이다.

그럼에도 불구하고 예수님은 종종 한적한 곳에서 하나님과 영적인 교통을 가지면서 휴식을 가졌고, 제자들에게도 휴식을 권유하셨다. 이것은 예수님에게 있어서 휴식은 일을 정지한 것이 아니라 새로운 시작을 위한 활력소였다는 것을 보여준다. 다시 말해서 휴식은 일의 연장이라는 의미다.

그렇지만 우리의 문화는 성취 지향적이고 공로주의에 깊이 뿌리 박혀 있어서 쉬어가면서 일하는 문화는 아닌 듯하다. 무엇인가 업적을 내보여야만 직성이 풀리는 우리의 습성 때문에 쉬지 않고 일하다가 정상에 이르기도 전에 쓰러져 버리고 마는 경우가 얼마나 많은지 모른다. 사십대의 사망률이 세계에서 가장 높은 나라가 바로 한국이다. 참으로 안타까운 통계가 아닐 수 없다. 가장 왕성하게 일해야 할 인생의 황금기에 건강관리를 소홀히 하고 일에 너무 욕심을 부리다가 아까운 생명을 잃는 것은 큰 불행이다. 이것은 성미 급한 몇 사람의 이야기가 아니라 오늘을 살아가는 우리 모두의 이야기이다. 분명 주님처럼 땀 흘려 사역해야 한다. 그러나 한적한 곳에서 쉬라고 하신 주님의 명령을 귀담아 들어야 한다. 일할 때는 땀 흘려 일하고, 쉴 때는 새로운 일을 위해서 편안히 쉬라는 말이다. 그런 점에서 '한적한 곳'이야말로 교사들이 찾아야할 쉼터요, 은혜의 요람이다.

한적한 곳에서

주님께서는 새벽 외에도 사람들이 몰려 올 때나 인기가 상승해 갈 때 혹은 사역에 지쳐 있을 때 종종 한적한 곳을 찾으셨다. 주님께서 한적한 곳을 찾으신 이유는, 앞서 언급한 것처럼, 분주한 일로 인하여 지쳐있는 육체의 쉼을 위함이었다. 그러나 여기에서는 주께서 한적한 곳을 찾으신 이유를 영적인 측면에서 생각해 보려고 한다. 마가복음 1장 32~35절의 상황을 보면, 주께서 해질 무렵부터 사람들을 만나고 병자를 고치기 시작했으니 아마 늦은 시간까지 일하셨음에 분명하다. 그럼에도 불구하고 주님께서 새벽에 일어나 한적한 곳으로 가셨다. 더구나 많은 무리가 몰려올 때도 "한적한 곳"(눅 5:16)으로 가셨고, 바리새인들과 논쟁으로 위기에 처했을 때도 "산으로"(눅 6:12) 가셨다. 그러면 주께서 종종 "한적한 곳"을 찾으신 이유는 무엇일까?

그것은 하나님과 교제를 나누기 위함이었다. 교제는 대인 관계를 원만하게 하고 상호 활력을 불러일으키는 중요한 수단 중에 하나다. 교제가 없으면 더 이상 관계를 유지할 수 없다. 마찬가지로 하나님과 그 자녀들과의 관계는 교제를 통해서 이루어진다. 주님은 한적한 곳에서 하나님과 지속적인 교제를 가지셨다. 교사의 영적 생명은 하나님과의 교제에 있다. 소위, 경건의 시간을 통해서 날마다 말씀 앞에서 살아야 한다는 말이다. 래리톰작은 영적 탈진상태를 알리는 '10가지 위험신호'를 말한 적이 있다. 그는 그런 위험신호 중에서 '경건의 시간'을 놓치는 것을 제일 첫 번째로 들고 있다. 교사나 학생을 막론하고 마땅히 하나님과 매일 교제하면서 그분의 음성을 듣고 그 뜻을 이루어 드리는 일을 행하지 못한다면 지금 영적 탈진상태를 경고 받고 있다는 증거이다. 누구든지 매일 경건의 시간을 놓치고 있다면 그 사람은 이미 영적인 탈진상태에 들어간 것이다. 왜냐하면 하나님과의 교제가 없이, 또는 자기 자신의 희생과 대가의 지불 없이 정상적이고 균형 잡힌 영적 생활을 할 수 없기 때문이다. 하나님과의 교제가 끊어지면 영적 생명은 금방 시들어 버린다.

일전에 어떤 분이 쓴 에세이에서 낙엽에 대한 전공 교수의 견해를 인용하며 죽은 나뭇잎의 추한 모습의 실체를 설명한 것을 본 적이 있다. 나무는 가을 무렵에 가지 끝과 잎 사이에 일종의 매듭을 형성한다고 한다. 나뭇가지에 그 매듭이 생기면 가지와 잎은 서로 연결돼 있지만 바람이 불면 쉽게 떨어질 수 있는 형태로 바뀌게 된다. 그래서 나뭇잎은 가지 끝에서 떨어지는 순간 자신의 생명을 완결한다. 반면에 죽은 가지는 생명이 흐르지 못하기에 매듭을 형성할 수 없고 생명을 완결할 수도 없다. 결국 가을이 되어도 죽은 나뭇잎은 추한 모습으로 가지에 붙어 있을 수밖에 없다. 우수수 떨어지는 낙엽은 결실의 계절을 알리는 신호등이다.

하지만 여전히 떨어질 준비도 없이 마냥 나뭇가지에 붙어 있다가 마침내 죽어 말라 비틀어진 이파리들은 그저 처량할 뿐이다. 죽은 가지가 계절의 변화에도 불구하고 잎사귀를 떨어뜨리지 못한 채 말라가는 것은 충분한 양분을 공급받지 못했기 때문이다. 그렇게 말라빠진 잎사귀들을 보면서 하나님의 생기로 가득해야 할 우리의 아름다운 영혼이 그렇게 일그러져 버리지는 않았는지 생각해 보았다. 교사들이 먼저 영적 생명을 유지하는 데 필요한 적절한 양분을 공급받지 못하면 자기도 알지 못하는 사이에 생명을 잃고 만다. 생명을 잃어버린 교사는 영혼을 살릴 수 없다. 그러기에 교사에게 가장 우선적이고 필수적인 것은 하나님과의 교제를 지속하는 것이다.

경건의 시간을 가지라

지속적으로 하나님과 교제하는 것은 예배에 잘 참석하거나 각종 업무를 능숙하게 처리하는 데 있지 않다. 아무리 오랫동안 신앙생활을 해도 하나님과 교제가 없는 사람이 있다. 교제는 인격적인 것이다! 그러기에 교제는 매일 인격적으로 만나야 이루어진다. 한적한 곳을 찾아 조용히 하나님을 만날 때 진정한 교제가 이루어진다는 말이다. 대체로 사람들과 교제가 시작될 때 맨 첫 단계는 대화다. 처음 만난 자리에서 일방적으로 이야기하고 다그치거나, 상대방의 이야기를 잘 듣지 않게 되면 교제가 이루어질 수 없다. 처음으로 만났을지라도 서로 얼굴을 맞대고 진지하게 이야기를 주고받게 되면 금방 교제가 무르익어 간다.

마찬가지로 하나님과의 교제도 서로 대화를 주고받아야 교제가 깊어진다. 하나님께 말씀드리는 시간이 기도요, 하나님께서 우리에게 말씀하시는 것을 듣는 시간이 묵상이다. 그런 시간을 가리켜서 '경건의 시간(QT)'이라고 한다. 경건의 시간을 갖기 위한 자료들은 조금만 신경을 쓰면 시중에서 얼마든지 구할 수 있다.

여기에서 간략하게 경건의 시간을 갖는 방법을 소개하자면 다음과 같다.

1. 찬양과 기도로 시작한다.
2. 미리 정해진 본문을 읽는다. 할 수 있으면 분량을 적당하게 택하라.
3. 그 본문을 통해서 알게 된 사실이나 자신에게 주신 말씀을 생각하고 묵상한다.
4. 말씀의 교훈에 따라 삶에 구체적으로 적용한다. 주로 다음과 같은 것들을 점검한다. 회개할 것이 있는가? 하나님의 약속이 무엇인가? 순종해야 할 것이 무엇인가? 오늘 결단하고 행동해야 할 것이 무엇인가?
5. 기도하고 마친다.

경건의 시간은 하루아침에 정착되지 않는다. 그것은 매일 자기를 다스리며 훈련에 훈련을 거듭할 때 삶의 습관으로 자리 잡게 될 것이다. 교사 훈련은 신학적이고 교리적인 내용으로 훈련하는 것도 중요하지만 먼저 영적인 생명을 유지하기 위해서 하나님과 교제하는 방법을 훈련시키고 점검하는 것이 가장 우선시 되어야 할 것이다. 영적 생명이 시들면 아무리 많은 지식을 습득해도 영혼을 살릴 수 없기 때문이다. 따라서 교회학교 지도자들은 교사들이 매일 경건의 시간을 통해서 하나님과 교제를 유지하고 있는지 지속적으로 점검하고 파악해야 할 것이다.

제안하고 싶은 것은, 교사회의 시간을 활용하여 큐티 나눔의 시간을 갖거나, 따로 나눔의 시간을 마련해도 좋을 듯하다. 또는 소그룹으로 팀을 만들어 지속적으로 나눔의 시간을 갖게 한다거나, 지도자들이 매 주일 전화로 격려하고 확인하는 작업도 필수적이다. 큐티를 지속하는 방법은 서로 나눔의 시간을 갖는 것이다. 그러나 더욱 중요한 것은 교사들이 하나님과 교제를 유지하지 않으면 아이들의 영혼을 구할 수 없다는 것이다. 교사의 영적 생명은 하나님과의 교제에 있다. 교사가 영적으로 사는 길은 매일 하나님과 교제하는 길뿐이다!

■ 대학부의 특성 ■

신체적인 면
1. 어떤 육체적인 불안정으로 인해 자아의식이 강할 수 있다.
2. 육체적인 인내를 지나치게 요구한다.
3. 어른으로 인정받기를 원한다.

정신적인 면
1. 사고력이 완전히 발달되었다.
2. 독립심이 강하다.
3. 관심이 특수화되고 있다.
4. 훌륭한 판단력을 가졌다.
5. 성인이 되어가면서 불안성이 사라져간다.

사회적인 면
1. 전보다 훨씬 개인주의적이다.
2. 이성과 함께 있기를 갈망한다.
3. 사회적인 관심사는 더 넓어졌다.
4. 특수한 취미 그룹에 속해 있다.
5. 리더로 서기를 원한다.
6. 운동경기 참관을 즐긴다.
7. 성인과 동일한 대우를 받기 원한다.
8. 가족과의 관계가 긴장되기도 한다.
9. 사회적 능력을 발전시킨다.

감정적인 면

1. 자기감정을 조절할 수 있다.
2. 실제적으로 두려움 가운데서 해방되었다.
3. 각종 문제에 대해서 염려가 많다.
4. 말로 화를 낸다.
5. 재미있는 시간을 갖고 싶어 한다.
6. 자기 애정의 대상을 원한다.

영적인 면

1. 하나님에 대한 인격적인 태도를 가진다.
2. 자기 믿음에 대한 이유를 원한다.
3. 영적인 습관이 세워지고 있다.
4. 영적인 문제와 운명에 관심을 가진다.
5. 봉사할 장소를 원한다.

- 소더홀름, 클라이드 네레모어

제8장
반목회와 부흥

주님의 사역에는 항상 능력이 나타났다. 사탄이 쫓겨나가고 사람들은 그 권세에 놀랐다. 말씀을 듣고 병든 자들이 고침을 받고 심령에 변화가 일어났다. 주님께서 한적한 곳에서 하나님께 구하신 것은 영적인 능력을 받기 위해서였다. 때로는 밤이 늦도록, 때로는 새벽에 구하심으로써 사역 위에 하나님의 권세가 드러났다. 그렇게 하나님께서 행하신 일이 바로 부흥이다. 그렇다면 부흥이 무엇일까? 구체적으로 그 정의에 대해서 살펴보자.

1. 부흥이란 무엇인가?

미국에서 놀랄만한 부흥의 역사를 주도했던 조나단 에드워드(Jonathan Edward)는 부흥을 "하나님의 나라를 확장해 가는 하나님의 주요한 수단"이라고 정의했다. 또 에드윈 오르(Edwin Orr)는 "그리스도의 교회와 그와 관련된 공동체에 부어 주시는 성령의 역사"라고 정의했고, 던칸 캠벨(Duncan Campbell)은 "하나님으로 충만한 상태"라고 표현했다. 『하나님을 아는 지식』이라는 책으로 잘 알려진 영국의 복음주의자 패커(J.I. Packer)는 금세기 최대의 설교자라고 알려진 로이드 존스(D. Martyn Lloyd-Jones)가 추구한 부흥에 대해서 이렇게 진술한 바 있다. "로이드 존스가 말한 부흥은 회심자를 증가시키는 전도나, 교회에 즐거움과 열심과 안정된 재정 상태를 가져오는 부흥 이상을 의미한다. …그가 추구한 부흥은 한마디로 '소성케 하시는 하나님의 강림'이다." 이러한 정의에 의하면 부흥이란 "성령을 통해서 행하시는 하나님의 일"이라고 할 수 있다. 이 정의에는 적어도 다음과 같은 핵심적인 사상이 암시되어 있다

첫째, 부흥은 인간의 노력에 의해서 되는 것이 아니라 전적인 성령의 역사이다. 이를 가장 잘 입증해 준 것은 초대 교회의 부흥 현장이다. 하나님께서는 성령을 부어 주심으로 교회를 세우셨다. 물

론 교회는 구약시대부터 존재했다. 스데반은 그의 설교에서 이스라엘의 공동체를 가리켜 "광야 교회"(행 7:38)라고 함으로써 이것을 입증했다. 하지만 그리스도의 몸 된 교회로써의 신약 교회는 오순절에 성령이 임함으로써 공식적으로 시작되었다. 따라서 교회와 성령은 뗄 수 없는 밀접한 관계에 있다. 성령의 역사로 인하여 교회가 시작되었고, 또 성령이 직접 교회를 경영하신다. 성령을 떠나서는 교회가 존재할 수 없다. 그렇기 때문에 그리스도의 몸인 교회의 부흥은 성령이 역사하지 않고는 불가능하다. 사람이 아무리 노력한다 해도 성령의 도움 없이는 부흥은 없다.

어느 날 새벽, 부흥을 소원하며 하나님 앞에 엎드려 있는 중에 들려오는 한마디의 음성이 있었다. "은혜를 받으라!" 부흥을 위해 골수에 사무치도록 간절하게 부르짖는 나에게 들려주신 하나님의 음성은 너무나 간단하고 평범한 소리였다. 성령의 능력이 우리에게 임하는 것이 은혜요, 그것이 바로 부흥의 시작이다. 예수님도 은혜를 받았고(눅 2:40), 다윗도 은혜를 받았으니(행 7:46), 우리도 은혜를 받지 않으면 영적인 생명을 유지할 수 없다. 교사가 은혜 받지 않으면 학생들이 은혜 받을 리 만무하다. 그러니 부흥을 위해서 아무리 애써도 한 번 은혜 받고 성령으로 변화된 것만 못하다. 그러므로 성령의 도움을 구하자!

둘째, 부흥은 하나님의 백성 가운데서 행하시는 하나님의 일이다. 여기에서 하나님의 일이란 백성의 죄를 깨닫게 하시는 하나님의 역사를 말한다. 그 일은 죄 가운데 처한 백성을 회개케 하시는 하나님의 주권적인 개입이다. 하나님은 백성 가운데서 끊임없이 일하시는 분이시다. 그렇기 때문에 하나님은 백성이 개인의 죄와 공동체적인 죄를 자각하고 당신의 심판을 두려워하면서 무릎을 꿇도록 강권적으로 역사하신다. 이 같은 부흥이 일어날 때 하나님의 백성은 말씀을 사모하며 죄에 대한 자각이 일어난다. 뿐만 아니라 부흥이 일어나면 하나님의 말씀을 듣다가 회개하는 역사가 일어나며, 치유의 능력이 나타나며, 표적과 기사들이 나타난다. 하나님의 백성에게 하나님을 두려워하는 마음과 그분을 경외하는 마음으로 꽉 차게 될 때 그것이 바로 부흥이다. 그렇기 때문에 부흥을 위해서는 믿음과 기도가 필수적이다.

2. 부흥의 원동력

하나님의 개입에 대한 믿음과 부르짖음이 없이는 누구도 부흥을 체험할 수 없다. 그렇기 때문에 하나님의 백성은 부흥을 위한 소원을 갖되 가슴에 저미는 애절함과 골수에 사무치는 사모함이 있어야 한다. 무능하고 부패한 죄인의 마음이 하나님의 거룩한 빛으로 비춰지도록 간곡한 소원을 가져야 한다는 말이다. 하나님의 영광의 광채가 죄로 어두워진 심령을 새롭게 하시도록 추구하는 것, 이것이 바로 참된 부흥의 출발이다. 주님께서는 한적한 곳에서 기도하심으로써 부흥을 이루셨다. 따라서 오늘날 교사들이 부흥의 역사를 일으키려면 한적한 곳을 찾아 기도해야 한다. 기도가 부흥을 일으키는 원동력이다! 이는 다음 몇 가지 사실을 통해서 명백하게 입증된 바이다.

말씀과 기도에 전력함으로써

첫째, 초대 교회는 기도와 말씀에 전력함으로써 부흥을 일으켰다. 사도행전에 나타난 부흥 현장의 정황은 부흥의 역사를 가능케 한 원동력으로써 기도와 말씀을 빼놓을 수 없다. 사도행전의 교회는 근본적으로 기도에 힘쓰는 교회였다(1:14, 2:42, 4:24,31). 온 교회가 기도에 전력을 다할 때 표적과 기사가 나타났다(2:43). 온 교회가 기도할 때 구원받는 사람이 날마다 더해가며(2:47), 성령이 충만해졌다(4:31). 기도를 통해서 사도들이 큰 권능을 입었고 무리들이 큰 은혜를 받았다(4:33). 그때 사도들은 교회에 제자의 수가 많아지고 구제하는 일까지 자신들이 도맡아서 하게 되니까 말씀 전하는 것과 기도하는 일에 커다란 방해가 되어 집사를 세우게 되었다. 자신들은 오직 "기도하는 것과 말씀 전하는 일에 전무"(행 6:4)하기 위해서였다. 그런데 특이한 것은 사도들이 일꾼을 세워 공궤를 일삼게 하고 자신들은 말씀과 기도에 전력했더니 큰 부흥의 역사가 일어났다는 점이다.

"우리가 기도하는 것과 말씀 전하는 것을 전무하리라 하니, 온 무리가 이 말을 기뻐하여 믿음과 성령이 충만한 사람 스데반과 또 빌립과 브로고로와 니가노르와 디몬과 바메나와 유대교에 입교한 안디옥 사람 니골라를 택하여, 사도들 앞에 세우니 사도들이 기도하고 그들에게 안수하니라. 하나님의 말씀이 점점 왕성하여 예루살렘에 있는 제자의 수가 더 심히 많아지고 허다한 제사장의 무리도 이 도에 복종하니라. 스데반이 은혜와 권능이 충만하여 큰 기사와 표적을 민간에 행하니"(행 6:4~8). 이처럼 교회가 전심으로 기도하며 말씀에 전무할 때 강력한 부흥의 역사가 나타났다. 이것을 역으로 말하면 초대 교회에 있어서 적어도 부흥은 말씀과 기도의 열매라고 말할 수 있다. 그렇기 때문에 성령의 공동체로서 교회가 그 능력을 사모하면서 기도에 힘쓰고 말씀을 사모할 때 부흥은 필연적으로 따라온다는 말이다.

기도의 사람을 통해서

둘째, 성경에 나타난 부흥은 한결같이 기도의 사람을 통해서 일어났다. 이스라엘 백성들이 아모리 사람들과 전쟁 중에 있을 때 기도의 사람 여호수아는 기도로 그 위기를 극복했다. "태양아 너는 기브온 위에 머무르라 달아 너도 아얄론 골짜기에 그리할지어다"(수 10:12). 그 순간 기도의 사람의 명령에 따라 태양과 달이 멈추었고 하나님이 이스라엘 위에 임하셔서 승리를 안겨 주셨다. 여호수아는 자신의 힘으로는 불가능했던 상황에서 하나님의 개입을 구함으로써 전쟁을 승리로 이끌었다. 이 전투에서 하나님은 이스라엘을 대신해서 싸우셨다. 이렇게 하나님이 적극적으로 간섭하시고 친히 일하신 것이 바로 부흥이다. 이스라엘은 여호수아의 기도에 힘입어 전쟁 중에 부흥을 맞이한 것이다.

또 하나의 예는 진지하고 결사적인 기도를 통해서 부흥을 맞이한 야곱의 경우다. 그는 20년 동안 외삼촌의 집에서 거하다가 고향으로 돌아오던 중 위기의 순간을 만났다. 하나님은 자신에게 고향의 땅으로 돌아가라고 명했지만(창 31:3), 도중에 뜻밖의 사건을 만나게 되었다. 20년 전의 분노가 아직까지 풀리지 않은 에서의 소식이었다. 그때 야곱은 자신에게 약속하신 말씀을 붙들고 결사적으로 기도하기 시작했다. 그는 자신에게 축복이 임할 때까지 죽음을 무릅쓰고 밤새도록 기도한 끝에(창 32:26) 축복을 받았다. 하나님은 야곱의 이름을 바꿔 주시고 에서의 마음도 변화시켜 주셨다. 야곱의 인생길에 있어서 이 엄청난 변화는 기도 응답으로 주어진 부흥이었다.

이외에도 성경에서 기도로 부흥을 맞이한 사람들은 셀 수 없이 많다. 아브라함은 기도로 아비멜렉의 집에 태의 문을 열었고(창 20:17~18), 모세는 기도로 하나님의 마음을 움직였으며(32:11~14), 백성들에게 임한 하나님의 진노의 불을 껐다(민 11:1~2). 엘리야의 간절한 기도는 삼 년 육 개월 동안 비를 그치게 하고 또 다시 기도함으로써 비를 내리게 하는 역사를 이루었으며(약 5:17~18), 갈멜 산에서는 엘리야의 기도의 응답으로 하나님의 불이 임하여 바알 선지자들을 물리쳤다(왕상 18:36~39). 구약에 나타난 이 모든 기적은 기도 응답으로 주어진 부흥의 역사였다. 기도야말로 하나님의 임재를 가능하게 해 주는 강력한 도구다. 인간 편에서 볼 때 기도 외에 부흥의 원동력은 없다!

부흥 운동사의 교훈

셋째, 부흥 운동사에서 부흥 운동을 주도한 사람들은 한결같이 기도에 힘쓴 사람들이었다. 18세기 미국의 대각성 운동을 주도한 조나단 에드워드는 기도하는 중에 그리스도의 영광스런 이상을 보고 폭포수 같은 눈물을 흘리는 영적인 체험을 여러 차례 가졌다. 그 후 그는 타오르는 영적 갈급함과 거룩한 사랑으로 설교 사역을 감당하게 되었고, 마침내 미국 전역을 뒤흔드는 영적 대각성 운동을 주도하게 되었다. 하나님은 기도의 사람을 들어서 부흥이라는 선물을 주시어 한 세기를 이끌어 가게 하신 것이다. 이밖에도 요한 웨슬리, 무디, 스펄전 등이 기도의 사람으로서 부흥의 도구로 쓰임 받은 경우다. 이와 같이 부흥 운동사에서 기도는 부흥을 이루는 가장 강력한 수단이요, 원동력이 되었다.

넷째, 한국 교회나 웨일즈의 부흥 운동은 기도 운동의 맥락 가운데서 일어났다. 이미 언급했듯이 1907년의 평양 부흥 운동이 기도를 통해서 일어났으며, 1904년에 있었던 웨일즈의 부흥 운동은 당시 웨일즈의 목회자들이 타락의 기로에 서 있었던 교회의 부흥을 위해서 몇 해 동안 간절히 기도하는 가운데, 1903년 어느 수련회에서 큰 은혜를 받고 일 년 뒤에 일어난 부흥 운동이었다. 이것은 부흥이 근본적으로 하나님이 개입하셔야 하며 성령의 절대적인 역사이지만, 인간 편에서는 오직 기도하는 사람에게 주어지는 하나님의 선물임을 보여주는 증거들이다.

부흥은 기도하는 사람을 통해서 일어난다. 그리고 기도하는 교회에 부흥이 필연적으로 따른다는 것은 성경과 역사와 교회가 입증한다. 따라서 우리는 부흥이 기도의 열매라는 것을 확신할 수 있으며, 또 그것을 믿고 기도할 뿐이다. 기도하는 교회학교는 부흥이 안 될 수 없다! 교사들이 한적한 곳을 찾아 기도하면 부흥의 은혜가 임할 것이다. 그렇지 않다면 성경과 역사가 거짓말이 되지 않겠는가!

3. 부흥은 수(數)에 달려 있지 않다

오늘날 대부분의 사람들이 생각하는 교회학교의 부흥 현상 가운데 하나는 수적 증가이다. 그래서 대체로 어떤 교회의 교회학교의 수가 증가해 갈 때 사람들은 그 교회가 부흥되었다고 평가한다. 물론 그러한 평가는 충분히 타당성이 있고 합리적이다. 성경적으로나 역사적으로 부흥의 결과는 늘 사람들의 수와 밀접한 관련이 있었기 때문이다. 예를 들면, 사도행전에 나타난 부흥의 현상들 가운데 하나는 믿는 자의 수가 늘어난 것이었다(2:47, 4:4, 5:14, 6:1, 6:7, 9:31). 또한 금세기 최대 부흥 운동가로 알려진 영국의 로이드 존스의 경우에도 최초의 사역 현장에서 10배에 가까운 수적 증가가 있었다는 것은 그 뚜렷한 증거들이다. 로이드 존스의 첫 사역지 웨일즈의 아베라본 교회는 등록 교인 93명, 출석 교인 50명이었으나 그가 부임한 이래 11년 반 동안 등록 교인 850명, 출석 교인 530명이 될 정도로 수적 증가가 있었다.

부흥을 수(數)로 평가하는 방식의 위험성

일전에 어떤 사람과 대화하는 가운데 적어도 이런 주제로 글을 쓰려고 하면 몇 천 명 정도의 교인을 모아 논 후에 쓰는 것이 어떻겠느냐는 제안을 받은 적이 있다. 백 번 맞는 말이라 생각한다. 사실 이런 이야기는 수천 명의 양을 목양하시는 교계의 덕망 있는 목사님이 쓰신다면 몰라도 괄목할만한 공적도 없는 목회자가 쓴다고 어필이 될 리 만무하다. 그럼에도 불구하고 나는 부흥은 교인 수(數)에 달려있지 않다고 감히 말하고 싶다. 왜냐하면 부흥을 교인 수에 따라 평가하는 사고방식은 다음과 같은 몇 가지 심각한 위험들을 내포하고 있기 때문이다.

첫째. 세속주의적인 발상인 듯하다. 성령의 역사보다 수를 강조하거나, 말씀의 능력보다 교인 수를 모으는 능력이 탁월한 목회자의 역량을 강조하는 것은 분명 교회의 세속화 현상의 하나다. 세상 사람들은 늘 큰 것, 많은 것, 좋은 것을 선택한다. 그러나 주님은 좁은 길을 걸으셨고 작은 수를 택하셨다. 교회는 겨자씨의 비밀을 소유하고 있는 신비로운 공동체다. 아무리 작은 수가 모인 교회라도 거기에 생명의 능력이 있으면 그 교회는 살아있는 교회요, 주님께서 기뻐하시는 교회다. 일반적으로 교회의 입지 조건이 좋다면 얼마든지 회개하지 않은 명목상의 교인이 몰려들 수 있다는 것이 교회 성장학자들의 견해다. 예를 들면, 신개발 지역의 아파트 단지 안에는 한 주에 수십 명이 등록하여 교인 수가 폭발적으로 증가할 수도 있다. 하지만 매스컴에서는 그런 교회를 가리켜 부흥한 교회라 평가하면서 목회자를 띄워 놓는다. 또한 어떤 단체에서는 그런 교회의 목회자들의 부흥의 비결에 대해서 노하우를 공개하는 세미나를 개최하기도 한다.

이 같은 영향 때문인지는 몰라도 목회자나 교인 사이에 떠도는 그럴듯한 공식 중 하나는 교인 수는 목회 성공과 비례한다는 등식이다. 어떤 상황에서든지 교인을 많이 모으면 성공한 목회자요, 교인을 많이 모으지 못하면 성공하지 못한 목회자가 되고 만다. 매스컴에서는 종종 종교 개혁, 성경적인 교회 운운하지만 일단 교인 수가 적으면 그 교회가 아무리 바람직한 교회라 해도 좋은 교회 리스트에 끼워놓지 않는다. 예컨대 농어촌 교회 같은 경우, 도저히 교인의 수가 늘어날 수 없는 제한된 지역에서 성령의 역사와 빛 된 삶으로 인하여 그 지역을 복음화 시켰다 하더라도 괄목할만한 수적 증가가 없기 때문에 그 교회는 부흥과 관련이 없는 교회로 평가받는 것이 일반적이다. 교계나 언론은 그런 교회를 발굴해서 바른 교회, 좋은 교회로 소개하기 보다는 대형 교회를 이룩한 소수의 목회자들을 찾아 띄워놓고 상업적인 목적으로 이용하곤 한다.

　이런 형태들은, 좀 지나친 평가 같지만, 수와 돈 앞에 굴복한 현대 매스컴의 세속주의적인 발상이 아닌가 생각한다. 그러나 진정한 부흥은 수에 있는 것이 아니라, 숫자에 관계없이 나타나는 말씀의 역사요, 성령의 역사다. 말씀과 성령의 역사보다 숫자에 중점을 두면서 그것이 부흥이라고 속단하는 것은 수의 우상 앞에 굴복된 부끄러운 모습이 아닐 수 없다. 진정한 부흥은 비록 수가 적어도 말씀이 선포되어질 때 하나님의 임재하심이 확연히 드러나며, 하나님에 대한 두려움과 경외심으로 가득하며, 죄를 단절하며, 회개의 역사가 일어나며, 말씀을 사모하며, 사랑으로 하나 되며, 기쁨이 충만하며, 치유의 역사가 나타나며, 모이기를 힘쓰는 것 등이다.

둘째, 성령의 역사를 간과하는 극히 위험한 일이다. 부흥의 본질은 수에 있지 않고 말씀과 성령에 있다. 사도행전의 교회에 수가 늘어간 것은 틀림없는 사실이지만 수적 증가에 앞서 있었던 것은 간절한 기도를 통한 성령의 역사였다. 사도행전을 성령행전이라고도 지칭하거니와 저자 누가는 사도행전에서 성령의 사역을 밀도 있게 다루고 있다. 따라서 사도행전에서 교회의 수가 늘어가는 것만 부흥의 현상이라고 속단하면 성령의 역사를 간과해버릴 위험성을 배제할 수 없다. 물론 교인 수가 많은 교회는 작은 교회가 할 수 없는 많은 일을 한다. 또 많은 교인이 몰려든 교회의 목회자들에게 나름대로의 공적과 능력이 있다는 것도 부인할 수 없는 일이다. 하지만 교인의 수가 많아도 성령의 역사가 없는 냉랭한 교회가 있다. 기도가 타오르지 않는 교회, 말씀의 능력이 사라진 교회, 주님의 사랑이 식어진 교회, 전도하지 않는 교회 등이 그런 교회이다.

사도행전 9장 31절에 의하면 부흥의 현상 중에 하나는 강한 성령의 역사다. "그리하여 온 유대와 갈릴리와 사마리아 교회가 평안하여 든든히 서 가고 주를 경외함과 성령의 위로로 진행하여 수가 더 많아지니라." 이 말씀을 영어 성경(NIV)대로 번역하면 "그때 온 유대와 갈릴리와 사마리아 교회는 평화를 즐겼고, 강해졌으며, 성령의 위로를 받았다. 교회가 하나님에 대한 두려움 가운데 살면서 수가 더하여 갔다." 여기에서 보면 초대 교회의 일차적인 부흥 현상은 성령의 강한 역사였다. 성령이 임함으로 교회는 평화를 누리고, 성령의 권능으로 강성해졌으며, 성령의 격려로 인하여 큰 힘을 얻었고, 하나님에 대한 두려움 가운데서 살게 되었다. 다만 교회에 수가 더해진 것은 성령이 역사한 후에 따라온 필연적인 결과이다. 그렇기 때문에 성령의 역사를 무시한 채 단순히 교인 수에 의해서만 부흥의 성패를 속단해서는 안 된다는 말이다. 부흥을 교인 수가 증가하는 것으로만 생각한다면 부흥의 본질을 왜곡하는 오류를 범한 것이다.

셋째, 근본적으로 예수님의 사역 정신과 어긋나는 듯하다. 예수님은 다수보다는 소수를 부르시고 일생 동안 소수와 함께 일하셨기 때문이다. 더구나 교회 부흥을 언급할 때 교인 수에 의해서 그 성패를 가늠하게 되면 여러 가지 현실적인 역반응이 있을 수 있다. 다시 말하면 교인 수에 의해서 부흥의 성패를 결정하게 된다면, 비공식적인 통계이지만, 전국적으로 60퍼센트 이상이나 되는 50명 이하의 작은 교회들의 실패감, 인원이 더 이상 늘어나기 힘든 농어촌 교회의 좌절감, 새로 개척을 시작한 교회들의 부담감 등 때문에 목회자뿐만 아니라 교인들은 심각한 위기의식을 느끼지 않을 수 없다.

이런 현실 가운데서 도시 교회의 목회자들은 숫자에 대한 스트레스와 압박감 때문에 목회의 본질을 잃어버리고 숫자 늘이기에 온 힘을 기울이고, 또 어떤 목회자들은 아예 힘을 잃고 현실에 안주하거나, 또 어떤 목회자들은 뻔히 알면서도 눈물을 머금고 이단의 방법이나 비성경적인 방법을 동원해서라도 교인 수를 채우려고 안달하는 모습을 종종 보게 된다. 이런 이유들 때문에 나는 숫자에 따라 부흥의 성패를 판단하는 오늘의 현실은 한 영혼을 위해서 목숨을 바쳤고, 평생 소수의 제자를 부르셔서 훈련시키신 예수님의 사역 정신과 어긋난다고 생각하고 있다.

넷째, 하나님 나라의 계산법에 어긋나는 듯하다. 사람들은 수치에 의해서 그 질을 평가하지만 하나님의 나라의 계산법은 수치에 의해서 그 질을 평가하지 않는다. 하나님의 나라는 잃어버린 한 마리의 양을 귀히 여긴다. 따라서 오늘의 교회도 부흥을 평가할 때 수보다는 그 질을 보고 평가해야 하리라! 50명, 100명이 모여도 목회자와 교인들이 성령으로 하나 되어 말씀으로 성숙해가고, 선교와 구제의 일을 기쁨으로 행하며, 모이기를 힘쓰고 은혜를 사모하는 교회라면 진정한 부흥이 있는 교회이다. 이러한 부흥이 있을 때 수가 늘어나는 일은 자연스럽게 주어지는 선물이다. 은혜 받은 교인들이 전도하지 않겠으며, 성령 충만한 교인들이 영혼을 귀히 여기지 않겠는가!

하나님이 일하시게 하라

이와 같은 위험 요소들 때문에 나는 부흥이 수에 달려있지 않다고 주장하고 싶다. 하지만 현실은 그렇지 않다. 오히려 어떤 사람들은 이런 글을 읽고 '제 교회나 키워 보지'라고 비아냥거릴지도 모른다. 그럼에도 불구하고 나는 전국의 90퍼센트 이상 되는 중소형 교회에서 소수의 학생을 데리고 반목회에 전력하고 있는 교사들을 위로하고 싶고, 진정한 사역의 본질을 말해주고 싶다. 만약 이런 현실 가운데서도 매스컴이나 교계에서 교인 수에 관계없이 바른 목회 철학과 정신을 갖고 성실하게 목회하는 목회자나 교회학교 교사를 발굴해서 전국 교회에 소개하고 격려한다면 작은 교회에서 목회하는 목회자들이 바른 목회에 주력하지 않겠는가! 이런 이유 때문에 나는 감히 중소형 교회 살리기 운동이 일어나야 한다고 주장하고 싶다.

물론 목회자의 능력이 탁월해서 대형 교회가 되는 것은 고무적인 일이다. 스펄전이 말한 대로 "성공하고 있는 상황에서도 더 큰 성공을 바라야 하고, 하나님께서 우리에게 많은 영혼을 주셨다면 우리는 천 배는 더 갈망해야 한다." 어떤 상황에서든지 구원받은 사람들이 늘어나 수적인 증가는 계속되어야 한다. 그렇기 때문에 많은 수의 학생이 모이는 것은 환영할 만한 일이다. 그러나 모든 목회자가 다 대형 교회를 이룰 수 없고, 모든 교사가 많은 학생을 모을 수 없다. 주변 환경적으로 학생이 없는 경우도 있고, 불가피한 사회적인 요인도 있을 수 있기 때문이다. 그렇기 때문에 각자 은사와 역량에 따라 주어진 목회 현장에서 하나님께서 맡겨 주신 사역의 분량을 성실하게 감당하는 일이 중요하지 않겠는가!

나는 중소형 교회가 힘을 얻어 바른 교회, 성경적인 교회가 되기에 앞장선다면 거기에서부터 민족 복음화의 든든한 기초가 세워질 것임을 확신한다. 그렇기 때문에 아무리 작은 수가 모인 교회라도 먼저 영적 부흥이 일어나야 한다. 부흥은 교인 수에 달려 있는 것이 아니다! 아무리 작은 교회도 부흥이 일어날 수 있고 또 일어나야 한다. 부흥은 성령의 역사요, 하나님의 일이기 때문이다. 그렇게 성령이 역사하면 교회가 살고, 민족에 희망이 있다. 일차적인 문제는 교회에 교인 수가 모이는 것이 중요한 것이 아니라 영적인 부흥이 일어나는 것이다. 이 글을 읽는 모든 교사들이여, 수의 우상을 깨버리고, 수의 굴레를 벗어버리자. 수의 노예가 되면 수수하다가 낙엽처럼 우수수 떨어지고 말 것이다. 예수님처럼 한 영혼을 위해서 목숨을 바칠 각오로 주어진 목양의 터 위에서 땀 흘려 일하자. 그리하면 주님께서 일하신다! 하나님의 능하신 손으로 일하시는 것이 진정한 부흥이다. 부흥은 교인 수에 달려있지 않다!

4. 반목회의 성패는 교사에게 달려 있다

나는 시골 교회에서 자랐기 때문에 고등학교 시절에 교사로 봉사할 기회를 가졌다. 솔직하게 말하면 고등학교 때 어린이들에게 무엇을 가르쳤겠으며 그 사명을 얼마나 잘 감당했으랴만, 그 당시 누렸던 은혜의 체험을 나누어 보려고 한다. 당시 내가 맡은 반은 초등학교 3학년이었다. 그때 나는 총회에서 나온 공과를 가르치기 위해서 많은 시간 동안 준비해서 요약안을 만들어서 열심히 가르쳤다. 때로는 아이들과 손을 잡고 결석자를 심방도 하고, 아이들을 가르치는 일이 두려워 철야 기도를 하기도 했다. 그런 식으로 교사의 사명을 잘 감당해보려고 애를 썼던 일들이 생생하게 떠오른다. 특히 가장 기억에 남는 것은 공과 시간에 일어난 일들이었다. 그날 공과를 잘 준비하고 철저히 기도로 준비한 날은 아이들이 너무도 잘 집중했다. 그런데 공과 준비가 소홀하거나 기도 준비가 없었던 날은 이상할 정도로 집중이 안 되던 기억을 잊을 수 없다.

그런 체험은 지금 목사로서 교회를 섬기고 있는 목양터에서도 수없이 많이 체험하고 있다. 예를 들면, 설교할 때도 목사가 어느 정도 준비하고 기도하느냐에 따라 은혜의 여부가 결정되는 것을 늘 경험한다. 최선을 다해 말씀을 준비했지만 기도가 없는 설교는 메마를 뿐이다. 설교는 성도들의 귀에 호소하는 것이 아니라 그 영혼을 살리는 영적 무기이기 때문이다. 그렇기 때문에 기도가 없는 설교는 공중에서 맴도는 소리에 불과하다. 결국 설교의 성패는 전적으로 목사에게 달려 있다는 말이다. 이와 같은 원리가 반목회를 감당하고 있는 교사에게도 동일하게 적용된다고 확신한다. 아이를 가르칠 때 공과를 철저히 준비하지 않고 기도 없이 가르쳐 보라. 기도가 없으면 말씀이 아이들의 가슴으로 들어가는 것이 아니라 오히려 자기에게 튀어나오는 것을 체험할 것이다. 적어도 나는 이런 체험을 수없이 하고 있다.

 말씀을 철저히 준비하고 기도한 후에 설교하는 날이면 마치 스펀지에 물이 빨려 들어가듯 메시지가 성도들의 영혼 깊은 곳으로 파고 들어감을 느끼지만, 준비가 소홀하고 기도가 없이 설교하게 되면 말씀이 철판에서 튀어나와 내 얼굴을 치는 듯한 느낌뿐이다. 나는 이런 이유 때문에 반목회가 전적으로 교사에게 달려 있다는 것이다. 교사가 깨어있으면 학생도 깨어있을 것이요, 교사가 잠자고 있으면 학생도 잠자고 말 것이다. 반목회의 성패는 전적으로 교사에게 달려있다!

글을 마치면서

지금까지 반목회에 대해 말하면서 교사들에게 이것저것을 권면했지만, 사실 이 책의 본래 독자는 나 자신이었다. 이 책에서 교사들에게 촉구한 모든 내용은 바로 내 양심에 호소한 것에 다름아니다. 반목회에서 절실하게 요청되는 하나님의 마음이야말로 내 자신이 가장 우선적으로 취해야 할 것이었음을 고백한다. 하나님의 마음이 없이는 한순간도 목회를 감당할 수 없기 때문이다. 그리스도가 중심축을 이루지 아니하면 누구도 목양을 지탱할 수 없다. 장년 목회나 교회학교의 반목회를 막론하고 항상 그리스도가 그 중심에 자리 잡아야 한다.

따라서 나는 반목회를 주창하면서 그리스도 없는 목회가 얼마나 위험하며, 하나님의 마음이 상실된 목양의 폐해가 얼마나 큰지 다시 한 번 알게 되었다. 동시에 목양의 위대함을 깨우쳐 알게 하시고 미천한 종을 목장에 세워주신 하나님께 무한한 감사를 드렸다. 나는 그처럼 귀한 목양을 생각하면서 양을 위해 목숨을 버리기까지 섬겨야겠다고 수없이 다짐하기도 했다. 선한 목자 예수님처럼 목숨을 바치겠다고! 진정한 목양은 그리스도를 높이기 위해서 자신을 낮추고 그분의 이름으로 양을 돌보는 것이다. 그렇다면 과연 내가 그리스도를 위해서 목양했는지 혹은 나 자신을 위해서 목양했는지 스스로를 돌아보면서 이 책을 썼다.

아마 이런 주제의 글이 아니었으면 내 자신의 상태를 점검해볼 수 있는 기회를 아주 놓쳐 버렸을지도 모른다. 이제는 어설픈 목장의 쇼맨십을 정리하고 반목회 현장에서 또 다른 목회자로 땀 흘려 일하는 교사들과 함께 한 영혼을 위해서 목숨을 바쳐 일하고 싶다. 주님을 대신해서 양을 돌보고, 주님의 이름으로 잃은 양도 찾고 싶다. 내가 먼저 죽고 벌레처럼 낮아지면서 주님의 부탁을 이루고 싶다. '또 다른 목회자'로 부름 받은 동역자들이여! 우리 함께 죽으러 가자. 주님을 위해서!

개혁주의영성아카데미(RSA)는…
The Academy of Reformed Spirituality

RSA는 목회자와 평신도에게 성경적 영성을 가르치며, 개혁주의 영성신학을 정립시켜서 한국 교회의 부흥과 세계 선교에 기여하려는 목적으로 세워진 교육 및 학술 기관입니다.

RSA에서 지향하는 개혁주의 영성의 두 기둥은 기록된 계시의 말씀과 십자가입니다. 기록된 말씀을 통하지 않고는 하나님을 알 수 없으며, 십자가의 은총이 아니면 하나님을 만날 수도 없습니다. 말씀과 십자가가 없으면 하나님과의 교제가 불가능하다는 전제가 개혁주의 영성의 출발선입니다.

이런 성경적인 영성관을 바탕으로 세워진 RSA의 4대 이념은 다음과 같습니다.
▶ 1. 개혁주의 영성신학 정립   2. 성경 중심의 영성 증진
   3. 십자가 영성 회복   4. 교회 부흥과 세계 선교

RSA는 다음과 같은 사역들로 한국교회를 섬기겠습니다.
▶ 1. 매년 봄·가을학기 강좌   2. 학술 심포지움
   3. 신학생 논문 공모   4. 교사 및 구역장 영성 집회
   5. 목회자 영성집회   6. 개혁주의 영성 저널 발간

RSA는 교회 부흥과 세계 선교를 위해 다음과 같은 미션 프로젝트를 추진합니다.
▶ 1. 좋은교회 만들기 111운동 | 1구좌 1만원씩 후원하는 1만구좌로 작은교회에 희망을 심어주는 운동
   2. 익두스 카미션 | 일시 귀국한 선교사들과 작은 교회에 차량을 지원해 주는 사역

후원방법
후원구좌: 국민은행 843101-04-227814(개혁주의 영성아카데미)
홈페이지: http://www.rsa.or.kr 방문 후 후원 등록
문의: 010-2636-2633(송삼용)